TRAVAUX
PRATIQUES

TRAVAUX PRATIQUES

Cours de français langue étrangère, à l'usage des
étudiants de troisième et quatrième années d'études
supérieures de français

travail d'équipe de

John Dunkley   James Laidlaw

Brain Farrington   Anthony Lodge

David Hartley   Patrick Menneteau

Glynn Hesketh   John Roach

Margaret Jubb   Alison Saunders

sous la direction de

David Hartley

HODDER AND STOUGHTON
LONDON SYDNEY AUCKLAND TORONTO

Accompanying cassettes are available through your usual bookseller.
You should quote the following ISBNs:
CASSETTE 1:   0 340 40890 1
CASSETTE 2:   0 340 40889 8

British Library Cataloguing in Publication Data

Travaux pratiques: cours de français langue
  étrangère, à l'usage des étudiants de
  troisième et quatrième années d'études
  supérieures de français.
  1. French language—Examinations,
  questions, etc.
  I. Dunkley, John   II. Hartley, David
  448   PC2112

ISBN 0 340 38624 X

First published 1987

Copyright © 1987 J. Dunkley, B. Farrington, D. Hartley, J. Laidlaw,
A. Lodge, J. Roach & A. Saunders

Printed in Great Britain for
Hodder and Stoughton Educational
a division of Hodder and Stoughton Ltd,
Mill Road Dunton Green, Sevenoaks, Kent
by The Eastern Press Ltd. of London and Reading
Phototypeset by Macmillan India Ltd, Bangalore 25.

Table des matières

*Numéro de l'enregistrement accompagnant cet exercice.

Avant-propos

Ce manuel de langue française est né du besoin exprimé par des étudiants de français à l'Université d'Aberdeen de sortir des limites imposées par les méthodes traditionnelles de l'enseignement du français—thème, version, dissertation, conversation. Ces méthodes ne leur paraissaient pas inutiles, mais ils désiraient qu'elles fussent complétées par l'élargissement de la gamme des activités, et l'actualisation de leurs connaissances linguistiques. Les étudiants nous ont montré par là qu'à l'approche de la fin de leurs études ils avaient le souci de viser au delà de l'examen final et d'ajuster leurs connaissances aux exigences pratiques de la vie active. Après de nombreuses discussions, professeurs et étudiants se sont rendu compte que, la formation continue commençant en matière de langues étrangères immédiatement après l'obtention de la licence, l'enseignement universitaire ne devrait pas tant se préoccuper de la transmission de connaissances que d'une sensibilisation des étudiants à la variété des faits linguistiques. Les méthodes d'enseignement devraient permettre aux étudiants de développer et d'enrichir leur apprentissage du français durant leur vie ultérieure.

Dans le souci de répondre aux inquiétudes fondées de leurs étudiants, les professeurs formèrent alors une équipe de travail ayant pour objet de corriger ce défaut d' 'irréalisme' des méthodes traditionnelles. Ils étaient convaincus que des efforts soutenus devraient être déployés pour renouveler en particulier l'enseignement de la langue orale. Ils étaient conscients, de plus, de l'inadaptation des exercices scolaires traditionnels à l'utilisation que nous faisons du langage en dehors des cours. Dans ces exercices en effet les actes linguistiques se font *in vacuo*: leur seul et unique contexte est la salle de classe, où les étudiants ne peuvent et ne doivent s'adresser qu'au professeur, leur objectif principal étant de lui donner des preuves de leur compétence (voire de leur virtuosité) grammaticale et lexicale. Ce sont là de purs exercices d'école. En revanche, lorsque nous employons le langage dans la vie 'réelle', les actes linguistiques ont lieu dans des situations particulières et entre des personnes précises, dans le but d'établir une communication entre les interlocuteurs. Puisque le contexte de situation et le but communicatif jouent un rôle si important dans l'élaboration des énoncés, il apparaît nécessaire d'en tenir compte de façon concrète dans l'enseignement d'une langue étrangère.

Le présent ouvrage manifeste donc le désir de contribuer à la réparation des défauts des méthodes traditionnelles. Nous l'avons baptisé *Travaux Pratiques* pour souligner notre volonté d'élaborer des activités linguistiques proches de celles que nos futurs linguistes seront appelés à exercer dans la vie active et professionnelle.

Les exercices présentés ici ont été expérimentés dans le Département de Français de l'Université d'Aberdeen entre 1981 et 1985. Les groupes d'étudiants avaient chacun un effectif variant entre 5 et 15 selon l'année. Les cours de *Travaux Pratiques* leur étaient donnés en raison d'une heure par semaine en plus des heures consacrées aux exercices traditionnels. Les importantes modifications qui ont été apportées au choix original des exercices et aux détails de leur présentation sont le fruit de ces cinq années d'expérimentation, pendant lesquelles professeurs et étudiants ont pu faire part de leurs réactions, de leurs critiques et de leurs suggestions.

Introduction

La structure des exercices contenus dans ce volume est d'un emploi flexible. Il ne s'agit pas d'un cours de langue linéaire, mais d'une banque de matériaux offerts au choix de l'utilisateur. Nous avons distingué quatre rubriques: *Lire*, *Ecrire*, *Ecouter* et *Parler*. Les objectifs visés par chacune de ces rubriques seront discutés dans les Avertissements, en tête de chaque section. Ces Avertissements sont destinés aux étudiants aussi bien qu'aux enseignants. Il ne faudrait pas, cependant, considérer ces quatre sections comme séparées par des cloisons étanches. Très souvent du matériel écrit pourra donner lieu à des exercices écrits ou oraux; de même, du matériel oral on pourra tirer des exercices écrits aussi bien qu'oraux.

Les sujets abordés sont extrêmement vastes (certains diront trop vastes). Nous sommes conscients que des activités comme la traduction orale mériteraient beaucoup plus d'attention que celle que nous avons pu leur porter ici. Il serait d'ailleurs possible de consacrer une publication entière à un recueil d'exercices de compréhension orale et de prise de notes. Mais là n'était pas notre intention. En revanche, nous avions le souci de la variété. Les exercices traditionnels de thème, version et dissertation présentent le désavantage de la répétition et de la monotonie. Nous avions voulu éviter de substituer à la tyrannie du thème hebdomadaire la tyrannie d'un autre exercice, et avons plutôt cherché à fournir aux usagers des échantillons de différentes sortes d'exercices, afin qu'ils choisissent eux-mêmes ceux qui conviennent le mieux aux besoins de leur propre établissement, de leur propre programme d'études et de leur propre personnalité. Dans l'Appendice 3 un programme d'études propose une manière de grouper des exercices du cours *Travaux Pratiques*, pour qu'ils

puissent servir de complément à un cours traditionnel.

De plus, nous donnons dans les Avertissements quelques exemples d'exploitation supplémentaire du matériel de chaque section. Le professeur pourra ainsi créer d'autres exercices, car l'enseignement des langues comporte une nécessité de renouvellement permanent.

Les exercices de chaque section peuvent être utilisés dans le cadre de tout cours de français langue étrangère, que l'enseignant soit de langue française ou anglaise, et avec un matériel très simple, généralement disponible dans les universités, tel que magnétophones ou laboratoire de langues. Aucun équipement coûteux, tel que magnétoscopes, caméras, etc., n'est nécessaire. Il va de soi que les cours *Travaux Pratiques* seront donnés en français. Cela n'est pas de tradition dans toutes les universités, et entre anglophones cela peut entraîner un certain manque de naturel. Cependant, l'expérience nous a prouvé que cette difficulté disparaît au bout de deux ou trois heures. Quiconque cherche à maîtriser une langue doit s'en servir.

Pour bien faire comprendre le but dans lequel ces exercices ont été conçus, il n'est peut-être pas inutile d'expliquer brièvement deux notions fondamentales: (1) la variabilité linguistique, et (2) la 'compétence communicative'.

1. La variabilité linguistique

Il est évident que chacun a sa façon particulière d'employer la langue—l'ouvrier s'exprime d'une manière différente de celle du bourgeois, les provinciaux ne parlent pas comme les Parisiens, les hommes comme les femmes, les vieillards comme les jeunes. La langue varie aussi suivant les situations dans lesquelles elle est employée—la langue écrite s'emploie dans des conditions tout à fait différentes de celles de la langue parlée; nous employons toute une gamme de registres différents selon les différents degrés de formalité des situations où nous nous trouvons. Enfin, nous manipulons différemment la langue selon ses fonctions—donner des ordres, persuader, raconter des histoires, poser des questions, etc. La langue produit donc un amalgame très riche de variétés diverses.

Et pourtant, les méthodes traditionnelles d'enseignement des langues semblent être basées sur une autre conception du fait linguistique. La tradition puriste et normative cherche avant tout à figer la langue et veut que l'enseignement ne se préoccupe que du 'bon usage', d'un français 'pur', utilisable dans toutes les circonstances, dédaignant hautement les autres variétés du français, y compris souvent le français oral. Il est vrai qu'une telle attitude peut se justifier, jusqu'à un certain point—donner trop tôt des notions de variabilité linguistique ne servirait qu'à embrouiller les idées des élèves débutants. Cependant, dès que l'étudiant arrive en année de licence, avec le plus souvent à son actif plusieurs séjours en France, une conception du français comme entité monolithique, uniforme, statique, réductible aux seules règles du 'bon usage', est tout à fait inadaptée à ses besoins. On pourrait poser comme principe qu'à ce niveau-là, l'apprentissage de la langue implique l'élargissement progressif de la gamme des français que l'étudiant peut comprendre et manier de façon efficace.

Dans cet ouvrage l'étudiant sera donc exposé à de nombreuses variétés du français—celles des adolescents banlieusards, d'une bergère méridionale, des hommes de loi, des journalistes scientifiques, etc. Nous avons écarté les textes littéraires, non pas par entêtement idéologique, mais parce que dans un département de français traditionnel les étudiants possèdent déjà une connaissance assez approfondie de la langue littéraire grâce à leurs cours de littérature. L'étudiant doit se sensibiliser à l'extrême variabilité du français et à la nécessité de modifier son propre comportement linguistique selon les cas qui se présentent à lui.

2. La 'compétence communicative'
Vu la nature controversée de la 'compétence communicative', nous ne tenterons pas d'en donner ici une définition. Il est nécessaire d'en parler, toutefois, étant donné l'importance qu'elle

a prise dans la méthodologie actuelle de l'enseignement des langues et dans l'évolution de nos propres idées pédagogiques.

Jusqu'à une époque récente, l'objectif principal de la linguistique, comme de l'enseignement des langues, était la grammaire ou la 'compétence grammaticale'. Il serait absurde de remettre en question l'importance fondamentale de la grammaire dans l'apprentissage d'une langue. Cependant, certains linguistes (des sociolinguistes notamment) insistent sur le fait que la capacité d'engager la communication avec quelqu'un ne peut se réduire à cette seule compétence grammaticale. Pour bien 'communiquer' il est nécessaire de connaître beaucoup d'autres choses en plus des règles de grammaire. Il s'agit d'abord d'éléments qui ne sont pas considérés normalement comme relevant de la linguistique—une connaissance générale de la culture du pays et des règles de savoir-vivre de sa société. Par exemple, pour parler de la justice ou de l'administration locale en France, il faut connaître les rudiments de l'organisation judiciaire et administrative en France; pour prendre la parole dans une réunion publique, il est nécessaire de connaître les règles élémentaires de l'étiquette et de la bienséance.[1] L'enseignement de la langue est indissociable de l'enseignement de la civilisation, car il est en réalité impossible de séparer 'langue' et 'culture'. Par conséquent, on trouvera souvent dans cet ouvrage des dossiers portant non sur des faits de langue, mais sur des faits de civilisation dont l'étudiant doit tenir compte s'il désire s'exprimer de manière adéquate dans tel ou tel domaine.

Une fois muni des éléments grammaticaux et culturels indispensables, l'étudiant devra savoir plier la langue aux exigences du but communicatif visé. Par exemple, le représentant en France d'une brasserie anglaise, qui rencontre un client important lors d'une dégustation à Paris, devra certes pouvoir faire appel à ses connaissances grammaticales. Mais il lui faudra aussi adapter son français à la situation où il se trouve et à la personnalité de son interlocuteur. Il devra également être capable de convaincre son client de la haute qualité de la bière qu'ils boivent. On voit donc l'utilité de posséder des capacités rhétoriques développées. Tout cela relève de la 'compétence communicative'.

La théorie communicative cherche à classer et à analyser les fonctions remplies par les différents

---

[1] *Voir* G. Vigner, *Savoir-vivre en France*

actes de communication. La langue sert à persuader, à ordonner, à questionner, à raconter, à argumenter, à réfuter, etc. C'est à la linguistique de déceler les ressources dont dispose chaque langue pour remplir ces fonctions de base. Les découvertes de la linquistique dans ce domaine peuvent guider les enseignants de la langue.[2] Dans le présent ouvrage nous espérons que les étudiants acquerront quelques idées pratiques sur les mécanismes au moyen desquels le français s'adapte à certaines des fonctions communicatives que nous venons de citer.

Pour bien développer les capacités rhétoriques et communicatives de nos étudiants, nous avons créé des exercices entraînant des jeux de rôles. Par exemple, nous demandons aux étudiants d'écrire des lettres et des rapports dans une situation donnée et à un destinataire précis.[3] A l'oral, il s'agit de faire des discours, d'organiser des réunions, de faire des appels téléphoniques, etc. L'étudiant modifiera son langage en fonction des exigences des situations et des buts communicatifs envisagés.[4]

Il est évident que le jeu de rôles peut favoriser les étudiants ayant des dons de comédien au détriment des étudiants timides qui ne s'extériorisent que difficilement. Mais ces exercices peuvent aussi constituer une chance pour cette dernière catégorie d'étudiants, en les aidant à s'exprimer plus librement. Chaque fois que cela a été possible, nous avons imaginé des rôles qui entrent dans le cadre des situations que l'étudiant de français est susceptible de rencontrer dans sa vie professionnelle future. Dans l'exercice D1e, par exemple, il est demandé à l'étudiant de servir de guide touristique à une délégation de visiteurs français en Grande-Bretagne. Nous avons conçu, dans la mesure du possible, des situations où le rôle joué par l'étudiant est celui d'un étranger, dont la langue maternelle n'est pas le français, mais qui se trouve néanmoins obligé de s'exprimer en français, à l'écrit ou à l'oral. Insistons sur le fait que tous les rôles sont plausibles; nous avons écarté ceux que nos étudiants ont peu de chance d'être appelés à remplir, comme par exemple celui d'avocat à la cour d'assises.

La 'compétence communicative' ne concerne pas uniquement le côté productif des activités linguistiques. Tout acte de communication suppose un émetteur et un récepteur: le récepteur cherche à comprendre l'essentiel du message émis. Le rôle du récepteur a souvent été considéré comme un rôle passif, surtout en ce qui concerne la compréhension orale. Mais l'analyse de l'attitude des récepteurs (lecteurs et auditeurs) montre que ceux-ci sont loin d'être passifs. Ils recherchent activement des indices qui leur permettent de dégager le maximum de sens du message émis. Il s'ensuit que nous prêterons autant d'attention aux activités réceptives (écouter, lire) qu'aux activités productives (parler, écrire).

Les exercices de ce cours cherchent donc à la fois à élargir la gamme des styles (oraux aussi bien qu'écrits) dans lesquels les étudiants pourront communiquer, et à développer leur capacité d'utiliser le français d'une manière efficace. Nous espérons qu'à travers la variété des exercices qu'il propose, ce cours permettra une amélioration de la formation linguistique des étudiants, et que les nouvelles compétences qu'ils auront acquises seront adaptées à leurs besoins futurs.

---

[2] *Voir* D. Coste *et al.*, *Un niveau seuil*
[3] *Voir* Vigner, *Ecrire et convaincre*
[4] *Voir* Vigner, *Parler et convaincre*

A: Lire

1. Objets des exercices

Les textes contenus dans la première section du livre ne sont pas nécessairement d'un abord facile. Ils ont trait à divers aspects de la civilisation française contemporaine, tels que le droit et l'administration, de même qu'à certaines questions d'intérêt général, comme par exemple l'énergie nucléaire et la médecine. Les sujets ne rentrent pas normalement dans le cadre des études littéraires traditionnelles, bien qu'ils fassent partie du bagage culturel de tout Français qui se veut quelque peu cultivé. Le but des exercices qui accompagnent les textes n'est pas l'acquisition de connaissances spéciales, mais la compréhension et l'analyse linguistique. L'étudiant devra donc faire très soigneusement le travail de préparation, afin de bien comprendre les idées contenues dans le texte. Il sera également amené à analyser les procédés employés par l'auteur pour communiquer ses idées au lecteur.

(a) Compréhension

Il est nécessaire que tout lecteur possède une idée assez précise de la signification des allusions (politiques, culturelles, etc.) et des abréviations qui figurent dans un texte. Des éclaircissements sont donc donnés là où ces éléments pourraient dérouter l'étudiant. Par contre, aucun éclaircissement n'est donné lorsqu'il s'agit de mots ou phrases que l'étudiant n'aurait peut-être pas rencontrés, mais dont il trouverait dans un dictionnaire une définition qui conviendrait au contexte. Des dossiers explicatifs accompagnent quelques-uns des articles pour aider l'étudiant à mieux situer l'article dans le domaine auquel il appartient.

(b) Analyse linguistique

L'examen des textes portera sur deux plans d'analyse: le plan lexicologique, et le plan stylistique/rhétorique. Les questions sur le lexique se reportent, d'une part, au vocabulaire spécialisé, mais aussi aux éléments lexicaux dont le sens se trouve modifié par le contexte, ou qui sont combinés d'une façon nouvelle. L'étudiant est encouragé non seulement à élargir son propre vocabulaire, mais aussi à éviter les pièges lexicaux.

De plus, il s'agit non seulement de comprendre l'aspect rhétorique des textes, mais aussi de prendre conscience de la façon dont le message a été transmis, et des choix linguistiques opérés par l'auteur. Ces exercices ont donc pour but d'attirer l'attention sur le registre qui caractérise l'article, sur la disposition du matériel, sur les techniques dont se sert l'auteur pour mettre l'accent sur certains aspects de son matériel, peut-être sur les façons dont il dissimule son propre point de vue, et ainsi de suite. L'étudiant devra extraire l'essentiel du texte, en tenant compte de la différence entre les faits offerts au lecteur et la manière dont l'auteur les présente.

La lecture n'est pas seulement un procédé réceptif. L'analyse des éléments stylistiques et rhétoriques, tout comme l'analyse lexicale, devra ensuite être exploitée par l'étudiant dans ses propres activités productives, car les difficultés que rencontre celui qui cherche à communiquer un message dans une langue étrangère sont souvent causées par un manque de compétence rhétorique.

2. Exploitation du matériel

Les articles dans cette section sont parfois assez longs, et les questions qui y sont adjointes exigent souvent un travail de préparation soutenu. Ce travail peut être allégé si les tâches analytiques sont partagées parmi les membres du groupe: ceci s'applique surtout aux articles A7 et A8, où il est question d'analyses statistiques.

L'utilisation des articles doit aussi dépasser le cadre de leur section. Le passage *Nucléaire: pourquoi Plogoff se bat* fournira des tournures et des arguments incorporables dans l'exposé oral D1a *La centrale nucléaire*; le passage *Les foetus sont-ils sacrés?* forme la base de l'exercice B1c (lettre de protestation). Deux exercices de la section *Ecrire* (B2g et B2h) ont été conçus pour offrir l'occasion d'exploiter, dans un contexte productif, le travail qui aura été fait dans l'analyse des procédés rhétoriques. Il va sans dire que les côtés réceptif et productif de l'apprentissage d'une

langue étrangère sont difficilement séparables; le matériel de la section *Lire* pourra être exploité, avec quelques modifications éventuelles, dans d'autres exercices productifs, analogues à ceux que nous venons de citer.

Les textes A1–A6 (les deux derniers textes étant d'une autre nature) ne sont pas présentés par ordre de difficulté croissante. Néanmoins, étant donné que l'étudiant est encouragé non seulement à pénétrer le sens de l'article, mais aussi à analyser les techniques de manipulation linguistique, les questions qui accompagnent les premiers textes sont plus complètes que celles qui ont été posées sur les textes suivants; l'étudiant est censé avoir acquis quelques techniques d'analyse stylistique qui l'aideront à s'attaquer aux textes suivants.

COLLECTIF ANTI-NUCLEAIRE BRESTOIS

A1 Nucléaire: pourquoi Plogoff se bat ▬▬▬▬

Les habitants du cap Sizun ont l'intention d'opposer bien plus qu'un simple baroud d'honneur à la construction de la 'centrale maudite'

'Plogoff veut vivre'; 'Si vous acceptez le nucléaire, préparez votre cercueil'; 'Plogoff n'est pas à vendre': ça n'en finit pas, les pancartes, les inscriptions . . . Plogoff (2359 habitants) est un petit bourg breton à la pointe du Finistère, c'est-à-dire au bout du bout de la trre. Il est tout proche de la pointe du Raz—ce site somptueux devenu parking monstrueux—et proche, aussi, de la baie des Trépassés où, selon la légende, la mer roule sans cesse des cadavres de naufragés. Proche, aussi, de la   5
baie de Douarnenez, où, d'après d'autres légendes, fut engloutie la ville d'Ys, qui doit resurgir un jour des flots tumultueux. C'est peut-être faux; mais, ici, les légendes ont toujours raison. Ici, vit un peuple secret et farouche, peuple de marins et de paysans, enfouis dans le vent, la brume, sur la lande rase, avec parfois des soleils resplendissants et toujours le bruit, l'odeur, la rumeur familière de la
mer.   10
    C'est ce terroir de lande rase, avec ses hautes falaises battues par les flots, qu'E.D.F. a choisi, à force de tourner autour du littoral breton, pour y bâtir une centrale nucléaire de quatre tranches de mille trois cents mégawatts. Un monstre. Mais la population de Plogoff s'y oppose—farouchement—suivie dans son sillage par trois autres petites communes du cap Sizun: Goulien (667 habitants), Primelin (1177 hab.), Cléden-Cap-Sizun (1952 hab.).   15
    Apparemment, il ne se passe rien à Plogoff quand j'y arrive, un matin de bonne heure. Un soleil léger éclaire les maisons blanches et dore la campagne rousse et glacée. Il y a, bien sûr, des centaines d'affiches sur les murs, à la mairie, sur la jetée des ports: 'Non au nucléaire', 'Nucléaire, société policière, nucléaire, société capitaliste'. Mais il n'y a presque personne dans les rues. Et puis, soudain, on voit apparaître des groupes d'hommes sortis on ne sait d'où. Ils sont dix, cent, deux   20
cents. Ils viennent manifester, durement, silencieusement, avec de dures idées rentrées dans la tête. Et l'on est frappé de ce mélange d'indifférence apparente et de passions secrètes.
    C'est que les incidents se sont multipliés depuis des jours. E.D.F. a voulu ouvrir son enquête d'utilité publique pour l'installation de la centrale. Les maires concernés ont décidé de s'y opposer—et de fermer boutique. On a alors décidé d'installer des mairies annexes, des petites 'Estafette'   25
protégées par un fort contingent de gendarmes mobiles, et de les installer coûte que coûte. Plogoff s'est terré dans son territoire, s'est coupé du monde. Il a élevé des barricades sur les quatre routes qui menaient jusqu'à lui, et les gendarmes mobiles ont dû charger toute une nuit dans le brouillard et sous la pluie comme des gamins de petites ou grandes guerres, sous les quolibets et les regards furieux, goguenards et désespérés aussi des monteurs de barricades. Le lendemain, tout le cap Sizun   30
était en deuil, tout était fermé. Trois jours après, vingt mille personnes sont venues sur le site de Feunten Aod prévu pour la centrale, pour inaugurer une bergerie sauvage sur les terres convoitées par E.D.F. et dont les terrains ont été achetés par un G.F.A. (groupement foncier agricole) pour éviter qu'E.D.F. ne les achète. Sur ordre du préfet, cette bergerie sauvage doit être détruite.
    Aujourd'hui, l'histoire de Plogoff fait la 'une' des journaux; mais c'est une bataille qui dure depuis   35
cinq ans. En 1974, naît la première idée d'une centrale à Plogoff; elle est annoncée par la presse locale. Les élus disent: «On apprend toujours tout par la presse!» Le projet est confirmé par le ministre de la Qualité de la vie, à l'époque André Jarrot. Il l'annonce officiellement au cours d'un déjeuner, à 'la Ville d'Ys', dans la baie des Trépassés, devant soixante invités; mais il ajoute: «Vous avez un joli pays qu'il faut sauvegarder!» Il laisse entendre que rien n'est encore joué. Puis le temps   40
passe. En 1975, pas une rumeur. Mais on s'agite en coulisse. En 1976, des échos plus précis: la direction d'E.D.F. de Tours vient sur place pour expliquer ce qu'elle compte faire à Plogoff.

«Pas de gens extérieurs»
Débats navrants. Et premiers heurts quand les autochtones apprennent que des techniciens de Paris doivent venir étudier le site. «On a barré quatre routes pendant quatre jours et quatre nuits. Le préfet croyait que c'était de la rigolade; mais ça a tenu. On voulait empêcher qui que ce soit d'aller   45
sur les lieux.» En 1977, rien. En 1978, ça recommence à bouger. On enregistre des votes favorables à la centrale du conseil régional du Finistère. Des micmacs. Qui renforcent les gens de Plogoff dans leur détermination: «On ne pardonne pas aux élus de nous avoir vendus.» En 1979, ça se précise: Plogoff est choisi. E.D.F. publie alors des brochures luxueuses et multiplie les interventions sur le site. Depuis, on se bat.   50
    Car, pendant tout ce temps, les mentalités ont changé. Il y a cinq ans, j'avais rencontré Jean-Marie Kerloch, maire volubile, rond et trapu de Plogoff: «Pour le moment, tout le monde est calme.

Il y a des réunions pour et des réunions contre.» Certains étaient sensibles aux avantages évoqués par E.D.F.: impact positif, important et durable; activité économique supplémentaire pour la région, masse salariale nouvelle, salaires dépensés sur place, essor démographique, recrutement sur 55
le marché local. Mais d'autres, dont le maire de Plogoff, développaient quatre arguments: mort de la pêche, morcellement des propriétés agricoles par la création de lignes d'évacuation et de routes nouvelles; problèmes de sécurité que ne manqueraient pas de poser les milliers de nouveaux venus; enfin, dangers de l'atome. Et puis ce chantier qui allait durer pendant presque dix ans.

Au début, Plogoff s'est battu complètement seul. On n'admettait pas que des étrangers, même des 60
écologistes, viennent s'en mêler. Ici, «on est chez soi», dans un terroir bien particulier. Il y a un certain bonheur, une certaine tranquillité, une certaine manière quotidienne de vivre au pays. On m'a dit: «Pas de bordel, pas d'histoires, pas de gens extérieurs!» Ils n'aiment pas beaucoup les étrangers—ce qui est un euphémisme. Certains voulaient constituer un collectif P.S.U.–U.D.B.–P.C.–P.S.–écologistes. 65

Le comité de défense a refusé. Petit à petit, ils ont gagné la solidarité des communes voisines, des communes paysannes que l'on appelle les 'Poch Gwen', les 'sacs blancs', parce qu'elles sont de droite alors que Plogoff est rouge. Aujourd'hui, le comité de défense est présidé par une femme, Annie Carval. Un bureau de dix membres, plus un comité élargi. En fait, toute la population. Pierre Sergent, secrétaire, dit: «On est totalement apolitiques. On ne veut pas de centrale; un point, c'est 70
tout.»

La route de nulle part
Le point de choc, à l'heure actuelle, c'est l'enquête d'utilité publique. Le préfet parle de libre déroulement de cette consultation publique. Selon lui, elle est indispensable à la liberté d'information et à la liberté d'expression. En fait, elle est imposée par les forces policières: de cinq cents à six cents gendarmes mobiles, qui sont logés au petit séminaire de Pont-Croix. Ils 75
accompagnent chaque matin les mairies annexes mobiles et les raccompagnent le soir.

J'ai essayé deux fois d'entrer dans l'une d'elles, à Saint-Yves, près du calvaire de la petite chapelle. J'ai été refoulé. «Il y a trop de monde», m'a dit un flic. «Enquête bidon», «Enquête mascarade», répètent les gens du pays, qui ne sont pourtant pas bavards. «On nous prend vraiment pour des cons», disent ceux qui ont la langue plus déliée. Ils ont appris par des amis que toutes les enquêtes 80
faites sur d'autres sites étaient truquées: même quand la population signe contre l'implantation, le rapport final est favorable. Une fois, les travaux ont commencé avant que les décrets d'autorisation aient été signés.

J'ai vu des gens se pencher et pleurer sur le plan d'impact de la centrale. L'emprise en longueur est de deux kilomètres quatre cents sur cinq cents mètres de large. On voit une route de vingt-huit 85
mètres de large bouleverser complètement le pays et s'arrêter brusquement en pleine nature. On ne sait pas où elle va. Dix pour cent des terrains de la commune seront bouffés. On n'a aucun renseignement sur l'évacuation du courant produit.

Annie Carval a éclaté en sanglots en voyant le plan. C'est une frêle jeune femme; mais, quand elle parle à la tribune, ce n'est pas pour faire de la dentelle. Elle a un moral d'acier. Elle dit: «De grâce, 90
racontez tout cela dans vos journaux.» D'ailleurs, les femmes, ici, jouent un rôle très important. Les maris naviguent; les femmes dirigent la maison, organisent le budget, s'occupent des gosses, prennent les décisions quotidiennes au fil de l'an. Je les ai vues partout dans l'ombre des barricades, dans les manifestations, je dis bien partout. Calmes, silencieuses, omniprésentes, avec un coup de gueule de temps à autre qui faisait marcher les maris. 95

On n'a pas fini de parler des hommes et des femmes de Plogoff dans les semaines qui viennent. La bataille n'est pas terminée. En fait, aujourd'hui, Plogoff est entré dans la clandestinité. Ce pays farouche ne tolère pas le mépris.

Yvon Le Vaillant, *Le Nouvel Observateur*, 11 février 1980

Note: Après les élections présidentielles de 1981, le gouvernement du Président François Mitterrand a renoncé au projet de construire une centrale nucléaire à Plogoff.

1. Commentaire
(a) *E.D.F.* (l. 11): Electricité de France
(b) *Estafette* (l. 25): camionnette
(c) *P.S.U.–U.D.B.–P.C.–P.S.* (ll. 64–5): Parti Socialiste Unifié–Union Démocratique Bretonne–Parti Communiste–Parti Socialiste

2. Vocabulaire
Expliquez en français le sens, dans le contexte, des mots et expressions suivants:
(a) *enfouis dans le vent, la brume* (l. 8)
(b) *suivie dans son sillage* (l. 14)
(c) *avec de dures idées rentrées dans la tête* (l. 21)

(d) *quolibets* (l. 29)
(e) *goguenards* (l. 30)
(f) *le site . . . prévu pour la centrale* (ll. 31–2)
(g) *on s'agite en coulisse* (l. 41)
(h) *autochtones* (l. 43)
(i) *micmacs* (l. 47)
(j) *essor démographique* (l. 55)
(k) *morcellement des propriétés* (l. 57)
(l) *ceux qui ont la langue plus déliée* (l. 80)
(m) *faire de la dentelle* (l. 90)

3. Contenu
Résumez le contenu de chaque paragraphe, en vous limitant aux faits incontestables qui y sont présentés. Donnez un titre court à chaque paragraphe.

4. Procédés rhétoriques
(a) Examinez le rapport entre l'ordre de présentation et la mise en valeur des faits. (Remarquez que, peut-être paradoxalement, dans le septième paragraphe l'auteur évoque d'abord les avantages, et ensuite—et plus longuement—les inconvénients de la centrale.)
(b) Dans quelle mesure le portrait du terroir et des habitants dépasse-t-il le cadre d'une simple description? Dégagez les éléments qui trahissent un jugement de valeur. Y a-t-il des notions clé qui sont répétées de façon signifi-cative d'un bout à l'autre du texte?
(c) Dégagez les expressions qui sont plutôt péjoratives à l'égard des autorités.
(d) Dans les paragraphes faisant référence à la construction proposée, notez les expressions qui sont chargées d'une valeur affective.
(e) Pouvez-vous trouver quelques exemples d'ironie?

5. Style
(a) Relevez des exemples d'expressions
  (i) élégantes/soignées/littéraires (c'est-à-dire qu'on remplacerait dans la conversation quotidienne par un synonyme plus commun),
  (ii) familières/vulgaires (c'est-à-dire qui ne sont pas caractéristiques de la langue écrite soutenue).
  Pourquoi cette variation de registre et de ton?
(b) Y a-t-il une grande variété dans la longueur et la construction des phrases? Quel est l'effet des phrases courtes souvent agrammaticales?
(c) Quel est le rôle des citations entre guillemets?
(d) La présence de l'auteur se fait-elle sentir sous forme de 'je', ou plutôt indirectement?

6. Renvoi
Reportez-vous à la section *Ecrire* où vous trouverez un exercice productif (B2g) se référant à ce texte A1, et à ce que vous en aurez appris sur la présentation subjective des faits.

Julien dans sa bulle, à l'hôpital Debrousse, à Lyon. Et le baiser maternel.

A2 Les foetus sont-ils sacrés?

L'enfant de la bulle a été sauvé par une greffe de tissus prélevés sur des foetus morts. Qui s'en plaindrait? Et pourtant . . .

Julien a poussé le cri du nouveau-né qui, pour la première fois, sent ses poumons s'emplir d'air. Mais il a hurlé de la sorte à trois ans et demi, l'âge de sa vraie entrée dans la vie. C'était à Lyon, en juillet, à l'hôpital Debrousse. Les infirmières venaient de retirer l'enfant de la bulle en plastique qui le protégeait des infections microbiennes. Julien a vécu deux ans dans ce cocon. Des caresses maternelles il n'avait connu que de vagues gestes à travers un manchon, ignorant la douceur de la peau. Tant de sensations inédites l'ont assailli que sa sortie a été arrachement. 5

Julien est devenu le symbole d'une bataille passionnelle, choc de deux morales qui s'affrontent depuis plusieurs mois. A Lyon, le Pr Jean-Louis Touraine, immunologiste, a sauvé le petit garçon d'une mort certaine grâce à une greffe de tissus prélevés sur des foetus morts. A Paris, un magistrat, Claude Jacquinot, qui préside l'Association internationale contre l'exploitation des foetus humains, 10 dénonce cette prouesse médicale. «J'ai fait mon devoir», explique Touraine. «Je proteste au nom du respect de la dignité de tout être humain», réplique Jacquinot. La justice, saisie par son association, devait trancher. Le parquet de Lyon vient de classer la plainte «non recevable en l'état actuel de la législation».

D'autres enfants, comme Julien, pourront-ils être soignés de la sorte? La maladie dont ils 15
souffrent est appelée déficit immunitaire combiné sévère. Rarissime, elle est aussi fatale. La moindre
infection tue. Les victimes ne peuvent survivre au-delà d'un an. Il faut, pour les guérir, reconstituer
leurs défenses immunitaires. Pour cela, la médecine dispose d'une méthode 'acrobatique': une greffe
de moelle osseuse. Dans la moelle, en effet, naissent les garants de l'immunité: les lymphocytes. La
greffe permet de créer une défense immunitaire rapide et complète. Mais son succès dépend d'une 20
compatibilité parfaite entre le donneur de moelle et son receveur. Or six petits malades sur dix ne
peuvent en bénéficier. Reste alors l'aléatoire: trouver une compatibilité le plus proche possible. Mais
ce 'cousinage' de tissus présente bien des dangers. Parfois, un rejet total du corps de l'enfant par le
greffon. C'est ce dernier, en effet, qui entre en force chez son 'hôte', qui peut donc le détruire. Par la
diversité des donneurs qu'elle recense, la banque de moelle que tente d'organiser le Pr Jean Dausset, 25
de l'hôpital Saint-Louis, à Paris, palliera peut-être ces risques.

Devant ces difficultés, l'équipe du Pr Touraine a défriché une autre voie. C'est aussi une greffe.
Mais les médecins injectent aux nourrissons des cellules de foie et de thymus d'embryon humain. La
méthode ne s'est pas imposée d'emblée. «Nous avions traité plusieurs enfants par des greffes de
moelle osseuse», dit le Pr Touraine. «Ils avaient eu la chance d'avoir un frère ou une sœur 30
compatibles. Mais, en 1976, un petit garçon, Sergio, est entré dans notre service. Sa sœur, déjà, était
morte de déficit immunitaire. Or, pour lui, nous n'avions pas de donneur. J'ai donc greffé à cet
enfant des tissus fœtaux.»

Les fœtus utilisés ainsi proviennent d'avortements thérapeutiques légaux. Ils sont, affirment les
médecins lyonnais, morts lors du prélèvement. En général, un délai de deux heures sépare 35
l'avortement du moment où les biologistes ponctionnent les tissus.

Cette greffe de dernier recours s'est révélée efficace. Elle limite les risques de rejet. Dans le foie de
l'embryon (âgé, rappelons-le, de 8 à 13 semaines), les éléments précurseurs de la moelle sont encore
immatures. Les extraits du thymus, eux, contiennent une substance qui permet d'accélérer la
maturation des lymphocytes. La reconstitution immunitaire dans l'organisme des enfants traités 40
sera pourtant longue. Elle nécessite l'isolement du malade pendant près de deux ans. Quatre enfants
sur huit qui ont été soignés à Lyon sont sauvés! Mais au prix d'un geste médical qui ne laisse pas
insensible.

Le fœtus, source d'émerveillement, est magnifié. On peut le voir vivre aujourd'hui dans le sein de
sa mère grâce à l'échographie. On connaît bien les étapes de son développement. N'est-il pas même 45
devenu vedette pour la publicité, qui le placarde sur les murs de nos villes? Il est représenté affublé
d'un jeans, paré pour l'aventure de la vie! Certains répugnent donc tout naturellement à l'imaginer
en cadavre. Pourtant, les médecins s'interrogent. En quoi, mort, ce fœtus serait-il plus inviolable que
le corps d'un adulte sur lequel, ne l'oublions pas, la loi permet les prélèvements? Ce débat, beaucoup
de chercheurs l'avaient pressenti. Dès 1980, le Pr Touraine prévient le directeur de l'Institut national 50
de la santé et de la recherche médicale. Il s'assure aussi le soutien de ses pairs à l'Ordre des médecins.
Il réunit également des biologistes, des juristes et des jésuites. Et, très tôt, il s'est fixé pour règle
l'indépendance des équipes responsables des interruptions de grossesse par rapport à celles qui
utilisent les tissus fœtaux.

L'Association contre l'exploitation des fœtus humains de Claude Jacquinot ne se satisfait pas de 55
ces précautions. Elle veut un débat public. Ses militants condamnent les 'égarements de la science'.
Oubliant l'objectif thérapeutique de ces travaux, ils dénoncent l''expérimentation' sur les fœtus et
l''exploitation' dont ces fœtus sont victimes. Ces termes, pris au pied de la lettre, évoquent des
images de vivisection qui peuvent choquer bien des consciences. «Les fœtus issus des avortements
thérapeutiques ne sont ni morts ni viables», affirme Claude Jacquinot; ils sont temporairement 60
vivants.»

L'association a entrepris deux actions en justice. Chaque fois, elle a été déboutée. A Bordeaux, le
Pr Jean Meunier, qui traitait expérimentalement le diabète grave avec des cellules de pancréas fœtal,
a pourtant interrompu ses recherches. Mais, à Lyon, l'association se heurte à plus d'opiniâtreté.
«J'ai pour obligation morale de poursuivre les soins,» dit le Pr Touraine. Je ne suis pas un fanatique 65
qui guerroie, mais cette cause est juste et je la défends.»

La science va trop vite
Le procureur de la République lui a donné raison. «Cette affaire ne relève pas du droit pénal», a-t-il
estimé. Une décision, précise-t-on à Lyon, qui ne méprise pas le droit de l'association à poursuivre
toute autre action qu'elle juge bonne pour sa cause. Claude Jacquinot n'entend pas en rester là:
«Nous allons demander au parquet un complément d'enquête. D'importantes auditions n'ont pas 70
eu lieu.»

La polémique sera vive. Elle persistera tant qu'aucune législation ne viendra réglementer l'utilisation des fœtus. Tous les chercheurs responsables souhaitent un tel texte. Le ministère de la Santé prépare un projet de loi qui tente d'apporter une réponse à cette délicate question. Les grandes lignes en sont déjà connues. Les prélèvements sur fœtus ne seraient autorisés qu'à des fins 75 thérapeutiques ou scientifiques et soumis à l'accord de la mère. La mort du fœtus devrait être attestée par deux médecins. Les tissus fœtaux seraient obtenus dans les conditions prévues par la loi sur l'avortement. Et ils ne pourraient en aucun cas faire l'objet de commerce ou de trafic.

Cependant, cette ébauche de réglementation achoppe sur un écueil imprévu: la fécondation *in vitro*. Certains voient dans cette technique nouvelle la possibilité de produire du 'matériel 80 d'expérimentation'. Les biologistes ne congèlent-ils pas déjà les embryons? Ils savent les séparer en embryons jumeaux. Ils pourraient, demain, mener à terme un fœtus hors du ventre de la mère. Ces possibilités de la biologie démontrent à quel point la science évolue vite. A quel point, aussi, il est difficile d'élaborer des textes de sauvegarde qui 's'époumonent' à suivre les savants. Appartiendra-t-il au comité national d'éthique qui se met en place de tempérer la rigidité d'un texte législatif? 85 Edmond Hervé, le secrétaire d'Etat à la Santé, compte rouvrir le dossier.

Annie Kouchner, *L'Express*, 30 septembre 1983

1. Commentaire

(a) *le Pr Jean-Louis Touraine* (l. 8): le Professeur Jean-Louis Touraine
(b) *paré pour l'aventure de la vie* (l. 47): allusion à une affiche publicitaire pour une marque de blue-jeans parue en 1983 qui montrait un fœtus habillé en jeans 'paré pour l'aventure de la vie'
(c) *fécondation* in vitro (ll. 79–80): fécondation hors de l'utérus

2. Vocabulaire

Expliquez en français le sens, dans le contexte, des mots et expressions suivants:
(a) *ignorant la douceur de la peau* (ll. 5–6)
(b) *sensations inédites* (l. 6)
(c) *la justice, saisie par son association, devait trancher* (ll. 12–13)
(d) *l'aléatoire* (l. 22)
(e) *a défriché une autre voie* (l. 27)
(f) *la méthode ne s'est pas imposée d'emblée* (ll. 28–9)
(g) *elle a été déboutée* (l. 62)
(h) *un complément d'enquête* (l. 70)
(i) *achoppe sur un écueil imprévu* (l. 79)

3. Contenu

Résumez les arguments pour et contre l'utilisation des fœtus à des fins thérapeutiques ou scientifiques.

4. Structure de l'argumentation

(a) Quel est le rapport entre l'ordre de présentation et la mise en valeur des arguments? Pourquoi commencer par l'histoire de Julien?
(b) Comparez la présentation de Julien avec celle du fœtus. Quelle est la différence de ton et d'attitude? (Remarquez que la journaliste insiste sur le nom de Julien, et que nous apprenons aussi le nom du petit garçon Sergio, l. 31.)
(c) Isolez les cas où, directement ou indirectement, l'auteur (i) approuve ou excuse, (ii) désapprouve ou blâme une action ou une attitude. Que peut-on en conclure?
(d) Dans quelle mesure la journaliste présente-t-elle les choses en noir et blanc? Réussit-elle finalement à exprimer l'incertitude qui entoure cette 'délicate question'?
(e) La journaliste fait-elle appel avant tout aux sentiments ou à la raison?

5. Style

(a) Relevez des exemples de phrases exclamatives et interrogatives. Quelle est leur fonction?
(b) Vous remarquerez une proportion assez élevée de phrases courtes et parfois agrammaticales (par exemple, ll. 23–4). Quel est l'effet de ces phrases, surtout lorsqu'elles s'accumulent (par exemple ll. 15–18)?
(c) Vous trouverez aux troisième et quatrième paragraphes quatre phrases qui débutent par 'Mais' et deux qui débutent par 'Or'. Quel est l'effet recherché?
(d) Quel est le rôle des citations entre guillemets? Pourrait-on dire que la journaliste se dissimule derrière cette présentation des arguments du Pr Touraine et de Claude Jacquinot?
(e) Comment la présence de l'auteur se fait-elle sentir dans l'ensemble du texte? Auriez-vous soupçonné que cet article avait été écrit par une femme, s'il n'avait pas été signé?

A3 Le secret périmé ▬▬▬▬▬▬▬▬▬▬▬▬▬▬▬▬▬▬▬▬▬▬

Nous avons, ici même, à diverses reprises, exposé et étudié la question du secret de l'instruction. Nous avons soutenu qu'en l'état actuel des mœurs son principe ne nous paraissait plus défendable. Nous n'avons pu nous faire entendre. Aujourd'hui le problème se pose avec une telle acuité qu'il nous paraît nécessaire de rappeler une notion qui nous paraît d'ordre public.

Le secret en matière de justice est une séquelle de l'ancien droit, qui aujourd'hui n'a plus de sens. Il   5
est une survivance de la procédure dite inquisitoriale. Pour elle, le suspect est présumé coupable. Les moyens les plus déloyaux et les plus inhumains paraissaient légitimes pour obtenir l'aveu. Il en résulta de si grands abus et de telles injustices que les législateurs de la Révolution décidèrent que la justice serait publique, instituèrent le jury, mais maintinrent pour l'instruction l'institution d'un juge permanent, l'information demeurant secrète, avec cette réserve toutefois que les opérations se   10
dérouleraient en présence de personnes notables adjointes au juge d'instruction. Le code de 1791 alla plus loin et établit, comme en Angleterre, un jury d'accusation rendant publique l'instruction.

Le code d'instruction criminelle adopta un système mixte qui amena de très fâcheuses erreurs. Il confia l'instruction des procès à un juge, mais évita de le proclamer ouvertement tenu au secret. La tradition de la procédure inquisitoriale était si forte qu'on s'employa par tous les moyens à   15
maintenir un secret qui n'était pourtant plus compatible avec l'évolution des mœurs. La jurisprudence, par une combinaison imprévue des textes, décida que l'instruction devait être secrète.

Pendant près d'un siècle on rétablit pour l'instruction les dispositions de l'ordonnance de Louis XIV avec une si grande rigueur, usant de tromperies, de surprises si déloyales en dissimulant à l'inculpé les charges qu'on se proposait de lui opposer, qu'il fallut en 1897 rendre l'instruction   20
contradictoire et assurer le contrôle de la régularité des opérations par la présence du défenseur. Il fallut communiquer à l'avocat l'intégralité de la procédure avant chaque interrogatoire. Dès lors le principe du secret ne s'expliquait plus. Cependant, un arrêt de la Cour de cassation du 25 novembre 1903—à propos de l'affaire Humbert—décida qu'en vertu du code d'instruction criminelle la procédure devant le juge d'instruction reste secrète; «que si la loi du 8 décembre 1897 en a prescrit la   25
communication au prévenu et à son conseil, son caractère secret persiste au regard de toutes personnes autres que le ministère public; que la conséquence qui résulte de ces dispositions est que le juge d'instruction doit garder le secret des procédures suivies par lui».

Si le code n'avait pas prescrit explicitement le secret, le nouveau code de procédure pénale, dans son article II, dispose que, «sauf les cas où la loi en dispose autrement et sans préjudice des droits de   30
la défense, la procédure au cours de l'enquête et de l'instruction est secrète». Cette formule crée volontairement une confusion: l'enquête et l'instruction sont deux choses différentes.

Il est légitime que l'enquête préparatoire ne soit livrée à la publicité. La police chargée de la poursuite d'un crime n'a pas à faire connaître ses hésitations, voire ses erreurs, alors que personne n'est encore inculpé. Le secret est nécessaire pendant le temps de cette enquête, alors qu'il ne pèse   35
que des soupçons sur un suspect. Tout autres sont les opérations du juge d'instruction. Celui qui n'était que suspect pendant l'enquête préalable est devenu inculpé. La loi interdit au juge de procéder à un interrogatoire sans avoir au préalable communiqué la totalité de son dossier à la défense. A partir de ce moment le secret ne se justifie plus et ne reste plus qu'un vestige de procédure inquisitoriale qui ne peut être que fertile en abus.   40

Il faut ajouter que le principe du secret est en contradiction avec les mœurs. L'opinion veut être informée et elle a le droit de l'être.

Cette considération est si vraie que le journaliste publie le résultat de ses enquêtes personnelles. Il ne peut être question d'empêcher le représentant de la presse de se rendre sur les lieux, d'interroger les témoins et d'exposer des renseignements qu'il a pu recueillir. S'il en était autrement, la liberté de   45
la presse serait en jeu.

A quoi bon risquer qu'il donne des informations inexactes? On l'a si bien compris que dans le règlement d'administration publique qui a suivi la promulgation du code de procédure pénale, un article C23 a montré l'embarras qu'on peut éprouver à vouloir continuer à imposer le secret: «il convient de concilier la règle légale du secret de l'enquête et de l'instruction avec le principe   50
traditionnel, en démocratie, de la liberté de l'information».

Cette conciliation paraît aujourd'hui impossible. On l'a si bien compris que le même règlement dispose que le procureur de la République peut, s'il l'estime nécessaire, fournir à la presse notamment «un communiqué écrit concernant les faits ayant motivé la poursuite». Cette dérogation admise en violation d'un texte formel ne serait admissible que si la défense jouissait du   55 même droit. Pour elle l'article 23 du Code pénal conserve sa rigueur, et le défenseur qui fournirait un communiqué à l'opinion risquerait une poursuite pour révélation du secret de l'instruction. Cette menace est-elle légitime?

La vérité est que l'opinion publique ne supporte plus le secret. L'affaire Ben Barka en est un exemple particulièrement frappant. Chaque jour la presse publie des résumés des dépositions des 60 témoins, des interrogatoires et des confrontations des inculpés. On ne connaît pas la source de ces indiscrétions qui peuvent contenir des renseignements erronés. Ne vaudrait-il pas mieux supprimer le principe du secret qui n'est pas utile à la justice et laisse trop souvent planer injustement le doute sur la régularité du développement des opérations d'instruction? A partir du moment où un inculpé, pour lequel on n'a plus le droit d'avoir de secret, se défend, il convient que tout le monde puisse 65 connaître exactement comment se déroule l'instruction des procès.

Le principe du secret entretient une atmosphère de mystère qui ne peut que créer d'inutiles inquiétudes, alors que la publicité de l'instruction empêcherait de se répandre des erreurs d'interprétation préjudiciables à la justice.

Maître Maurice Garçon de l'Académie française, *Le Monde*, 1 avril 1966

1. Commentaire
(a) Pour le langage juridique, consultez le dossier *La justice française* (pp. 11–13).
(b) *l'affaire Ben Barka* (1. 59): Ben Barka, homme politique de gauche, chef de l'opposition marocaine en exil à Genève. De passage à Paris le 29 octobre 1965, il fut enlevé devant la Brasserie Lipp (boulevard St-Germain) par des agents des services secrets marocains et n'est jamais réapparu. Il est certain que son enlèvement fut l'œuvre de gens agissant au compte des services marocains; 'l'affaire' tourne autour de la suite de cet enlèvement et comporte trois éléments: (1) comment a-t-il pu être enlevé? (2) la police et les services secrets français étaient-ils complices? (3) l'enquête qui a suivi a-t-elle cherché à protéger certaines personnalités plutôt qu'à dévoiler la vérité? Ce doute a été soulevé et persiste, à la suite du mystérieux 'suicide' du témoin en chef, Georges Figon.
(Consultez Philip P. Williams, *Wars, Plots and Scandals in Post-War France*, C.U.P., 1970, pp. 78–125.)

2. Vocabulaire
(a) Expliquez en français le sens exact qu'ont dans le texte les mots suivants:
 (i) *secret* (titre, etc.)
 (ii) *inquisitoriale* (1. 6)
 (iii) *publique* (1. 9)
 (iv) *contradictoire* (1. 21)
(b) Faites la distinction, là où elle existe, entre les mots suivants (dans le sens qu'ils ont dans le texte):
 (i) *instruction* (1. 1, etc.), *interrogatoire* (1. 22, etc.), *enquête* (1. 31, etc.)
 (ii) *suspect* (1. 6, etc.), *inculpé* (1. 20, etc.), *prévenu* (1. 26)

 (iii) *poursuite* (1. 34, etc.), *procès* (ll. 14, 66)
 (iv) *défenseur* (ll. 21, 56), *avocat* (1. 22)
(c) L'auteur cherche à nous convaincre que le secret de l'instruction est périmé. On remarque dans son article un système d'oppositions entre les expressions qui servent à renforcer l'idée de 'périmé', et celles qui suggèrent l'idée de progrès, de modernité. Dressez deux listes de ces mots de façon à faire ressortir cette structure sémantique.

3. Argumentation
(a) L'auteur soutient que le secret de l'instruction est périmé. Quelles sont ses raisons?
(b) Avant de rédiger son article, l'auteur aurait sans doute fait un brouillon pour mieux ordonner ses pensées, où il aurait noté (1) quelles idées il allait regrouper dans chaque paragraphe (avec sous-titres provisoires), et (2) une douzaine de ses expressions favorites pour marquer un développement ou un changement de sens dans son argumentation. De plus, il aurait décidé où il allait introduire des citations et des questions directes. Tâchez de reconstruire ce brouillon.
(c) Sa façon de présenter son argument est-elle, selon vous, efficace? Etudiez l'enchaînement des idées dans cet article.

4. L'auteur et son public
(a) Quel pourrait être le lecteur visé par l'auteur, étant donné le ton et le contenu du texte?
(b) Quel est l'effet des questions directes posées par l'auteur?
(c) Trouvez dans le texte une phrase qui aurait à peu près le même sens que celui des expressions suivantes:

(i) le secret fait partie de la plus ancienne tradition légale française;

(ii) le code de 1791 apporta de nouveaux changements;

(iii) un système qui tâchait d'harmoniser les deux aspects, mais qui n'était pas sans comporter certaines difficultés d'ordre pratique;

(iv) mais manqua, malheureusement, de souligner que . . .

Quelle est la différence entre les phrases ci-dessus et celles de l'auteur? Quelle tendance générale est mise en lumière par cette comparaison? Cherchez d'autres expressions dans le texte qui servent à renforcer cette tendance.

Dossier: La justice française

1. Le fonctionnement de la justice pénale

(a) Schéma simplifié

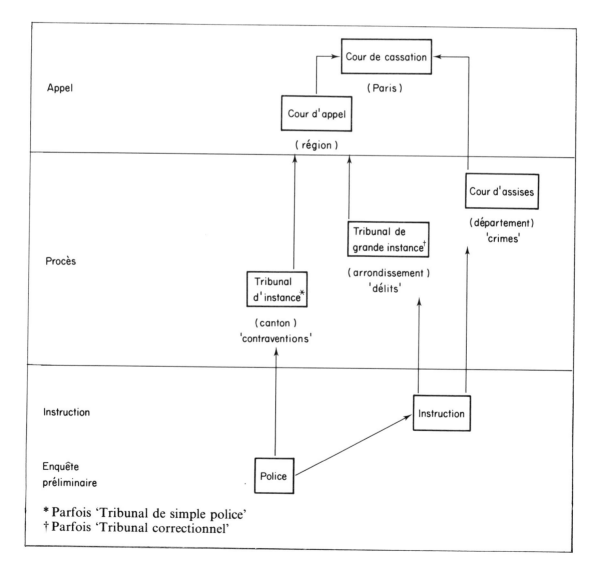

(b) Schéma détaillé

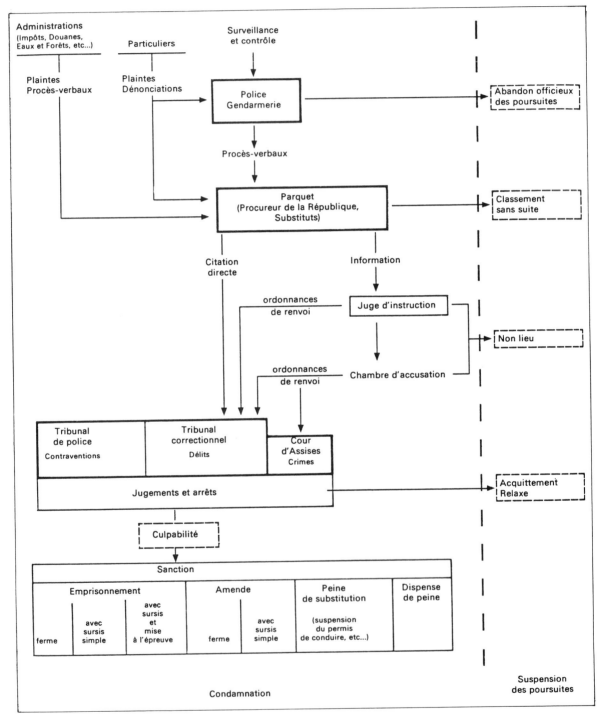

Données sociales, Institut National de la Statistique et des Etudes Economiques, 1984, p. 518.

2. Termes juridiques

Jurisprudence
= 'case law'

Code
= 'statute law'

civil	*criminel*
Code civil, 1804	Code d'instruction criminelle, 1807
Code de procédure civile, 1806	Code pénal, 1811
Code de commerce, 1808	Code de procédure pénale, 1959

Le personnel

Ministère de la justice — Garde des Sceaux

Cour de cassation — 5 présidents de chambre
77 conseillers
(= 'judges')

Cour d'appel — 5 magistrats (='judges')

Cour d'assises — 1 président
2 juges
jury de 9 personnes

Tribunal de grande instance (ou correctionnel) — 3 juges
Procureur de la République (= 'Public Prosecutor', en Ecosse 'Procurator Fiscal')
greffier

Tribunal d'instance (ou de simple police) — 1 juge

Instruction — 1 juge d'instruction

greffier—'clerk to the court'
huissier—'bailiff'
avocat—'barrister, advocate'
notaire—'solicitor, lawyer'

A4   Le sexe du cerveau

La dominance et l'équilibre

A l'œil nu, les deux hémisphères du cerveau humain sont symétriques et les fonctions de perception et de motricité y sont également distribuées.

Pourtant, chacun de ces hémisphères est spécialisé dans des facultés particulières, qui existent mais sont peu développées dans l'hémisphère opposé.

Il y a plus d'un siècle qu'un Français, Broca, démontrait que le centre du langage se trouvait dans   5
l'hémisphère gauche (ce qui lui a valu depuis 1861 le nom 'd'hémisphère dominant') et chacun peut observer que seuls les malades, qui ont une lésion cérébrale gauche (hémorragie ou autre) et qui sont donc paralysés du côté droit souffrent également d'aphasie, ou de troubles du langage.

Des progrès considérables ont été accomplis ces vingt dernières années dans les connaissances concernant les localisations cérébrales et notamment par le recours à des techniques simples   10
relevant de la psychologie expérimentale. Elles reposent toutes sur le fait que les communications des hémisphères avec les fibres nerveuses du corps sont croisées: l'hémisphère gauche commande la motricité de la moitié droite du corps; il reçoit essentiellement les informations sonores perçues par l'oreille droite, les informations tactiles de la main droite, les informations visuelles des moitiés droites des deux yeux (donc celles provenant du champ visuel droit).   15

Il est à présent bien établi que chez la majorité des sujets l'hémisphère gauche est prédominant pour le traitement des tâches linguistiques analytiques et séquentielles; l'hémisphère droit domine pour sa part pour les traitements des tâches globales, non verbales, et pour l'orientation spatiale. Il est, en outre, impliqué dans la médiation des réponses émotionnelles.

Une série de travaux récents portant tant sur l'enfant que sur l'adulte indiquent qu'il existe une   20
'sexualisation' du cerveau, non seulement pour les conduites relevant spécifiquement de la sexualité, mais aussi pour des tâches d'ordre strictement cognitif.

En bref, et comme il résulte notamment des études très remarquables d'une psychologue américaine, Sandra Witelson, les filles, puis les femmes, ont une plus grande plasticité cérébrale que les hommes; leur aptitude à la représentation spatiale est présente dans les deux hémisphères, alors   25
qu'elle est, chez les garçons, rigoureusement localisée dans l'hémisphère droit.

Les opérations linguistiques, réservées chez l'homme à l'hémisphère gauche, peuvent trouver dans l'hémisphère droit des femmes un relais de secours (ce qui explique que leur déficit linguistique est moindre que celui des hommes, lorsqu'elles ont une lésion gauche). Si les femmes sont supérieures aux hommes quant à l'aptitude verbale, elles leur sont inférieures pour les tâches   30
relevant de la perception spatiale. Et il leur est plus difficile de conduire deux tâches cognitives simultanément (chercher son chemin en voiture, tout en parlant par exemple), étant donnée la mobilisation, par chaque activité, des deux hémisphères.

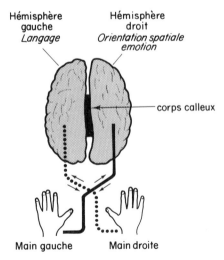

L'idéogramme cérébral

Une étude publiée le 26 juin dernier dans la revue *Science* apporte, pour la première fois, une base anatomique à ces observations d'ordre physiologique. Les équipes des départements 35 d'anthropologie et de neurologie de New-York (Columbia University) et de Dallas montrent, en effet, que la partie postérieure de la structure nommée *'corps calleux'*, par laquelle passent nombre des fibres de connexion allant d'un hémisphère à l'autre, est systématiquement plus développée chez la femme que chez les hommes.

Ce qui confirmerait les plus grandes possibilités de communication, de suppléance, d'un 40 hémisphère à l'autre que présentent les femmes.

Il semble qu'il en soit de même pour les gauchers, si l'on en juge par la première recherche comparative d'activité cérébrale conduite à Philadelphie chez des hommes droitiers et gauchers, et chez des femmes.

L'observation de l'accroissement du flux sanguin dans les zones du cerveau sollicitées par une 45 activité précise (test verbal ou spatial) montre que, chez les hommes gauchers, les deux hémisphères sont stimulés et donc actifs de manière identique lors d'un effort verbal, alors que les tests d'orientation spatiale stimulent essentiellement l'hémisphère droit.

Chez les droitiers, hommes ou femmes, l'hémisphère gauche est beaucoup plus actif que le droit lors d'une tâche verbale; l'activité de l'hémisphère droit pour la solution de tests d'orientation 50 spatiale est, chez la femme seulement, intense, du même type que celle observée chez les gauchers.

Il est vraisemblable que cette particularité traduit l'effort plus grand d'un hémisphère destiné à une tâche donnée chez ceux—les femmes et les gauchers—dont la 'spécialisation' est moins grande d'emblée.

La technique d'exploration utilisée à Philadelphie et découverte par le Danois Niels Lassen 55 permettra de préciser ces données.[1] Elle consiste à faire inhaler au sujet un gaz radioactif, le xénon-133 que transportent les vaisseaux cérébraux. Une caméra à rayons gamma comprenant une batterie de 254 scintillateurs externes permet d'enregistrer les émissions provenant de zones ne dépassant pas 1 centimètre carré de surface cérébrale.

Un mini-ordinateur intègre toutes les informations provenant des compteurs à scintillation et les 60 traduit sous forme d'un graphique sur un écran de télévision en couleur, chaque niveau de débit du gaz (donc de débit sanguin, donc d'activité cellulaire) étant affecté d'une couleur différente.

Un véritable 'idéogramme cérébral' est ainsi obtenu, qui donne un relevé topographique des fonctions du cerveau humain.

Des notions encore plus précises complètent ces possibilités révolutionnaires, par l'utilisation de 65 la technique dite de Sokoloff, qui consiste en l'injection d'un isotope radioactif du glucose dans la circulation cérébrale. La vitesse à laquelle le glucose est consommé par les cellules nerveuses, dont il est le 'carburant' essentiel, reflète leur niveau d'activité, et il est possible d'étudier ainsi des unités fonctionnelles de neurones larges de moins de 1 millimètre et d'établir une véritable 'cartographie microscopique' des fonctions cérébrales, dont on devine l'intérêt considérable pour l'étude des 70 fonctions nerveuses normales ou pathologiques.

La pensée et l'émotion

La moindre spécialisation hémisphérique féminine (latéralisation) se traduit aussi sur le plan de l'émotion. Alors que l'hémisphère droit de l'homme est, plus que le gauche, impliqué dans les situations émotionnelles, celles-ci relèvent chez la femme des deux hémisphères.

Cette représentation bi-hémisphérique de l'émotion pourrait impliquer que les femmes puissent, 75 moins bien que les hommes, dissocier leur comportement analytique, logique, rationnel, verbal, de leur comportement émotionnel.

La moindre spécialisation de l'hémisphère droit féminin représente, sur le plan neurologique, un avantage sélectif, et cette plus grande plasticité cérébrale explique vraisemblablement la très faible incidence chez les filles de troubles liés à des déficits linguistiques (dyslexie, autisme, aphasie, 80 bégaiement, retard dans l'acquisition du langage).

Cinq pour cent des écoliers sont dyslexiques (difficultés marquées à la lecture), dont cinq garçons pour une fille, et on trouve chez ces garçons une organisation cérébrale atypique (mauvais fonctionnement de l'hémisphère gauche, représentation spatiale dans les deux hémisphères et non pas seulement à droite). 85

Des implications thérapeutiques et surtout pédagogiques peuvent être déduites de ces découvertes qui expliquent très vraisemblablement pourquoi les femmes sont si peu représentées dans les métiers qui impliquent des aptitudes spatiales et une stratégie cognitive préférentielle, telle que ceux d'ingénieur, d'architecte, d'horloger, de mécanicien de précision, d'artiste, de physicien,

requérant une manière de penser et de percevoir l'espace spécifiquement traitée chez l'homme par 90
l'hémisphère droit.

Il existe, en outre, moins de femmes que d'hommes douées d'aptitudes exceptionnelles et cela vraisemblablement parce que ces talents d'exception sont liés à la présence d'un déterminant héréditaire porté par le chromosome X, et dit récessif, c'est-à-dire qu'il ne s'exprime que s'il n'est pas supplanté par un autre gène dominant porté par l'autre chromosome de la même paire. 95

L'unique chromosome X de l'homme (qui lui vient de sa mère) facilite l'expression d'un tel gène récessif, alors qu'il faut, chez la femme, que les deux chromosomes X (un du père, un de la mère) portent ce gène, celui qui détermine par exemple l'aptitude, spatiale ou mathématique, pour qu'il puisse s'exprimer.

Ainsi, indique Sandra Witelson, «une femme donnée peut être aussi douée que le meilleur des 100 hommes, mais la proportion de femmes douées d'une aptitude exceptionnelle sera toujours moindre que celle des hommes». A tout le moins, en ce qui concerne l'aptitude spatiale, source de l'essor scientifique, artistique et technologique des civilisations humaines . . .

[1] L'excellent volume consacré au cerveau par la collection *Pour la science* contient un chapitre de Lassen consacré à ces techniques, et reproduit, en couleur, les premières cartes fonctionnelles du cerveau humain. Les plus grands auteurs (dont trois lauréats du prix Nobel) ont participé à ce bilan des connaissances—en pleine évolution—sur le cerveau et sur le fonctionnement de la vie psychique (8, rue Férou, 75005 Paris), 216 pages, nombreuses illustrations en couleur, 75 F.

le docteur Escoffier-Lambiotte, *Le Monde*, 3 novembre 1982

1. Commentaire
hémisphère: ce mot est du masculin; le mot *sphère*, ainsi que tous les autres composés du mot (à part *planisphère*) sont du féminin.

2. Vocabulaire
(a) Le sujet de cet article est assez technique. Mais il est clair que l'auteur vise non seulement le spécialiste de la médecine, mais aussi tout lecteur ayant un certain niveau d'éducation. Cherchez des exemples de vocabulaire spécialisé pour lesquels l'auteur fournit des explications ou des définitions. Quels sont les termes techniques que le lecteur est censé comprendre sans explication? Expliquez en français le sens qu'ont dans le texte les termes de cette deuxième liste.

(b) Utilisez chacun des mots suivants dans une phrase de façon à faire ressortir le plus nettement possible son sens (le sens étant celui que ce mot revêt dans le texte, mais votre phrase se rapportant à un domaine autre que la médecine):
- (i) *cognitif* (l. 22)
- (ii) *relais* (l. 28)
- (iii) *suppléance* (l. 40)
- (iv) *affecté de* (l. 62)

(c) Le docteur Escoffier-Lambiotte a souvent besoin de dire qu'un chercheur ou une expérience a *montré* quelque chose. Il emploie, à part le mot *montrer* lui-même, environ huit synonymes pour exprimer cette idée. Quels sont-ils?

(d) Ces synonymes de *montrer* sont employés pour exprimer l'idée de certitude. Y a-t-il d'autres expressions qui jouent le même rôle? Dressez une liste des tournures utilisées par l'auteur pour nuancer ses idées en exprimant la certitude, la probabilité, la possibilité, etc.

3. Structure de l'argumentation
Marquez les divisions entre les phases principales de l'argumentation de l'auteur. Résumez en une phrase le contenu de chacune des divisions.

4. L'auteur et son public
(a) Compte tenu non seulement du langage de l'auteur, mais aussi du contenu de son article, quel semble être son but? Réussit-il dans ce but?

(b) Dans quelle mesure l'auteur reste-t-il impartial en ce qui concerne la différence entre les deux sexes? Indiquez les moyens linguistiques dont il se sert pour maintenir l'apparence d'impartialité (nominalisation—c'est-à-dire emploi de substantifs plutôt que de verbes et d'autres parties du discours, l'utilisation de formules d'atténuation, de constructions impersonnelles, etc.).

5. Renvoi
Reportez-vous à la section *Ecrire* où vous trouverez un exercice productif (B2h) se référant à ce texte A4, et à ce que vous en aurez appris sur les techniques du discours qui se veut objectif.

A5 Le temps des gares ▬▬▬▬▬▬▬▬▬▬▬▬▬

Les chemins de fer surgissaient en Europe vers 1830 avec une brutalité amorcée par le faste des gares. Le progrès technique et l'industrialisation devaient être l'occasion d'une fête et Théophile Gautier pouvait écrire à propos de ces monuments des temps nouveaux «des arcs d'une ouverture immense, de puissants contreforts, donnent à ces palais de l'industrie moderne une sorte de majesté qui frappe les plus rebelles». «La religion du siècle est la religion du railway» et «cathédrale de 5 l'humanité nouvelle» les gares se dressent dans les villes à l'image des temples grecs, des thermes romains, des cathédrales gothiques, des forteresses médiévales ou des palais babyloniens. Palais par leurs façades, temples par leurs verrières, elles surprennent encore par le faste des salles des pas perdus, des buffets de gare où rivalisent glaces, fresques, lustres, colonnades et statues.

D'abord inspirées du trafic fluvial, comme en témoignent leurs noms: quais, embarcadaires, 10 débarcadaires, elles s'en dégagent vers 1880 et donnent libre cours à une renaissance architecturale qui en fera les créations les plus originales du siècle.

Révolutionnaires par essence puisque leurs fonctions étaient sans précédent, elles demeurent l'expression de l'optimisme et de la vitalité de l'économie libérale et de l'essor industriel. On imagine mal à une époque où l'avion devient un moyen de transport banal à quel point le chemin de fer a 15 modifié ce qu'on n'appelait pas encore l'aménagement du territoire et comment les gares «qui sont au réseau ferroviaire ce que le cœur est aux vaisseaux dans le système circulatoire» ont transformé les rapports des hommes avec l'espace, le travail et le temps.

Monument de la centralité
Dès son origine la gare est un lieu géographique privilégié. Centre de gravité, point de convergence, porte de la cité, elle devient le pivot autour duquel la ville va se déployer. 20

Elle engendre ainsi de nouveaux modèles d'urbanisme et devient l'élément déterminant de la croissance d'une ville. C'est ainsi que de petites villes, par le hasard des réseaux ferroviaires, devinrent de véritables centres régionaux alors que des villes prospères voient brutalement leur vitalité menacée.

La gare prend alors un caractère triomphaliste. Elle est le monument de la centralité, le nouveau 25 lieu frontière qui se substitue aux enceintes fortifiées et où s'effectue le brassage des biens et des personnes. Elle prend alors l'aspect d'un portique ou d'un arc de triomphe ouvrant sur un espace urbain ordonné. Mais, lieu public où se côtoient toutes les classes sociales, elle est aussi le reflet des tensions et des valeurs d'une société hiérarchisée.

Derrière l'apparat de la bourgeoisie triomphante s'effectue la migration des populations 30 paysannes vers les usines et les bureaux des cités industrielles. Et pour les ouvriers, les employés, la gare n'est plus qu'un lieu de passage quotidien, le trait d'union entre la vie de travail et le lieu de résidence.

C'est ainsi que, carrefour du pouvoir et de la production, à l'image de la logique du capitalisme, les gares deviennent un véritable enjeu politique de la maîtrise des territoires et des stratégies 35 urbaines. «Les chemins de fer électoraux» affirmaient le pouvoir de Napoléon III auprès des notables locaux et les gares du plan Freycinet de 1879 acheminaient l'idéal de la IIIe République dans tous les chefs-lieux de France.

A partir des années 1920, la gare se rétrécit à un lieu fonctionnel. La société industrielle est en place, bien admise et elle impose ses modèles. Les gares deviennent alors uniformes, efficaces et elles 40 ressemblent aujourd'hui à s'y méprendre à des immeubles de bureaux ou à des centres commerciaux. Le souci de l'utilitaire s'est substitué aux rêves de la grandeur machiniste.

Carrefour de l'imaginaire
Si les gares n'avaient pour fonction que de faire circuler les trains, combien de paysages, de parfums, d'images, de souvenirs s'évanouiraient s'ils ne correspondaient miraculeusement au nom d'une gare, à ces plaques où quelques lettres de cuivre inscrites sur certains wagons entraînent notre 45 imagination dans un vagabondage où se côtoient la magie des mots et le télescope des significations.

[. . .]

Lieu de passage d'un passé récent à un avenir immédiat, la gare est ouverte comme un sas, territoire ambigu, enclave magique où s'abolissent les distances et où se cherchent les êtres.

Gare refuge, gare abri pour ceux qui redoutent les lendemains, pour ceux qui fuient la ville et ses contraintes car le mot gare vient du germanique 'warjan': protéger. 50

Le spectacle y est multiple, il suffit de regarder. Certains lisent, d'autres déjeunent, achètent un journal, visitent, regardent ces trains, rêveurs.

Le temps d'une gare est différent d'un autre. C'est un temps inattendu, un moment de vacuité, une pause entre deux vitesses, une attente en rupture d'habitudes.

«Les destins se croisent aussi sûrement que les faisceaux des rails échappent à l'œil le plus obstiné,   55
comme dans les tableaux d'André Delvaux» et la gare reste ce lieu d'émotion où les hommes manifestent encore leurs sentiments. On pleure, on rit, on s'embrasse. . . On craint de se perdre, on peut se manquer, les visages sont expectatifs au milieu des cris de joie, des appels, de l'impatience générale. [. . .]

Un espace en danger
On regrette, avec nostalgie, les gares trop hâtivement détruites, leur architecture aujourd'hui réhabilitée. Et lorsqu'on découvre, par hasard, une humble maisonnette inconnue ou une jolie   60
verrière envahie d'herbes folles le long d'une ligne désaffectée, ou lorsque l'on frémit devant une modernisation agressive aux abords d'une façade néoclassique, on regrette la banalité technologique d'aujourd'hui et l'époque où le passage du train était l'événement, la gare le but de la promenade le long d'une avenue de platanes, un lieu de rencontre et la porte ouverte sur une forme d'espoir et on pense à la poésie et au faste des gares du temps jadis.   65

[. . .]

Lieu d'ordre et de discipline
Gare, lieu de contestation, de graffiti, de grèves, d'attentats, gare où se côtoient et s'affrontent le peuple et le pouvoir.

Mais, si les classes sociales s'y côtoient (s'y mélangent?), c'est toujours raisonnablement: les buffets et les salles d'attente sont souvent hiérarchisés par un code numérique. Et si certains pays ont renoncé pudiquement à la distinction 1re et 2e classe, c'est pour lui substituer la notion de 'dur' ou   70
'mou' selon la nature des banquettes. Les petits bourgeois ont succédé à la gentry ferroviaire et aujourd'hui P.D.G. et employés se mêlent deux fois par jour pour rejoindre leurs résidences aux périphéries de la ville.

France Informations, 107 (adapté)

1. Commentaire
(a) *Théophile Gautier* (ll. 2−3): écrivain français (1811−72), connu surtout pour la beauté formelle de ses poésies
(b) *le plan Freycinet* (l. 37): plan mis en vigueur à partir de 1883 pour développer le système ferroviaire français (Charles de Freycinet, ingénieur et homme politique, 1828−1923)
(c) *André Delvaux* (l. 56): *Paul* Delvaux, peintre surréaliste belge (1897−), dont les tableaux évoquent souvent une atmosphère de rêve et de tension sexuelle
(d) *P.D.G.* (l. 72): Président-Directeur Général

2. Vocabulaire
Expliquez en français le sens, dans le contexte, des mots et expressions suivants:
(a) *une brutalité amorcée par le faste des gares* (ll. 1−2)
(b) *les plus rebelles* (l. 5)
(c) *lieu géographique privilégié* (l. 19)
(d) *à l'image de la logique du capitalisme* (l. 34)
(e) *chefs-lieux de France* (l. 38)
(f) *elles ressemblent aujourd'hui à s'y méprendre à des immeubles de bureaux* (ll. 40−1)
(g) *le souci de l'utilitaire s'est substitué aux rêves de la grandeur machiniste* (l. 42)
(h) *un sas* (l. 47)
(i) *une modernisation agressive aux abords d'une façade néoclassique* (ll. 61−2)
(j) *les petits bourgeois ont succédé à la gentry ferroviaire* (l. 71)

3. Caractéristiques langagières
(a) Dégagez les procédés utilisés par l'auteur pour donner de l'impact à ses idées.
(b) Quels sont les aspects les plus frappants de la structure des phrases dans cet article?

4. L'auteur et son texte
Le sujet de cet article (les chemins de fer, les gares) est très concret; la façon dont il nous est présenté est, pourtant, subjective. Comment se caractérise cette subjectivité de l'auteur? Analysez et illustrez les stratégies linguistiques dont il se sert pour communiquer son sentiment au lecteur. Vous commenterez:
(a) les éléments lexicaux (exploitation du vocabulaire architectural, ainsi que celui des chemins de fer)
(b) les allusions littéraires, artistiques, etc.
(c) les citations
(d) les autres stratégies (répétition, juxtaposition, énumération, etc.)

A6 L'administration départementale

Les documents présentés ci-dessous sont tirés du procès-verbal des délibérations du Conseil Général de la préfecture du Puy-de-Dôme. Ils traitent la question de la subvention à accorder par ce département pour faciliter le passage du Tour de France en juillet 1978. La réunion du Conseil Général du 14 juin avait mis en réserve une subvention de 10 000 francs. Celle du 14 décembre devait d'une part décider s'il convenait de dépenser cet argent et d'autre part évaluer les demandes faites par deux organismes locaux: la commune de Besse et l'Amicale Cycliste clermontoise.

Le Préfet présente son Rapport qui va être discuté ici par le Conseil Général du département. Aucune décision ne sera prise et la question sera renvoyée en Commission (ll. 95–106), c'est-à-dire à la Commission Départementale, petit groupe de conseillers généraux, chargés de régler les affaires du Conseil pendant les périodes entre les deux séances annuelles.

Document 1: Rapport du Préfet

Nature de l'Affaire: Demande de subvention départementale présentée par l'Amicale Cycliste clermontoise et la commune de BESSE-et-St-ANASTAISE à l'occasion du passage du Tour de France cycliste.

Messieurs,

Au cours de sa séance du 14 juin 1978, le Conseil Général a décidé de mettre en réserve une   5
subvention de 10 000 F. pour faciliter l'organisation du passage du Tour de France dans le Département, étant précisé que cette somme serait répartie après examen du bilan des deux arrivées d'étape organisées respectivement le 13 juillet 1978 par la commune de BESSE-et-St-ANASTAISE et le 14 juillet au sommet du Puy-de-Dôme par l'Amicale Cycliste clermontoise.

En conséquence, sont soumis à l'Assemblée départementale: 10

(a) le bilan financier de l'arrivée de l'étape FIGEAC – SUPER–BESSE le 13 juillet et du départ de l'étape BESSE-en-CHANDESSE – PUY-de-DOME le 14 juillet, présenté par le Maire de BESSE-et-St-ANASTAISE et faisant apparaître un déficit de 69 528,15 F.

(b) la lettre du 4 septembre 1978 par laquelle le Président de l'Amicale Cycliste clermontoise indique que les recettes ont largement dépassé les dépenses mais que la publicité faite dans le monde   15
entier pour le Département à l'occasion du passage du Tour de France à CLERMONT-FERRAND mérite d'être encouragée et que la subvention départementale éventuellement accordée pourrait être remise cette année à une œuvre sociale désignée par le Conseil Général.

Il appartient à l'Assemblée départementale de statuer sur ces deux demandes. Les subventions éventuellement allouées seront inscrites au sous-chapitre 945. 18, article 657 de la décision   20
modificative n° 2 du budget de l'exercice 1978.

Le PREFET, C. BROSSE

Document 2: Extrait du procès-verbal des délibérations du Conseil Général de la préfecture du Puy-de-Dôme

2ème Session ordinaire de 1978
Séance du Jeudi 14 décembre 1978
Commune de Besse–St–Anastaise et Amicale Cycliste clermontoise. Demande de subvention   25
à l'occasion du passage du Tour de France. (Rapport de M. le Préfet—vol. II—page 323)

M. MAZET donne lecture du rapport suivant:

Votre 2ème Commission vous propose d'allouer à la commune de BESSE et ST-ANASTAISE, la subvention de 10 000 F. qui avait été réservée par le Conseil Général au cours de sa séance du 14 juin   30
1978.

M. LE DR PIPET—Je ne suis pas d'accord et je suis loin de l'être! Lorsque ce dossier est venu une première fois il y a un an, et une seconde, il y a six mois, il avait été dit—j'ai entre les mains le procès-verbal de la dernière réunion et les propos. . .

M. PERRIER—Oui, mon cher collègue, je m'en souviens.

M. LE DR. PIPET— . . . confortables de notre collègue PERRIER—que l'on suivrait ce qui était fait   35
par les diverses organisations. Certes, en ce qui concerne la commune de BESSE nous n'avons pas
bénéficié du 14 juillet et nous avons eu un déficit. Au passage je remercie le Sénateur-Maire de
CLERMONT–FERRAND qui a bien voulu nous prêter les barrières qui étaient nécessaires, ce qui
nous a permis de ne pas aggraver notre déficit.

M. LE PRESIDENT—On ne prête qu'aux riches!   40

M. LE DR. PIPET—Quoi qu'il en soit, le déficit de la commune de BESSE a été très important.
Contrairement aux propos tenus par le Président lors d'une réunion, ce déficit est réel, on peut le
constater, puisque la comptabilité a été effectuée par le percepteur de BESSE et en ce qui me
concerne, j'aurais souhaité que le Département fasse un geste plus important à l'égard de la
commune de BESSE-et-ST-ANASTAISE qui fait œuvre utile pour le Département, et pour elle   45
aussi, j'en suis bien conscient.

J'aurais préféré qu'il me soit attribué simplement un petit million supplémentaire de centimes.
C'est cette proposition que je fais et je demande qu'elle soit renvoyée à la 2ème Commission. Cette
somme—on l'a dit—est quelque chose de peu important dans le budget du Département.

Si vraiment, après les propos qui ont été tenus dans cette enceinte, l'Assemblée considère qu'elle   50
ne doit pas faire un geste supplémentaire, je me verrai, à mon grand regret, dans l'obligation de voter
contre le budget! Je le ferai, non parce que j'estime que le budget qui sera établi n'est pas valable,
mais parce que je constate que là, on ne tient pas la parole qui a été donnée dans cette enceinte.

Permettez-moi de dire que depuis trente-trois ans que je siège dans cette Assemblée, jamais—je
dis bien jamais—je n'ai eu à revenir sur les propositions qui avaient été faites!   55

On m'avait dit—je m'excuse, Monsieur le Président, les membres de la Commission étant absents
de cette séance, de les mettre en cause—que le déficit serait partagé en deux: entre le budget du
Département et celui de la commune de BESSE. Je n'avais rien dit. Je sais très bien que dans cette
Assemblée on prétendra, une fois de plus, que la commune de BESSE fait partie de celles qui sont
particulièrement bien nanties. C'est un propos qui fait fureur actuellement. En ce qui me concerne je   60
manquerai à tous mes devoirs d'administrateur de la commune de ne pas réclamer ce que je
considère comme un dû.

J'ajouterai cependant—et je regrette que le député de la circonscription ne soit pas ici—que pour
la réalisation de cette arrivée à SUPER-BESSE, que ce soit du côté de la majorité du Conseil
Municipal de BESSE que je représente, que ce soit du côté de l'opposition, que ce soit dans cette   65
Assemblée, l'unanimité s'est faite pour cette réalisation. Quelle que soit la conclusion que vous
voudrez bien nous donner, je considère que cela a été particulièrement valable et que cette
manifestation sportive a montré qu'il est souvent plus facile de réunir les hommes sur des problèmes
de cet ordre que sur des problèmes d'idées qui, souvent, nous séparent!

M. POURCHON—Je maintiens ma demande de parole, simplement pour faire quelques observa-   70
tions. M. le Rapporteur nous a signalé que le bilan de l'arrivée au Puy-de-Dôme était bénéficiaire.
C'est la première fois. . .

M. LE DR PIPET—Non! Non!

M. POURCHON—Je parle du Puy-de-Dôme.

M. LE DR PIPET—Lisez le rapport, ce n'est pas la première fois!   75

M. POURCHON—C'est la première fois que j'entends publiquement annoncer que l'arrivée du Tour
de France ne nécessite pas l'intervention d'une collectivité. C'est déjà un point positif.

Ce qui m'ennuie un peu, Monsieur le Rapporteur, c'est que nous nous trouvons ici devant les
termes d'une lettre adressée au Conseil Général. Elle nous indique qu'un bénéfice a été fait, qu'on ne
renonce pas à la subvention et on demande d'en verser le montant éventuel à une œuvre sociale. J'ai   80
lu le rapport de M. le Préfet.

Permettez-moi de considérer cette suggestion comme particulièrement déplacée de la part d'une
organisation responsable. C'est ma seconde observation.

Ma troisième observation a pour but d'éviter le genre de difficulté que nous connaissons
aujourd'hui: il pourrait être envisagé—je ne sais si cela est possible ou pas, c'est une idée—si le   85
passage du Tour de France doit encore se faire dans notre région, à travers les manifestations
diverses qui l'entourent, de confier l'organisation des étapes qui auraient lieu dans notre
Département à une sorte de Comité Départemental qui grouperait les Municipalités et
l'Association Cycliste clermontoise qui s'en occupe depuis longtemps, de façon à répercuter sur
certaines plus réduites le bénéfice que les autres peuvent réaliser.   90

Ce qui nous éviterait bien des difficultés, telles que celles que nous connaissons aujourd'hui, car il sera fort difficile d'expliquer à nos concitoyens qu'une opération comme le passage du Tour de France fasse un bénéfice là et un déficit ailleurs et qu'en définitive, les contribuables doivent participer d'un côté alors que d'un autre côté on ne leur offre pas de participer au bénéfice.

M. LE DR PIPET—Je demande le renvoi en Commission pour explication de ma part. 95

M. LE PRESIDENT—Je suis saisi d'une demande de renvoi.

M. PERRIER—D'accord!

M. GARDET—Personnellement, en tant que sportif, je souhaiterais—car les Associations Sportives ne sont pas tellement avantagées—que le bénéfice de la manifestation sportive revienne aux sportifs et à la formation des jeunes. 100

M. LE PRESIDENT—Je consulte l'Assemblée sur la demande de renvoi en Commission.

M. PERRIER—D'accord!

M. LE PRESIDENT—Que ceux qui sont d'avis de suivre cette demande de renvoi le manifestent en levant leur main.

DELIBERATION

Le renvoi en Commission, pour un nouvel examen, est décidé. (3 abstentions) 105

Extrait du procès-verbal des délibérations du Conseil Général de la préfecture du Puy-de-Dôme 1978, vol. I, pp. 77–80 et vol. II, p. 323.

1. Commentaire
Pour bien comprendre ces documents, et la structure administrative française, il sera nécessaire de consulter le dossier *L'administration française* (pp. 22–24).

2. Vocabulaire
Expliquez en français le sens, dans le contexte, des mots et expressions suivants:
(a) *statuer sur* (l. 19)
(b) *percepteur* (l. 43)
(c) *siéger* (l. 54)
(d) *mettre en cause* (l. 57)
(e) *nanti* (l. 60)
(f) *circonscription* (l. 63)
(g) *collectivité* (l. 77)
(h) *à travers les manifestations diverses qui l'entourent* (ll. 86–7)
(i) *répercuter sur certaines plus réduites* (ll. 89–90)
(j) *contribuable* (l. 93)
(k) *Je suis saisi d'une demande de renvoi* (l. 96)

3. Arguments
(a) Résumez en termes simples l'essentiel du rapport du Préfet.
(b) Quel est le point de vue du Dr Pipet en ce qui concerne cette subvention?
(c) Quelle est la position de M. Pourchon?

4. Caractères des interlocuteurs
Quels sont les traits de caractère du Dr Pipet et de M. Pourchon qui se dégagent de cette discussion? Analysez et illustrez les façons de parler qui semblent caractériser ces deux interlocuteurs principaux.

5. Style
Etudiez le style soutenu utilisé dans cette discussion, en tenant compte du fait qu'il s'agit d'une transcription d'une séance orale. Cherchez des exemples de tournures marquant la politesse, l'atténuation, ou le désaccord. Notez aussi les occasions où les interlocuteurs s'expriment dans un style moins soutenu.

administration

...se

Depuis Colbert et surtout depuis Napoléon Ier, la France est un pays fortement administré et hautement centralisé. Des assemblées élues sont censées répondre aux demandes démocratiques locales. Toutefois ces assemblées—Conseil Général (pour le département), Conseil Municipal (pour la commune)—étaient placées sous la tutelle administrative des représentants de l'état (Préfets) nommés dans chaque département par le pouvoir central. En 1981, le gouvernement socialiste a introduit une réforme du système administratif qui pour l'essentiel vise non pas à refondre les structures administratives, mais plutôt à décentraliser le pouvoir.

La réforme administrative engagée en 1981 se veut non pas un remaniement mais un véritable transfert de pouvoirs des agents administratifs centralisés aux élus régionaux, départementaux, municipaux. La réforme propose donc la suppression de la tutelle *a priori*, le transfert de l'exécutif régional et départemental aux élus, ainsi que l'extension des compétences économiques des communes, des départements et des régions.

Structure administrative

La France administrative se découpe en trois échelons principaux, donnés ci-dessous par ordre inverse de grandeur. Il faut noter toutefois que la commune est en général le niveau administratif le plus dynamique sur le plan politique.

Les communes

36 414, dont la plupart sont faiblement peuplées. Ainsi, plus de la moitié ne comptent même pas 300 habitants, et moins de 2 % ont plus de 10 000 habitants; seulement une quarantaine de villes dépassent 100 000 habitants. Chaque ville, bourg et village est une commune: ainsi peut-on parler de la commune de Marseille et de la commune de Madranges. Dans l'ensemble, il y a un accroissement rapide des communes urbaines et un déclin des communes rurales, double mouvement qui crée de sérieux problèmes pour les municipalités. Les citoyens de la commune élisent le Conseil Municipal (élu pour six ans), et le Conseil Municipal élit le Maire et ses adjoints. Depuis la réforme de 1981, la tutelle administrative exercée par le Préfet est quasiment abolie; le Maire accède notamment à la responsabilité financière.

Les départements

96 en métropole, plus 4 Départements d'Outre-Mer (DOM). Le département est à la fois (1) circonscription administrative de l'état centralisé, et (2) collectivité locale autonome. Avant la réforme de 1981, le pouvoir exécutif au niveau départemental était détenu par le Préfet, nommé par décret du Président de la République en Conseil des Ministres, sur avis du Premier Ministre et du Ministre de l'Intérieur (depuis 1980, Ministre de l'Intérieur et de la Décentralisation). Après la réforme, le pouvoir exécutif est transféré au Président de l'Assemblée Départementale (jadis Conseil Général). De plus, le Préfet est renommé 'Commissaire de la République'.

Désormais, il a pour fonction de représenter l'état (et donc chacun des ministres) dans le département. Il a tous les pouvoirs pour décider sur place des actions de l'état (sauf dans les domaines de l'éducation, de la défense, de la justice et de l'inspection du travail, qui relèvent du pouvoir ministériel). L'Assemblée Départementale devient donc l'organe exécutif du département et en règle les affaires par ses délibérations. A noter que le Commissaire de la République retient tous les pouvoirs de Préfet en ce qui concerne le maintien de l'ordre dans le département. Il peut faire appel à la force publique: police, C.R.S. (Compagnie Républicaine de Sécurité), gendarmerie.

Les régions

22 au total. Avant la réforme, la région était administrée par un Préfet Régional, un Conseil Régional et un Comité Economique et Social. Aucun de ces organes n'était élu directement. Depuis 1981, la région a un statut nouveau: celui de la collectivité territoriale. Une Assemblée Régionale a été créée, élue au suffrage universel direct. Le pouvoir exécutif est transféré du Préfet de Région au Président de l'Assemblée qui peut créer et diriger les services propres à la région. Le Commissaire de la République est le représentant de l'état dans la région et il y exerce un rôle semblable à celui qu'il joue au niveau départemental.

Dans le schéma en face vous trouverez réunis les principaux termes concernant les divisions politiques et administratives en France. Puisque ces termes n'ont pas d'équivalent en anglais il convient de les apprendre suivant leur place dans la structure des termes français en question.

Territoire   Election   Corps constitué   Chef

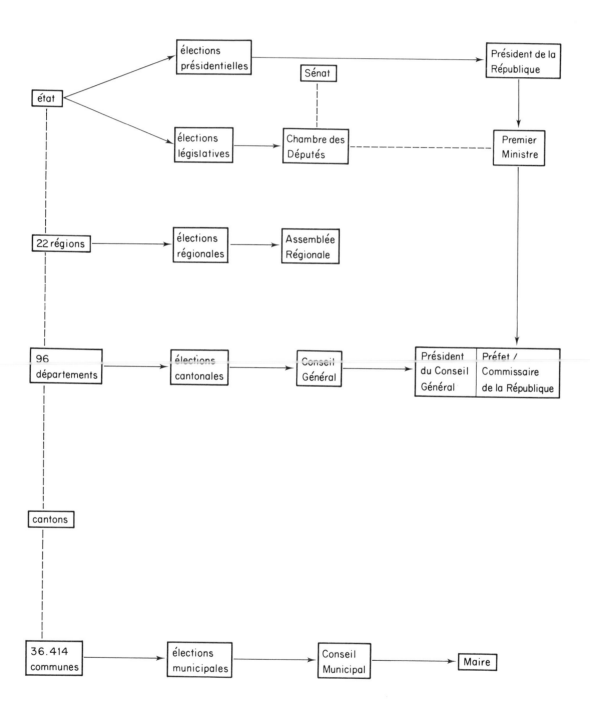

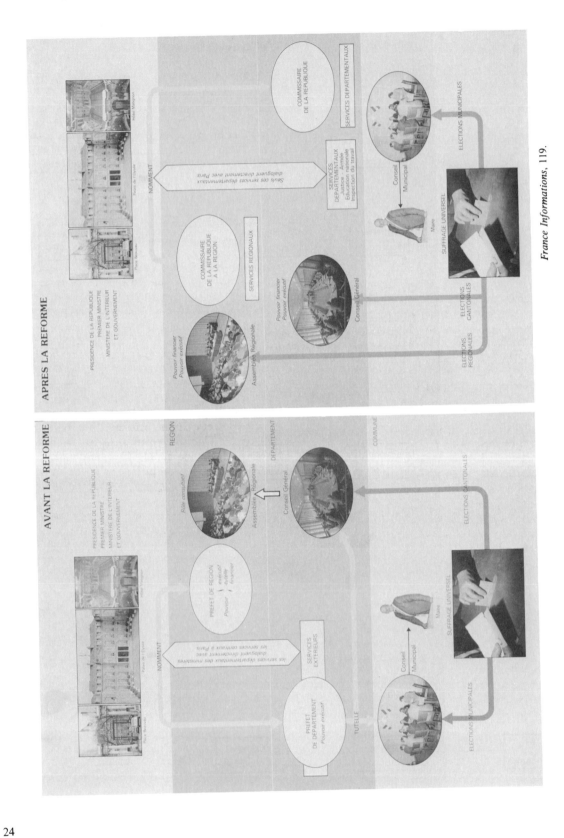

France Informations, 119.

A7 Faits divers ▰▰▰▰

Cet exercice a un triple but. Il cherche d'abord à vous présenter une façon plus ou moins 'scientifique' de vous attaquer à l'analyse stylistique d'un texte. Utilisées avec tact, les statistiques fournies par le questionnaire peuvent renforcer votre appréciation active du style d'un texte français, en attirant votre attention sur certains procédés linguistiques qui sont susceptibles de variation, et où, par conséquent, le choix par un auteur d'une façon de s'exprimer plutôt que d'une autre est destiné à faire tel ou tel effet sur le lecteur. A la fin de l'exercice vous aurez une idée beaucoup plus précise de ce qui constitue le genre 'faits divers', et en quoi diffèrent les styles de différents journaux. Bien que conçu pour l'étude des articles de presse, le questionnaire se prêtera avec un minimum d'adaptation à l'étude d'autres genres de texte.

Le deuxième but de l'exercice est, cela va de soi, de porter à votre attention certains stratagèmes employés dans la présentation d'informations (notamment des façons de construire la phrase et le paragraphe, de mettre en relief les idées, de varier le ton), certaines 'ficelles du métier', pour ainsi dire, qui sont dignes d'être imitées, et dont le maniement assuré tonifiera vos propres écrits en français.

En troisième lieu, l'exercice vise à encourager la discussion en classe, en écartant le sentiment de 'n'avoir rien à dire', de sorte que chacun puisse y contribuer en partageant les fruits de ses propres recherches.

L'exercice se divise en deux parties: l'analyse préparatoire et individuelle, et la synthèse faite à partir de la discussion en classe.

Analyse

L'analyse détaillée du texte est à faire préalablement au cours. La classe se divisera en petits groupes de deux ou trois personnes. Chaque petit groupe travaillera sur *l'un* des extraits de journal ci-dessous. Les membres de chaque petit groupe décideront entre eux de la division du questionnaire et de la partie que chacun traitera. Pour ne pas perdre de temps pendant le cours, il vous sera nécessaire de rendre les résultats à l'avance, afin que l'enseignant puisse les collationner, et présenter une copie complète à chaque membre du groupe lors de la discussion.

Vous éprouverez sans doute quelques difficultés à catégoriser certains mots. Les remarques à la fin de la grille vous aideront dans certains cas. Dans les cas douteux tâchez de prendre une décision, ou, si vous vous trouvez dans l'impossibilité de décider, notez quel est le problème afin d'en parler pendant la discussion. N'oubliez pas de noter des exemples pour illustrer vos constatations. Pour faciliter la comparaison des résultats puisés dans les divers journaux, vous aurez parfois intérêt à calculer des proportions (par exemple des phrases interrogatives ou des noms abstraits), que vous pouvez exprimer soit comme pourcentage soit comme simple fraction. Etant donné le caractère provisoire et quelque peu flou de certaines de nos catégories, il serait évidemment inutile de chercher une trop grande précision mathématique; vous vous contenterez normalement d'une approximation. En outre, bien que vous ne travailliez que sur un seul texte, la lecture de tous les textes vous est conseillée, comme moyen de faire ressortir plus clairement les caractéristiques du vôtre.

LARZAC : L'ETRANGE MORT D'UN « SCIENTOLOGUE »

De notre correspondant à Montpellier

GERARD MIRAULT avait trente-huit ans, il était ingénieur électronicien. Il était membre de l'Eglise de scientologie et embarqué dans un voyage mystique sans retour. Jeudi 27 décembre il était arrivé depuis Paris dans l'Aveyron pour passer les fêtes de fin d'année avec ses deux enfants. Il les a retrouvés, ainsi que son ancienne épouse dont il a divorcé en 1975 et ses ex-beaux-parents, à la ferme de Pengouzol, près de Sainte-Eulalie-de-Cernon, un petit village du Larzac.

Gérard Mirault ne va pas fort, en arrêt de travail pour cause de dépression, secoué d'interrogations religieuses, lançant à ses proches : « Il faut racheter les fautes des hommes ! » Vendredi soir, il veut quitter la ferme pour aller voir le lever du soleil au col de la Pierre Plantée, dans la vallée de la Dourbie, pour être, en ce lieu choisi, plus proche de Dieu, « pour trouver la Vérité ». « Nous irons demain », lui répond-on pour le calmer.

Tout le monde se couche, sauf Gérard Mirault : au plus fort de son délire spirituel il se déshabille et sort dans la nuit glaciale. Des chiens aboient : on s'aperçoit qu'il n'est pas là. Sa famille le cherche sur les routes et les chemins proches, puis elle fait appel aux voisins et, vers 7 h 30 du matin, à la brigade de gendarmerie de La Cavalerie qui participe alors aux recherches avec un chien. Toujours en vain.

Alors qu'on envisage d'organiser une battue dans l'après-midi, un voisin retrouve vers midi le corps de Gérard Mirault en rase campagne, nez contre terre, dans un massif de buis. Il est mort de froid. Sur le plateau du Larzac battu par le vent du nord, la température est descendue cette nuit-là jusqu'à moins quinze degrés.

Gérard Mirault est mort du froid du Larzac et de sa foi en l'Eglise de scientologie. Il y avait adhéré il y a deux ans, suivant même des séminaires aux Etats-Unis. Sa famille ne l'ignorait pas, sans le suivre dans cette voie. Gérard Mirault donnait le meilleur de lui-même à l'Eglise de scientologie... et beaucoup d'argent. Un enquêteur déclare : « Il se ruinait, il se saignait pour elle. »

Alain Doudiès

Le Matin, 2 janvier 1985

L'ingénieur nu s'est laissé mourir de froid sur le Larzac

MONTPELLIER.
SUICIDE inédit ou sacrifice pour la « rédemption de l'humanité ? » Les gendarmes de Millau, dans le sud-Aveyron, s'interrogent après la découverte dimanche matin du cadavre de M. Gérard Mirault, trente-huit ans, ingénieur en informatique à Paris.

M. Mirault gisait entièrement nu sur la mince couche de neige qui recouvre en ce moment le plateau du Larzac à quelques dizaines de mètres de la ferme où il était venu passer quelques jours, non loin du village de Sainte-Eulalie-de-Cernon. Venu dans l'Aveyron pour voir son ex-femme et son fils, il logeait chez des amis installés depuis quelques mois dans ce coin perdu du Larzac.

De l'aveu de tous ceux qui l'ont approché, l'ingénieur parisien était dépressif et même psychiquement perturbé. Il parlait souvent de « rédemption de l'humanité » et on aurait même retrouvé des écrits racontant des scènes de flagellation. Enfin, tout le monde dans l'entourage de l'ingénieur savait qu'il faisait partie d'une secte où l'on insiste sur la réincarnation.

Rien dans l'« enseignement » dispensé par la secte ne pouvait pousser l'ingénieur à sortir entièrement nu dimanche vers quatre heures du matin, et à s'allonger dans la neige par moins 10 degrés sous zéro. Le permis d'inhumer a été refusé. Les gendarmes de Millau ont ouvert une enquête et demandé une autopsie pour connaître les causes exactes de la mort de M. Mirault.

France-Soir, 2 janvier 1985

Le mort du Larzac

Un ingénieur retrouvé nu et mort de froid sur le causse

Il s'appelait Gérard Mirault, avait trente-huit ans et était ingénieur informaticien. Samedi dernier, vers 4 heures du matin, il est sorti de chez lui, a gagné le plateau du Larzac, s'est allongé dans la neige. Il faisait – 10 degrés et il était tout nu. Un cultivateur de la région l'a trouvé quelques heures plus tard, mort bien sûr.

Etrange affaire qui laisse incrédules et perplexes les gendarmes de Millau et de La Cavalerie chargés de l'enquête. Les résultats de l'autopsie effectuée à Montpellier seront connus dans quelques jours mais l'hypothèse d'un crime semble dès à présent écartée. Peut-être s'agit-il tout simplement d'une forme inédite de suicide ?

Un détail pourtant a retenu l'attention des enquêteurs : Gérard Mirault faisait partie de l'Eglise de scientologie, une secte, certes moins connue que Moon, mais d'aussi triste renommée et qui a déjà eu maille à partir avec la justice française. Formée par un ancien auteur de science-fiction américain, La Fayette Ron Hubbard, auteur d'une « *Philosophie de la nouvelle santé mentale* » et d'études sur la réincarnation, l'Eglise de scientologie est en fait l'une des sectes les plus riches du monde. Moins exigeante avec ses adeptes que Moon ou Krishna, moins « mystique » aussi, elle se présente plutôt comme une vaste entreprise à but totalement lucratif. Les scrupules, on s'en serait douté, ne sont pas le fort de ses dirigeants qui ont été condamnés à de multiples reprises par de nombreuses juridictions étrangères pour escroquerie.

Gérard Mirault, qui habitait Paris et qui était venu passer quelques jours dans le sud de l'Aveyron, près de son fils et de son ancienne épouse, a-t-il voulu, à la demande de la secte, mesurer son endurance ? S'agissait-il d'une punition librement consentie ? D'un sacrifice ? L'enquête, semble-t-il, s'oriente vers de telles hypothèses. Il n'en sera que plus difficile d'établir toute la vérité et le mort du Larzac risque fort de garder son secret.

Le Figaro, 2 janvier 1985

Une nuit comme les autres

A vrai dire, l'impression de tourner en rond. Cette nuit de la St-Sylvestre a été, en tout point pareille à celles qui l'avaient précédée. Beaucoup de bruit, d'embouteillages, de champagne; et au bout du compte, tous ou presque se sont endormis pour entamer l'année 85.

Jacques Sotty, 23 ans, a du moins réussi parfaitement la transition. Champion de France 83 du lancer du boomerang, il a lancé son engin, peu avant minuit, autour de l'obélisque de la Concorde. Quelques secondes plus tard - mais on était en 85, il a récupéré son boomerang.

Géraldine Cruel a démarré sur les chapeaux de roue. 16 ans, blonde, aux yeux bleus, elle a été élue, à Toulouse, lors de l'élection de la troisième Miss France.

A Remiremont dans les Vosges, l'année nouvelle a commencé aussi mal que la précédente avait fini. Par un tremblement de terre. Mardi à 0h26, secousse tellurique de magnitude 3,3 sur l'échelle de Richter.

Pas très loin de là, dans le Bas-Rhin, le maire de Kalthenhouse a choisi, lui, de s'arrêter en route. Nul envie d'aller voir ce qui se passe du côté 85. Lundi soir, Robert Cott, 47 ans, comptable dans une entreprise de monuments funéraires, s'est suicidé. Cela s'est passé dans des conditions particulièrement atroces. Avec une scie circulaire, dans l'atelier situé derrière sa maison.

Gérard Moreau, 38 ans, a eu la même idée. Il s'est laissé mourir de froid sur le plateau du Larzac. Selon les premiers éléments de l'enquête, dans la nuit de samedi à dimanche, l'homme, membre d'une secte religieuse américaine, et ingénieur électronicien de profession, serait sorti du domicile d'un ami, à Ste Eulalie. Seul, simplement revêtu d'une couverture. Il aurait fait une centaine de mètres dans la neige, par moins de 10°, puis s'est écroulé. Mort.

Et c'est comme tout: même 84 s'est terminé en chanson. Le 1er janvier 85 a été en effet le premier jour de liberté retrouvée pour quelque 240 chardonnerets, (ces petits oiseaux au chant mélodieux, à plumage rouge, noir, jaune et blanc). Ils étaient enfermés dans des caisses que leur propriétaire a perdues sur l'autoroute A 10, à hauteur de Gript. Depuis, les oiseaux se sont envolés.

Libération, 2 janvier 1985
(Etudiez seulement le 6e paragraphe.)

▎ Mort de froid au Larzac

Un membre d'une secte religieuse s'est laissé mourir de froid sur le plateau du Larzac, à Millau (Aveyron).

Dans la matinée de dimanche, les gendarmes découvraient le corps d'un homme nu sous une couverture dans la commune de Sainte-Eulalie-de-Cernon. Guidés par la trace de ses pas dans la neige jusqu'à une ferme voisine, les enquêteurs devaient établir qu'il s'agissait d'un ingénieur électronicien originaire de la région parisienne, M. Gérard Moreau, 38 ans, membre d'une secte religieuse ayant son siège aux Etats-Unis, et venu passer quelques jours chez des amis habitant sur le plateau du Larzac.

Selon les premières constatations, M. Moreau serait sorti seul dans la nuit de samedi à dimanche, simplement revêtu d'une couverture, et aurait succombé à une température avoisinant les – 10 degrés à quelques centaines de mètres de la maison où il était hébergé.

Le Quotidien de Paris, 2 janvier 1985

	n	%	exemples, remarques

Le texte contient:

combien de mots[1]? . . . .

combien de phrases[2]? . . . .

combien de mots dans la phrase moyenne? . . . .

la phrase la plus courte?. . . . .

la phrase la plus longue? . . . .

combien de paragraphes? . . . .

combien de phrases dans le paragraphe moyen?. . . . . . .

le paragraphe le plus court?. . . . . .

le paragraphe le plus long? . . . .

combien de phrases non-déclaratives, c'est-à-dire interrogatives? . . . .

impératives?. . . . . . .

exclamatives?. . . . . .

hypothétiques (en *si*)?

combien de phrases agrammaticales? . . . .

combien de noms[3]? . . . .

d'expressions adjectivales à base de *de*+nom[4]? . . . .

d'adjectifs proprement dits[5]? . . . .

Combien précèdent inopinément leur nom? . . . . . .

de verbes (finis)? [Notez combien sont *être*-copule.] . . . . .

Parmi les noms:

combien sont concrets[6]?. . . . .

abstraits[6]?. . . . .

propres?. . . . .

combien sont sans adjectif/expression qualificative? . . . .

combien en possèdent plus d'un?. . . . .

Parmi les verbes:

combien sont au présent? . . . .

au passé défini? . . . .

au passé composé? . . . .

à l'imparfait (ou plus-que-parfait) du subjonctif? . . . . .

à la voix passive? . . . .

Sur l'ensemble des mots:

combien portent une nuance appréciative? . . . .

une nuance dépréciative? . . . .

une nuance trivialisante?. . . . . .

une nuance sensationnaliste/titillante? . . . . .

combien suggèrent un extrême/un superlatif/un absolu? . . . .

l'hésitation/la recherche de l'exactitude?. . . . . .

combien sont des termes techniques? . . . .

Combien d'exemples trouvez-vous de:

collocations conventionnelles/clichés?

expressions particulièrement choisies/soignées/élégantes[7]? . . . . .

familières/populaires/vulgaires[8]? . . . . .

dictons/proverbes/maximes/aphorismes? . . . .

formules de rhétorique? . . . .

expressions entre guillemets signalant une citation? . . . . . .

mettant en relief certains(s) mot(s)? . . . .

atteintes à l'ordre attendu des mots? . . . .

points-virgules et deux points?. . . . .

---

[1] Provisoirement = lettre ou groupe de lettres entre deux espaces (notez les cas où vous trouvez insuffisante cette définition), à cette exception près, que vous compterez les noms de lieu et de personne (même avec prénom), les titres, etc., comme un seul mot.

[2] Mot ou groupe de mots commençant par une majuscule et se terminant par un point final, d'interrogation ou d'exclamation.

[3] Ne comptez pas les noms qui font partie d'une expression figée verbale (avoir *soif*, faire *partie* de, mettre en *cause*), adverbiale (sans *cesse*, en tout *cas*) ou prépositive (en *face* de, à *cause* de). Les expressions adjectivales figurent séparément sur la grille.

[4] Leçon *de chant*, comédie *de caractères*, vent *du nord*, etc.

[5] Ne comptez pas les possessifs (*son*, etc.), démonstratifs (*cette*, etc.), ni les autres adjectifs dits grammaticaux.

[6] Cette question vise à déceler une tendance chez certains écrivains (philosophes et autres) à utiliser un langage abstrait. Travaillez donc avec cette définition du nom concret: nom qui se rapporte à une chose que l'on pourrait toucher (*ingénieur*), montrer du doigt (*village*), ou, à la rigueur, mesurer avec un instrument (*journée*). Dans les cas douteux, comptez le nom parmi les concrets, et notez-le à part.

[7] C'est-à-dire que l'on remplacerait dans la conversation quotidienne par un synonyme plus commun.

[8] C'est-à-dire qui ne sont pas caractéristiques de la langue écrite.

La construction de la phrase:

[Par rapport à la phrase écrite anglaise, la phrase française paraît souvent longue et étudiée. Il est cependant évident que les phrases longues se composent normalement de parties plus courtes qui sont plus ou moins intimement liées ensemble. L'intimité ou la complexité relative des liaisons employées par un auteur fait incontestablement un effet sur le lecteur dont vous allez tenir compte dans votre évaluation du texte.

Il est important que cette section de l'analyse ne dégénère pas en une simple étude de la ponctuation de l'auteur. Ainsi, en décidant ce qui constitue une 'partie plus courte' d'une phrase, nous avons exclu, par exemple, les adverbiaux (même mis entre virgules), pour concentrer notre attention sur deux unités de base, caractérisées par leur indépendance relative de leur contexte, à savoir la proposition et l'extension de phrase. Celle-là est facile à identifier, parce qu'elle contient toujours (selon notre définition) un sujet et un verbe fini; celle-ci admet plus de subjectivité dans sa définition, et en répondant à la question (l) vous vous bornerez aux extensions quelque peu complexes, et qui à votre avis tiennent dans leur fonction, de la nature d'une proposition.]

A) Les propositions:
Combien d'exemples trouvez-vous de propositions liées par:

a) un signe de ponctuation que l'on pourrait remplacer par un point, de façon à aboutir à deux phrases complètes[1]? . . . .

b) l'incise[2]? . . . .

c) un mot de liaison de valeur minime[3]? . . . .

d) un terme relatif[4]? . . . .

e) un terme de liaison ayant une valeur sensiblement plus forte[5]? . . .

f) une liaison à deux termes[6]? . . . .

g) deux ou plusieurs de ces procédés simultanément[7]? . . . .

h) un autre procédé? . . . .

B) Les extensions de phrase:
Combien d'exemples trouvez-vous de:

i) parenthèses[2]? . . . .

j) verbes à double sujet/objet, l'un un nom, l'autre un pronom[8]? . . . .

k) expressions participiales[9]? . . . .
  [avec participe en tête de la phrase dans combien de cas?]. . . . .

l) autres extensions de phrase? . . . .

m) deux phrases faites de ce qui en aurait pu être une seule[10]? . . . . . .

La construction du texte:

Ayant étudié les liaisons *au sein de* la phrase, vous serez portés à considérer les liaisons *entre* les phrases ainsi qu'entre les paragraphes. Examinez chaque phrase à son tour. Aurait-elle pu servir de première phrase de l'article?

Si oui, y a-t-il un effet de rupture, de recommencement? Est-ce que la phrase coïncide avec une nouvelle étape dans l'histoire, une nouvelle direction dans l'argument?

Si non, quel(s) mot(s) lie(nt) la phrase à la précédente (article défini, démonstratif, pronom personnel, répétition d'un élément de vocabulaire, etc.)?

Quelles observations pouvez-vous faire sur le commencement de l'article (titre, phrase d'attaque, premier paragraphe)?

Y a-t-il des remarques à faire sur le plan 'graphique' (c'est-à-dire emploi de plusieurs fontes/types de lettres—romain, italique, caractères gras—échelle des lettres, titrage, etc.)?

Les rapports entre écrivain et lecteur:

L'auteur écrit-il impersonnellement ou écrit-il de son propre point de vue? Si c'est de son propre point de vue, emploie-t-il le le, *je*, le *nous* ou le *on*? Si c'est le *nous*, est-ce que cela veut dire 'moi', 'le journal', 'moi et ceux qui pensent comme moi', 'moi et vous', 'nous les femmes/nous les hommes', 'tout le monde', ou est-ce un *nous* à portée variable? S'il emploie le *on*, qu'est-ce que cela veut dire, précisément?

Parle-t-il de lui-même, de sa compétence, son caractère? Parle-t-il *du* lecteur? Parle-t-il directement *au* lecteur (au *vous*, en lui posant des questions, en l'impliquant dans le débat)?

Le reste du contenu:

En dernier lieu vous désirerez étudier le contenu de l'article du point de vue de l'information qu'il contient.

Quels sont les faits présentés dans l'article?

Lesquels sont soulignés/mis en valeur, lesquels mentionnés sans développement? (Il faudra tenir compte de la valorisation d'un fait non seulement par l'espace que l'auteur y dévoue, mais aussi par sa position dans l'article, par toute mise en relief d'ordre graphique, etc.)

Qu'est-ce qui a été ajouté aux faits incontestables?

[1] Par exemple: Célimène marchait vite; elle était en hâte.

[2] Vous distinguerez entre l'incise (par exemple: Le pou est, paraît-il, petit . . .) et la parenthèse (par exemple: Les deux femmes (la mère triste, la fille contente) se regardaient . . .) par le fait que l'incise comprend un verbe fini, la parenthèse pas. La parenthèse peut être marquée par des parenthèses, des tirets, même des virgules. L'apposition (M. Maury, octogénaire célèbre, fume trente cigarettes par jour . . .) est à considérer comme une sorte de parenthèse.

[3] Par exemple: et, ou, mais, ainsi que (y compris le listes en et, en ne . . . ni . . . ni . . .).

[4] Par exemple: qui/que, ce qui/ce que, dont, quand, etc.

[5] Et exerçant souvent un effet sur le mode du verbe, par exemple: bien que, de sorte que.

[6] Par exemple: si . . . que, quand même . . . , etc.

[7] Par exemple: qui . . . , et qui par conséquent . . .

[8] Par exemple: Ce jeune homme, il va . . . ; Cette pièce, la troupe l'a jouée . . .

[9] Où l'on pourrait changer un participe en verbe fini de façon à aboutir à deux phrases complètes, par exemple: Venu à Paris pour voir sa maîtresse, il passait une quinzaine chez son ami Maguin.

[10] Par exemple des phrases commençant par Et . . . , Mais . . . , Car . . ., etc.

Synthèse

Voici quelques questions qui pourraient vous servir de point de départ pour la discussion en classe.

1. La technique d'analyse

(a) Nos définitions de (i) 'mot', (ii) 'nom concret', quels problèmes soulèvent-elles?

(b) Notre définition de 'phrase', est-elle justifiée? Utile?

(c) Quelles autres observations voudriez-vous faire sur les problèmes/l'intérêt linguistiques de ce genre de travail?

2. L'arrière-plan

(a) Peut-on considérer comme axiomatique qu'un journaliste veut présenter un certain nombre de faits, à un public plus ou moins connu, de la façon qui lui paraît la plus intéressante pour ce dernier?

(b) Quelles autres préoccupations peuvent influencer le journaliste et ce qu'il écrit?

3. Un cas hypothétique

(a) Imaginez un article écrit impersonnellement qui se compose uniquement de longues phrases déclaratives dont les propositions sont liées par un de nos procédés (e) à (g) et (k), qui contient une grande proportion de noms dont la plupart sont abstraits, souvent techniques, et qualifiés de manière à suggérer la recherche de l'exactitude, sans citations ni clichés, mais plein de formules de rhétorique et criblé de points-virgules.

(b) Quel serait son effet?

(c) Quelles suppositions seriez-vous amenés à faire sur le lecteur visé par l'auteur?

4. Les effets des variables stylistiques

(a) Considérez les autres procédés linguistiques qui figurent sur la grille.

(b) Pouvez-vous suggérer l'effet que chacun est susceptible de faire, d'abord isolément?

(c) L'effet serait-il différent si le procédé était répété, ou combiné avec d'autres procédés?

5. Les articles par eux-mêmes

(a) Faites un résumé des caractéristiques d'un des articles de cet exercice.

(b) Quel est son effet global? Quels sont les procédés linguistiques qui contribuent le plus à faire cet effet?

(c) Quel lecteur vise-t-il?

(d) Jusqu'où les opinions/réactions du lecteur ont-elles été manipulées par l'écrivain?

(e) Cet article est-il comparable à l'article hypothétique, décrit ci-dessus?

6. La vue d'ensemble

(a) Faites une comparaison des statistiques fournies par les différents journaux.

(b) En quoi diffèrent-ils les uns des autres?

(c) Comment un journal ou un journaliste peut-il donner à un article son propre style?

(d) Est-ce que la comparaison des journaux révèle un manque de précision, voire même de véracité dans certain(s) article(s)?

(e) En quoi les différents journaux se ressemblent-ils?

(f) Quels sont les caractéristiques du style 'faits divers'? Vous trouverez peut-être utile de comparer les résultats ci-dessous—obtenus par un dépouillement de divers genres de texte—avec les vôtres.

Les textes sont:

I: Gide, *La symphonie pastorale*, '27 février' (extrait);

II: lettre commerciale de réclamation;

III: livre scolaire d'histoire pour les classes terminales (extrait): ce texte commente la peur qu'éprouvait l'Europe après la deuxième guerre mondiale, devant un réarmement éventuel de l'Allemagne, ce qui explique le fait que la plupart des verbes se trouvent au conditionnel, et pourquoi tant de mots portent une nuance dépréciative.

Le texte contient:	Texte I n	%	remarques	Texte II n	%	remarques	Texte III n	%	remarques
combien de mots[1]?	130			154			200		
combien de phrases[2]?	5			9			8		
combien de mots dans la phrase moyenne?	26			17, 1			25		
la phrase la plus courte?	8			11			12		
la phrase la plus longue?	34			27			38		
combien de paragraphes?	1			4			3		
combien de phrases dans le paragraphe moyen?	5		pour le texte entier	2¼			2, 6		
le paragraphe le plus court?	—			1			2		
le paragraphe le plus long?	—			5			3		
combien de phrases non-déclaratives, c'est-à-dire interrogatives?	0			0			0		
impératives?	0			0			0		
exclamatives?	0			0			0		
hypothétiques (en *si*)?	0			2	22, 2		0		
combien de phrases agrammaticales?	0			0			0		
combien de noms[3]?	23	17, 7		22	14, 3		42	21	
d'expressions adjectivales à base de *de*+nom[4]?	0			3			4		
d'adjectifs proprement dits[5]?	9	6, 9		8	5, 2		35	17, 5	
Combien précèdent inopinément leur nom?	2		(= 22 % des adjectifs)	0			1		(= 2, 9 % des adjectifs)
de verbes (finis)? [Notez combien sont *être*-copule.]	16	12, 3	aucun ex. de la copule	17	11	dont 5 (29,4 %) des copules	11	5, 5	un ex. de la copule (= 9 %)
Parmi les noms:									
combien sont concrets[6]?	12	52		16	72, 7		23	54, 8	
abstraits[6]?	4	17, 4		6	27, 3		16	38, 1	
propres?	7	30, 4		0			3	7, 1	
combien sont sans adjectif/expression qualificative?	17	74		12	54, 5		11	26, 2	
combien en possèdent plus d'un?	0			0			6	14, 3	
Parmi les verbes:									
combien sont au présent?	0			8	47		2	18, 2	
au passé défini?	5	31, 3		0			0		
au passé composé?	0			4	23, 5		0		
à l'imparfait (ou plus-que-parfait) du subjonctif?	2	12, 5		0			0		
à la voix passive?	1	6,3		1	5,9		1	9, 1	
Sur l'ensemble des mots:									
combien portent une nuance appréciative?	7	5,4		2	1,3		2	1	
une nuance dépréciative?	4	3, 1		12	7, 8		10	5	
une nuance trivialisante?	0			0			0		
une nuance sensationnaliste/titillante?	?1	0, 8		0			0		
combien suggèrent un extrême/un superlatif/un absolu?	6	4, 6		5	3, 2		7	3, 5	
l'hésitation/la recherche de l'exactitude?	1	0, 8		2	1,3		1	0, 5	
combien sont des termes techniques?	0			8	5, 2		6	3	
Combien d'exemples trouvez-vous de:									
collocations conventionnelles/clichés?	0			6		y comp. tout le dernier para.	0		
expressions particulièrement choisies/soignées/élégantes[7]?	4			6			10		
familières/populaires/vulgaires[8]?	0			0			0		
dictons/proverbes/maximes/aphorismes?	0			0			0		
formules de rhétorique?	1			0			0		
expressions entre guillemets signalant une citation?	0			0			0		
mettant en relief certain(s) mot(s)?	0			0			0		
atteintes à l'ordre attendu des mots?	3		y comp. les adjectifs	0			3		
points-virgules et deux points?	2			0			0		

31

	Texte I	Texte II	Texte III
A) Les propositions:			
Combien d'exemples trouvez-vous de propositions liées par:			
a) un signe de ponctuation que l'on pourrait remplacer par un point, de façon à aboutir à deux phrases complètes[1]?	2	0	0
b) l'incise[2]?	0	0	0
c) un mot de liaison de valeur minime[3]?	3	0	2 (une liste en *soit*)
d) un terme relatif[4]?	5	4	2
e) un terme de liaison ayant une valeur sensiblement plus forte[5]?	2	2	0
f) une liaison à deux termes[6]?	0	0	0
g) deux ou plusieurs de ces procédés simultanément[7]?	1	0	0
h) un autre procédé?	0	2 (*si*)	0
B) Les extensions de phrase:			
Combien d'exemples trouvez-vous de:			
i) parenthèses[2]?	0	2	1
j) verbes à double sujet/objet, l'un un nom, l'autre un pronom[8]?	0	0	0
k) expressions participiales[9]?	0	0	2
[avec participe en tête de la phrase dans combien de cas?]	—	—	0
l) autres extensions de phrase?	0	1	0
m) deux phrases faites de ce qui en aurait pu être une seule[10]?	0	0	0

32

A8 La critique de théâtre ▬▬

Pour cet exercice vous suivrez la même démarche que pour le précédent. Référez-vous donc aux rubriques données aux pp. 25 et 30. Vu la longueur de la plupart des textes ci-dessous, la première partie de la grille d'analyse a déjà été complétée pour chacun; vous devez maintenant avoir une idée des problèmes que l'on rencontre en remplissant la grille, et vous saurez par conséquent dans quelle mesure vous pouvez vous fier aux statistiques présentées.

Etant donné que cet exercice a pour but l'étude de la critique de théâtre au lieu de l'étude des faits divers, quelques questions supplémentaires sont proposées pour déclencher la discussion en classe:

1. Trouvez-vous des évidences sur le plan linguistique pour croire que l'écrivain nous présente son opinion, et non pas des faits incontestables?

2. Par quels procédés linguistiques le lecteur est-il amené à avoir confiance en l'auteur?

3. Qu'est-ce qu'un 'fait' dans la critique de théâtre?

4. En comparant les contenus des différents textes remarquez-vous des 'faits' mentionnés par presque tous les critiques? Quels autres 'faits' méritent l'attention d'un critique, mais non pas d'un autre?

Le Barbier de Séville

Débarrassée de la surcharge des intentions que lui prêtent, si souvent, trop de metteurs en scène modernes, cette comédie n'en reste pas moins vive, piquante et riche en pointes. Ce Figaro, à cet égard, est le champion exemplaire de tout individu. Dans un décor honnête, Michel Etcheverry a fait une honnête mise en scène. Il faut pourtant s'habituer à la voix trop souvent criarde de Richard Berry: elle entraîne parfois Marceline Collard, mais l'un et l'autre donnent une image satisfaisante du Barbier et de Rosine. François Chaumette, pour sa part, a su faire rire tout en montrant l'aspect pitoyable d'un Bartolo qui, finalement, est un émule d'Arnolphe. Et c'est un plaisir d'entendre comme de voir Jacques Sereys faire vivre un Don Basile, souple et crapule, mais surtout réjouissant et juste.

Comédie-Française (296.10.20)
J.-B. JEENER et René BAILLY
Télé 7 Jours, 14 avril 1979

5. Peut-on discerner une corrélation entre la longueur d'un article (fixée normalement par le rédacteur, et non pas par le journaliste) et son contenu?

6. Y a-t-il d'intéressantes remarques à faire sur l'emploi ou l'omission du prénom du comédien dans ces articles?

LA SCÈNE

LA CRITIQUE DE REJANE TRONEL
« Le Barbier de Séville »

Ecrite en 1775, cette comédie en quatre actes introduit le personnage du barbier homme libre, lucide et révolutionnaire, et prélude au «Mariage de Figaro».
C'est une pièce de jeunesse du petit horloger Caron occupé à conquérir ia cour, le monde et l'aventure sous le nom de Beaumarchais.
Le succès vint très vite et le « Barbier » fut une des pièces fétiches de la révolution. Rossini en tire un opéra, célèbre lui aussi et dont personne n'a oublié l'air de la calomnie, tandis que Mozart, à partir du «Mariage» met en musique les sublimes «Noces de Figaro».
Aujourd'hui, deux siècles après, «Le Barbier» n'a rien perdu de son éclat, de sa fraîcheur, de son actualité. Bourrée de mots d'auteur qui sont devenus des morceaux d'anthologie, c'est une pièce vive, alerte, moderne, qui scintille, qui séduit.
Certes, elle apparaît moins construite que «Le Mariage», et les personnages moins creusés. Qu'importe? Nous «marchons» avec l'auteur et son double, le barbier Figaro, lorsqu'il s'agit d'extraire une belle orpheline, Rosine, au barbon qui la cloître pour la mieux épouser, Bartholo. Ceci aux grands dépens de l'homme d'affaires véreux, don Bazile, et au grand profit du jeune et beau comte Almaviva qui voulant être aimé pour lui-même, se cache sous un nom de valet; cette fable morale ne servant évidemment que de toile de fond à une féroce satire d'une société en ébullition, juste avant la révolution.
La représentation d'aujourd'hui, au Théâtre français, dans la mise en scène de Michel Etcheverry, est aussi brillante que le texte; à ceci près que l'on peut regretter que Raymond Acquaviva ternisse un peu l'éclat légendaire du comte Almaviva.
En revanche, Marcelline Collard, venue de la télévision et du théâtre du boulevard, nous donne une Rosine éclatante de vitalité, de drôlerie, tout à fait conforme à l'esprit de Beaumarchais.
Richard Berry est un Figaro plein de fougue. François Chaumette est un Bartholo machiavélique. Jacques Sereys donne un piquant nouveau, presque burlesque, à don Bazile.

Le Dauphiné Libéré (Dimanche), 8 avril 1979

Théâtre

‹ LE BARBIER DE SÉVILLE ›
*à la Comédie-Française

Le premier acte du *Barbier de Séville* de Beaumarchais frappe par sa vitalité. La situation n'est pas neuve (le soupirant dans la rue, un joueur de guitare avec lui, la jeune femme derrière sa fenêtre, le tuteur jaloux), mais tout repose sur la qualité du dialogue.

Dialogue drôle, sans facilités, terre à terre mais plein d'envol, naturel, proche d'un français «parlé», et surtout, c'est cela le mieux, un dialogue qui en 1775 annonce nettement, par-delà la Révolution et l'Empire, une société d'industrie, en tout cas son ton.

Les spectateurs, à la création du *Barbier*, applaudirent ce premier acte. Nous pouvons faire de même, il a gardé sa jeunesse.

Ensuite, la pièce perd beaucoup. Elle est un «remake» de *l'Ecole des femmes;* les personnages ont moins de nature, et Beaumarchais, à partir du troisième acte, s'est appliqué avant tout à nouer et dénouer des embrouillis de jeux de scène à propos de lettres, de clefs, de portes. Cela devient une jonglerie de situations sans portée, le dialogue se banalise entre ces chassés-croisés, le vide des protagonistes s'accentue et, vraiment, il est étrange que cette pièce soit si célèbre, jouée encore.

Sans doute la célébrité même du *Barbier de Séville*, de son titre, engendre-t-elle une illusion, une sur-disposition, qui nous ferait voir dans l'oeuvre des choses qui n'y sont pas. Par exemple, il est admis que Figaro est un personnage de taille, en tout cas un «objecteur» exemplaire, socialement défini. Dans *le Barbier*, il n'est presque pas cela, mais pour un peu nous l'inventons.

Beaumarchais n'a pas été un homme attachant. Plutôt un affairiste, très préoccupé de l'argent, épouseur de grosses dots, peu regardant sur les moyens, et habile dans les jours troublés, à retourner sa veste.

Le dramaturge est médiocre, il est l'auteur de plusieurs pièces navrantes, seuls *le Barbier* et *le Mariage* ont mérité l'attention. Le premier acte du *Barbier* est presqu'un accident heureux. Quant aux idées de Beaumarchais, elles sont étroites. Ecoutons-le: «*On pardonne aux femmes de ne pas savoir les choses importantes pourvu qu'elles n'ignorent rien de ce qui est inutile.*» «*Pourquoi votre femme est-elle devenue si méchante ?—C'est que je n'ai plus de quoi la battre impunément.*» «*Les femmes sont comme les girouettes, quand elles se rouillent, elles se fixent.*» «*Les erreurs de la jeunesse sont plus dignes de pitié que de colère, etc.*» Tout cela est pauvre, même pas amusant, et il y a, chez Beaumarchais, des pages et des pages de cette eau.

Néanmoins ces deux pièces sont là, *le Barbier de Séville* et *le Mariage de Figaro*, elles existent, ce sont des classiques, on ne peut les mettre en doute sans passer pour un égaré et le théâtre de la Comédie-Française leur fait prendre l'air de temps en temps, c'est au cahier des charges.

Michel Etcheverry signe donc une mise en scène du *Barbier de Séville* comme par acquit de conscience. Décor économique: un mur décoré. Pas de recherches neuves: juste quelques va-et-vient pour accompagner un texte crié sans ménagement. Les anciens, François Chaumette, Louis Arbessier, Jacques Sereys, donnent un travail correct. Les jeunes, Marcelline Collard, Raymond Acquaviva, et, en Figaro, Richard Berry, sont moins sûrs, moins retenus.

MICHEL COURNOT.

* Comédie-Française, en alternance.

Le Monde, 2 avril 1979

● Théâtre: Un certain Barbier

Etrange Comédie Française capable du meilleur et du sublime comme du fade et de l'ennuyeux. Après un remarquable début de saison avec «Six personnages en quête d'auteur», de Pirandello avec un éclatant Jean-Luc Boutte et après «La puce à l'oreille» où Bérangère Dautun rappelle ses dons comiques nous sombrons dans la grisaille pontifiante de «Ruy Blas» et nous glissons vers un «Barbier de Séville» ennuyeux.

Michel Etcheverry a signé une mise en scène classique voire banale. Pas de recherches mais une succession de scènes qui font glisser vers une douce somnolence. Les costumes, surtout celui de Rosine, manquent d'imagination. Le décor reste banal. Une Espagne de pacotille pour touristes américains. Que dire des deux principaux héros? Richard Berry déguisé en hippy de banlieue n'a aucune présence. Il est difficile de croire que ce comédien souhaite demeurer encore longtemps dans la troupe du «Français». Rayond Acquaviva est-il le comte Almaviva de nos rêves? Hélas non ! Comment Michel Etcheverry a-t-il pu accepter une telle insuffisance? François Chaumette incarne Bartholo. La soirée n'est pas perdue grâce à Marcelline Collard. Fraîcheur et présence.

Jacques Sereys, une fois encore, est excellent. Il croque avec gourmandise son Don Basile. Pierre-Olivier Scotto campe un sympathique La Jeunesse.

Pierre MARAT.

Charente Libre, 20 avril 1979

● LE BARBIER DE SEVILLE

Voilà près de dix ans que la Comédie Française n'avait pas repris «Le Barbier». C'est par l'originalité de la mise en scène et par le jeu du comédien qui interprète Figaro qu'on peut renouveler le plaisir de revoir (car tout le monde la connaît, surtout à cause de l'opéra de Rossini) cette comédie brillante, d'une gaîté entraînante, malgré des ficelles un peu conventionnelles (la clef, le billet, la tromperie à répétition du vieux jaloux, etc.).

La mise en scène de Michel Etcheverry est d'une vivacité de bonne compagnie, mais la découverte heureuse de cette nouvelle présentation est bien Richard Berry en Figaro. Ce n'est pas une découverte, mais une confirmation pour ceux qui avaient observé, ces dernières années, les dons de présence et d'intelligence de ses rôles, même mineurs, le dynamisme communicatif qui émane de lui et qui s'épanouit dans la vie intense qu'il a conférée à un Figaro plébéien qui s'affirme, face au jeune noble à cervelle d'oiseau qu'est le comte Almaviva et à ce bourgeois d'un égoïsme forcené qu'est Bartholo, en les dominant de bout en bout, au nom de ce principe victorieux (la Révolution de 89 s'annonce) parce que vrai, que, selon Beaumarchais—et son Figaro—«le mérite vaut bien la naissance».

Roger Maria

Vie Ouvrière, 23 avril 1979

SPECTACLES

Le Barbier de Séville

Ce Barbier de Séville, dans la mise en scène de Michel Etcheverry, la Comédie-Française l'a beaucoup fait voyager (province et étranger) avant de le présenter à Paris. Cela étant, on pouvait donc s'attendre à un spectacle soigné, certes, main n'appelant pas de commentaires fouillés. En fait, il en va tout autrement.

Car la soirée manifeste la naissance d'un Figaro, Richard Berry, qui se garde bien d'être, anachroniquement, celui du *Mariage*, effaçant ainsi deux siècles au moins d'une fâcheuse tradition. Car – et ce n'est pas rien, non plus – les emplois de Bartholo (François Chaumette) et surtout de Bazile (Jacques Sereys) s'en trouvent comme haussés.

Naissance d'un Figaro

On a trop tendance, en effet, à ne voir dans *le Barbier* que l'ébauche, le brouillon du *Mariage*, ce qui revient à imaginer Beaumarchais comme un dramaturge de profession, ce qu'il ne fut jamais. Les deux Etcheverry (le père, dans sa mise en scène; le fils dans ses décors) furent donc heureusement inspirés de considérer la pièce comme plus proche du passé *(l'Ecole des femmes)* que de l'avenir (les prémices de la Révolution).

Car *le Barbier* est essentiellement, et rien d'autre, l'histoire d'un barbon dupé par les ruses conjointes d'un valet d'intrigue et d'un jeune seigneur dûment chapitré. Les rapports de Figaro et du comte Almaviva ne sont aucunement, ici, ceux de serviteur à maître. A peine si, au premier acte — de loin le plus incisif — quelques répliques annoncent leur commun avenir («Aux vertus qu'on exige dans un domestique, Votre Excellence connaît-elle beaucoup de maîtres qui fussent dignes d'être valets.»)

De g. à dr. : *Richard Berry, François Chaumette et Marcelline Collard.*

Mais, très vite, la comédie d'intrigue prévaut sur celle de mœurs, voire de caractères. Et il est bien, dès lors, que Richard Berry ait bâti son jeu comme celui d'un dupeur de profession, sans intérêt personnel, autre que financier, en l'affaire. Car, de ce point de vue, son interprétation témoigne d'une parfaite compréhension du rôle.

Il reste à la surface, en fait beaucoup, sachant que ses ruses seront toujours assez bonnes pour des adversaires de peu de rouerie. S'ébrouant, guitare au poing, tel un «hippy» lâché dans le beau monde, il a l'insolence de la jeunesse, nullement celle d'un conquérant de Bastille. L'autre face de son personnage, ce sera pour demain; le tout est de ne pas se tromper de pièce, ce qu'il réussit, excellemment.

Un Bazile tout neuf!

Dommage, seulement, qu'il intrigue tout seul, à peu près constamment. Car Raymond Acquaviva n'a vraiment d'Almaviva que la ressemblance de deux patronymes. Nul ne fut jamais moins «grand d'Espagne» que lui. Même les «bacheliers» nobles de ce temps-là devaient être davantage arrogants. Amoureux transi, soit, mais à ce degré de timide présence, cela frôle l'insignifiance. A la limite, on le verrait mieux dans l'emploi de ... Chérubin, du *Mariage!*

Heureusement, Rosine est là, plus qu'un peu. Marcelline Collard, avec une justesse de ton déjà décelée ailleurs, allie harmonieusement la réserve propre à son âge, à son sexe (en 1773, bien sûr!) et cet esprit (il vient tôt aux filles, on le sait) de prompte décision et exécution. Ses affrontements avec son tuteur en reçoivent un éclat qui n'a rien d'emprunté. C'est de Figaro qu'elle devrait être éprise!

En face, deux solidités qui se permettent, eux, de faire vraiment du neuf avec du convenu. Le Bartholo de François Chaumette est un barbon, certes. Mais le comédien garde assez de fringant pour que son personnage ne soit jamais celui d'un vieillard. Et, quand il accepte sa défaite, on le devine se disant, in petto: «Une de perdue! . . .»

Enfin, il ne fallait pas moins que l'immense talent de Jacques Sereys pour retourner comme un gant le fielleux-mielleux rôle de Bazile, en faisant un fourbe rapace bien devantage qu'un sous-fifre rapiat.

Bref. Un *Barbier de Séville* souvent inattendu, à contre-pied de toute une tradition, du fait même excellent!

Jean VIGNERON

La Croix, 5 avril 1979

Le Théâtre

• Le barbier de Séville
(Tonic shaving)

«Le Barbier de Séville fait partie de ces textes qu'il suffirait de lire ou de relire de temps en temps, par bribes, au hasard de leurs meilleures pages, pour se rappeler ce qu'ils ont apporté au patrimoine intellectuel français et à l'histoire politique du pays. Car, il faut bien l'avouer, «Le Barbier» est plus intéressant de ce point de vue-là que pour ses qualités théâtrales. Mais rares sont les braves gens, et entre nous c'est assez compréhensible, qui vont tous les quatre ou cinq ans prendre «Le Barbier de Séville» dans leur bibliothèque en disant: tiens, ce soir je vais lire quelques lignes de Beaumarchais! Aussi est-il tout à fait opportun que la Comédie-Française exhume régulièrement «Le Barbier» ou «Le Mariage», puisque cela reste pour nous le seul moyen de rencontrer Beaumarchais et de nous remémorer le singulier et courageux talent polémiste de cet affreux bonhomme. A force d'entendre tant et tant de Marivaux depuis une dizaine d'années, on allait finir par confondre la liberté de ton qui marque le XVIIIe siècle avec une espèce d'élégance crépusculaire. Ce serait d'ailleurs oublier l'impertinence, la gouaille, le primesaut de Beaumarchais.

Cette reprise du «Barbier de Séville» n'a pas déchaîné un enthousiasme unanime. Il est vrai qu'elle n'est pas impeccable comme le sont souvent les choses au Français: la distribution de Raymond Acquaviva dans le rôle du comte est notamment une aberration. Mais cette représentation n'en est pas moins très agréable, claire, directe, enjouée, comme il faut. Les comédiens: Chaumette, Sereys, Marcelline Collard, jouent à la fois très juste et très personnel, c'est plaisant. Et, enfin, j'ai aimé Richard Berry, car il met dans le rôle de Figaro une sorte de distance, de désenchantement, d'indifférence tout à fait conforme à la vraie nature du personnage. On a vu trop de Figaro s'investir dans leur fonction de servilité pour ne pas se réjouir d'en voir un aller jusqu'au bout de son cynisme. (Comédie-Française.)

Phili Tesson.

Le Canard Enchaîné, 11 avril 1979

Un fade barbier

«Le Barbier de Séville», de Beaumarchais, appartient vraiment au répertoire de la Comédie-Française car il permet aux jeunes éléments de la troupe de s'illustrer dans des rôles superbes.

Le Barbier, présenté dans la mise en scène de Michel Etcheverry, est étonnant de classicisme banal. Pas d'imagination, de verdeur, de vigueur, mais une exécution bien sage dans la ligne ouverte par un récent et fâcheux «Ruy Blas» où François Beaulieu et ses camarades ronflaient les vers de Victor Hugo.

Michel Etcheverry ne manifeste aucune passion pour cette histoire. Il remet sa copie.

Juste la moyenne.

Richard Berry, affublé d'une défroque de loubard ou d'«autonome», s'ennuie et n'a aucune présence en Figaro. Que dire de Raymond Acquaviva?

Rien. Il fait sa plus mauvaise interprétation depuis son entrée dans l'illustre troupe du Français. François Chaumette est distribué en Bartholo. Gérard Ruinet et Gérard Dumesnil incarnent, avec autorité, les alguazils.

Le théâtre à Paris par Pierre Ysmal

Il y a, heureusement, Marcelline Collard. Malgré un costume ridicule elle possède la fraîcheur et l'appétit de vivre de Rosine.

En Don Bazile, Jacques Sereys, le grandissime Jacques Sereys, cisèle son personnage avec un humour gourmand. Sereys depuis son bénéfique retour dans la maison de Molière n'a pas fait le moindre faux-pas. Il montre toutes les ressources et les richesses de sa palette aussi bien dans Goldoni que dans Beaumarchais ou Labiche.

Quel acteur, toujours identique, et passionnant. . . .

En fait, nous attendons, désormais, le «Dom Juan» que Jean-Luc Boutte prépare. Patrice Kerbrat et Dominique Rozan y rappelleront leur grand talent.

Une partie de la Comédie-Française commence une tournée aux Etats-Unis. Il est dommage que les choix aient manqué de la plus élémentaire rigueur. Voudrait-on donner une médiocre ou plate image de l'illustre troupe en sélectionnant un spectacle aussi bâclé et aussi faiblement interprété que «Ruy Blas»?

Heureusement, il y aura «Le Misanthrope» et «La puce à l'oreille» avec Georges Descrières, Bérangère Dautun, Béatrice Agenin, Annie Ducaux, Jean-François Rémi, Annie Ducaux et quelques autres.

L'Yonne Républicain, 20 avril 1979

THÉÂTRE À PARIS

« Le Barbier de Séville » à la Comédie Française

Le «*Barbier de Séville*» est un des joyaux du répertoire de la Comédie Française et l'on s'étonne qu'elle n'ait pas fêté il y a quatre ans le deuxième centenaire de la création de ce petit chef-d'oeuvre. Elle nous en donne cette année une reprise qui a été accueillie avec une certaine réticence par la critique. Pourtant l'interprétation est, à une exception près, excellente et la mise en scène de Michel Etcheverry, dans l'ensemble assez traditionnelle, apporte sur un point essentiel, l'interprétation du personnage de Figaro, une intéressante nouveauté.

Comparé au «*Mariage de Figaro*», le «*Barbier de Séville*» nous apparaît comme une oeuvre assez mince et qui au premier abord semble manquer d'originalité. Beaumarchais a beaucoup emprunté à ses devanciers, tant Italiens que Français. Le tuteur, la pupille, le jeune amoureux et le valet d'intrigue sont des personnages traditionnels de la comédie italienne; d'autre part le «*Barbier*» ressemble beaucoup à «*L'Ecole des femmes*» et toute une scène (la leçon de chant) est prise dans «*Le Malade imaginaire*». En somme Beaumarchais, comme Molière, prend son bien où il le trouve, mais il a su donner à sa comédie un caractère original à la fois par l'éclat du style et par une certaine légèreté dans le comique. Il utilise de la façon la plus habile les procédés du vaudeville, déguisements et quiproquos, et l'on peut dire que si l'on met à part la première scène, c'est le chef-d'oeuvre du théâtre du Boulevard.

Mais la pièce s'élève bien au-dessus du théâtre de pur divertissement parce qu'elle contient déjà en germe «*Le Mariage de Figaro*» et ses attaques contre la société du temps. A vrai dire la critique sociale ne se rencontre guère que dans la grande scène du premier acte entre Figaro et le comte Almaviva, mais on y trouve la même violence et la même agressivité que dans le fameux monologue du «*Mariage*». Figaro n'est plus seulement le valet d'intrigue traditionnel, Mascarille ou Scapin. C'est aussi Beaumarchais lui-même, auteur dramatique, journaliste et polémiste, c'est un homme qui a conscience de sa valeur et que seules les iniquités sociales ont réduit à une condition servile; c'est en somme une figure complexe où l'on trouve les éléments les plus divers et parfois même les plus contradictoires.

C'est dans le dosage de ces éléments que l'actuelle représentation du Barbier est novatrice et originale. Le Figaro de Richard Berry est aussi peu laquais que possible. On sent en lui une fierté qui l'élève bien au-dessus de sa condition et qui l'amène à traiter le comte d'égal à égal. Berry a donné au personnage une allure particulièrement agressive. La fameuse réplique «*Aux qualités qu'on exige dans un domestique votre Excellence connaît-elle beaucoup de maîtres qui fussent dignes d'être valets?*» a été lancée comme une flèche destinée moins aux aristocrates en général qu'au comte en particulier. Le comte semble tout d'abord blessé par cette insolence mais finalement prend le parti d'en rire. Tout en mettant fort bien en valeur la drôlerie des répliques de Figaro, Berry insiste sur l'amertume qu'on découvre sous les mots d'esprit et les formules brillantes de ce Figaro-Beaumarchais qui «*se hâte de rire de tout de peur d'être obligé d'en pleurer*». C'est là une interprétation parfaitement valable. Pourtant le Figaro que nous présente Berry est en opposition formelle avec certains passages du texte. Il n'est en aucune façon le Figaro gros et gras qu'Almaviva arrive à peine à reconnaître: Berry est un Figaro maigre, anguleux, pointu et cela ne me gêne pas parce que, même si l'auteur nous dit qu'il est gros et gras, Figaro, moralement n'est en aucune façon ce qu'on appelle au théâtre une «*rondeur*». Cette interprétation nouvelle du personnage de Figaro est, à mon avis, ce qu'il y a de plus intéressant dans cette représentation du Barbier. Le mérite en revient à la fois à l'interprète Richard Berry et au metteur en scène Michel Etcheverry.

Je m'empresse toutefois de dire que Marcelline Collard est une Rosine tout à fait charmante: jeune, jolie, vive, malicieuse, spontanée, elle est le personnage même de Beaumarchais. Par contre Raymond Acquaviva est bien terne dans le rôle du comte; il n'a pas «*cet air altier et noble*» dont parle Figaro et, en face de Berry il ne fait pas le poids. François Chaumette est un parfait Bartholo. Il se garde bien de faire de son personnage une vieille ganache et le comique y gagne beaucoup en qualité. Enfin Jacques Sereys a, comme toujours, obtenu son petit (ou plutôt son grand) succès personnel. Il est dans le rôle de Basile d'une drôlerie vraiment irrésistible. Il a distillé le couplet sur la calomnie avec un art souverain et il a été applaudi comme un chanteur d'opéra.

Georges VERSINI

Le Progrès, 9 avril 1979

	n	%	exemples, remarques
Le texte contient:			
combien de mots[1]?			
combien de phrases[2]?.			
combien de mots dans la phrase moyenne? . . .			
la phrase la plus courte?.			
la phrase la plus longue?			
combien de paragraphes?			
combien de phrases dans le paragraphe moyen?.			
le paragraphe le plus court?. . . .			
le paragraphe le plus long?			
combien de phrases non-déclaratives, c'est-à-dire interrogatives?			
impératives?.			
exclamatives?. . . .			
hypothétiques (en *si*)?			
combien de phrases agrammaticales? . . .			
combien de noms[3]?			
d'expressions adjectivales à base de *de* + nom[4]?.			
d'adjectifs proprement dits[5]?			
Combien précèdent inopinément leur nom?			
de verbes (finis)? [Notez combien sont *être*-copule.]			
Parmi les noms:			
combien sont concrets[6]?.			
abstraits[5]?.			
propres?.			
combien sont sans adjectif/expression qualificative?			
combien en possèdent plus d'un?.			
Parmi les verbes:			
combien sont au présent?			
au passé défini?			
au passé composé?			
à l'imparfait (ou plus-que-parfait) du subjonctif?			
à la voix passive?			
Sur l'ensemble des mots:			
combien portent une nuance appréciative?			
une nuance dépréciative?			
une nuance trivialisante?. . .			
une nuance sensationnaliste/titillante? . . .			
combien suggèrent un extrême/un superlatif/un absolu?			
l'hésitation/la recherche de l'exactitude?.			
combien sont des termes techniques?			
Combien d'exemples trouvez-vous de:			
collocations conventionnelles/clichés?			
expressions particulièrement choisies/soignées/élégantes[7]?			
familières/populaires/vulgaires[8]?			
dictons/proverbes/maximes/aphorismes?			
formules de rhétorique?			
expressions entre guillemets signalant une citation?			
mettant en relief certains(s) mot(s)? . . .			
atteintes à l'ordre attendu des mots?			
points-virgules et deux points?.			

[1] Provisoirement = lettre ou groupe de lettres entre deux espaces (notez les cas où vous trouvez insuffisante cette définition), à cette exception près, que vous compterez les noms de lieu et de personne (même avec prénom), les titres, etc., comme un seul mot.

[2] Mot ou groupe de mots commençant par une majuscule et se terminant par un point final, d'interrogation ou d'exclamation.

[3] Ne comptez pas les noms qui font partie d'une expression figée verbale (avoir *soif*, faire *partie* de, mettre en *cause*), adverbiale (sans *cesse*, en tout *cas*) ou prépositive (en *face* de, à *cause* de). Les expressions adjectivales figurent séparément sur la grille.

[4] Leçon *de chant*, comédie *de caractères*, vent *du nord*, etc.

[5] Ne comptez pas les possessifs (*son*, etc.), démonstratifs (*cette*, etc.), ni les autres adjectifs dits grammaticaux.

[6] Cette question vise à déceler une tendance chez certains écrivains (philosophes et autres) à utiliser un langage abstrait. Travaillez donc avec cette définition du nom concret: nom qui se rapporte à une chose que l'on pourrait toucher (*ingénieur*), montrer du doigt (*village*), ou, à la rigueur, mesurer avec un instrument (*journée*). Dans les cas douteux, comptez le nom parmi les concrets, et notez-le à part.

[7] C'est-à-dire que l'on remplacerait dans la conversation quotidienne par un synonyme plus commun.

[8] C'est-à-dire qui ne sont pas caractéristiques de la langue écrite.

La construction de la phrase:
[Par rapport à la phrase écrite anglaise, la phrase française paraît souvent longue et étudiée. Il est cependant évident que les phrases longues se composent normalement de parties plus courtes qui sont plus ou moins intimement liées ensemble. L'intimité ou la complexité relative des liaisons employées par un auteur fait incontestablement un effet sur le lecteur dont vous voudrez tenir compte dans votre évaluation du texte.

Il est important que cette section de l'analyse ne dégénère pas en une simple étude de la ponctuation de l'auteur. Ainsi, en décidant ce qui constitue une 'partie plus courte' d'une phrase, nous avons exclu, par exemple, les adverbiaux (même mis entre virgules), pour concentrer notre attention sur deux unités de base, caractérisées par leur indépendance relative de leur contexte, à savoir la proposition et l'extension de phrase. Celle-là est facile à identifier, parce qu'elle contient toujours (selon notre définition) un sujet et un verbe fini; celle-ci admet plus de subjectivité dans sa définition, et en répondant à la question (l) vous vous bornerez aux extensions quelque peu complexes, et qui à votre avis tiennent dans leur fonction, de la nature d'une proposition.]

A) Les propositions:
Combien d'exemples trouvez-vous de propositions liées par:
a) un signe de ponctuation que l'on pourrait remplacer par un point, de façon à aboutir à deux phrases complètes[1]? . . . .

b) l'incise[2]? . . . .

c) un mot de liaison de valeur minime[3]? . . . .

d) un terme relatif[4]? . . . .

e) un terme de liaison ayant une valeur sensiblement plus forte[5]? . . .

f) une liaison à deux termes[6]? . . . .

g) deux ou plusieurs de ces procédés simultanément[7]? . . . .

h) un autre procédé? . . . .

B) Les extensions de phrase:
Combien d'exemples trouvez-vous de:
i) parenthèses[2]? . . . .

j) verbes à double sujet/objet, l'un un nom, l'autre un pronom[8]? . . .

k) expressions participiales[9]? . . .
[avec participe en tête de la phrase dans combien de cas?]. . . . .

l) autres extensions de phrase?. . . . .

m) deux phrases faites de ce qui en aurait pu être une seule[10]? . . . . . .

La construction du texte:
Ayant étudié les liaisons *au sein de* la phrase, vous serez portés à considérer les liaisons *entre* les phrases ainsi qu'entre les paragraphes. Examinez chaque phrase à son tour. Aurait-elle pu servir de première phrase de l'article?
Si oui, y a-t-il un effet de rupture, de recommencement? Est-ce que la phrase coïncide avec une nouvelle étape dans l'histoire, une nouvelle direction dans l'argument?
Si non, quel(s) mot(s) lie(nt) la phrase à la précédente (article défini, démonstratif, pronom personnel, répétition d'un élément de vocabulaire, etc.)?
Quelles observations pouvez-vous faire sur le commencement de l'article (titre, phrase d'attaque, premier paragraphe)?
Y a-t-il des remarques à faire sur le plan 'graphique' (c'est-à-dire emploi de plusieurs fontes/types de lettres—romain, italique, caractères gras–échelle des lettres, titrage, etc.)?

Les rapports entre écrivain et lecteur:
L'auteur écrit-il impersonnellement ou écrit-il de son propre point de vue? Si c'est de son propre point de vue, emploie-t-il le *je*, le *nous* ou le *on*? Si c'est le *nous*, est-ce que cela veut dire 'moi', 'le journal', 'moi et ceux qui pensent comme moi', 'moi et vous', 'nous les femmes/nous les hommes', 'tout le monde', ou est-ce un *nous* à portée variable? S'il emploie le *on*, qu'est-ce que cela veut dire, précisément?
Parle-t-il de lui-même, de sa compétence, son caractère? Parle-t-il *du* lecteur? Parle-t-il directement *au* lecteur (au *vous*, en lui posant des questions, en l'impliquant dans le débat)?

Le reste du contenu:
En dernier lieu vous désirerez étudier le contenu de l'article du point de vue de l'information qu'il contient.
Quels sont les faits présentés dans l'article?
Lesquels sont soulignés/mis en valeur, lesquels mentionnés sans développement? (Il faudra tenir compte de la valorisation d'un fait non seulement par l'espace que l'auteur y dévoue, mais aussi par sa position dans l'article, par toute mise en relief d'ordre graphique, etc.)
Qu'est-ce qui a été ajouté aux faits incontestables?

41

[1] Par exemple: Célimène marchait vite; elle était en hâte.

[2] Vous distinguerez entre l'incise (par exemple: Le pou est, paraît-il, petit . . .) et la parenthèse (par exemple: Les deux femmes (la mère triste, la fille contente) se regardaient . . .) par le fait que l'incise comprend un verbe fini, la parenthèse pas. La parenthèse peut être marquée par des parenthèses, des tirets, même des virgules. L'apposition (M. Maury, octogénaire célèbre, fume trente cigarettes par jour . . .) est à considérer comme une sorte de parenthèse.

[3] Par exemple: et, ou, mais, ainsi que (y compris le listes en et, en ne . . . ni . . . ni . . .).

[4] Par exemple: qui/que, ce qui/ce que, dont, quand, etc.

[5] Et exerçant souvent un effet sur le mode du verbe, par exemple: bien que, de sorte que.

[6] Par exemple: si . . . que, quand même . . . , etc.

[7] Par exemple: qui . . . , et qui par conséquent . . .

[8] Par exemple: Ce jeune homme, il va . . . ; Cette pièce, la troupe l'a jouée . . .

[9] Où l'on pourrait changer un participe en verbe fini de façon à aboutir à deux phrases complètes, par exemple: Venu à Paris pour voir sa maîtresse, il passait une quinzaine chez son ami Maguin.

[10] Par exemple des phrases commençant par Et . . . , Mais . . . , Car . . ., etc.

	n	%	exemples, remarques
Le texte contient:			
combien de mots[1]?	120		
combien de phrases[2]?	6		
combien de mots dans la phrase moyenne?	20		
la phrase la plus courte?	10		
la phrase la plus longue?	29		
combien de paragraphes?	1		
combien de phrases dans le paragraphe moyen?			
le paragraphe le plus court?			
le paragraphe le plus long?			
combien de phrases non-déclaratives, c'est-à-dire interrogatives?	0		
impératives?	0		
exclamatives?	0		
hypothétiques (en *si*)?	0		
combien de phrases agrammaticales?	0		
combien de noms[3]?	24	20	
d'expressions adjectivales à base de *de*+nom[4]?	0		
d'adjectifs proprement dits[5]?	16	13, 3	(= 12, 5% des adjectifs)
Combien précèdent inopinément leur nom?	2		
de verbes (finis)? [Notez combien sont *être*-copule.]	10	8, 3	dont 3 (30%) être-copule, et 1 rester-copule
Parmi les noms:			
combien sont concrets[6]?	9	37, 5	y comp. image
abstraits[6]?	4	16, 6	y comp. surcharge
propres?	11	45, 8	
combien sont sans adjectif/expression qualificative?	11	45, 8	dont 8 (73%) des noms propres, ce qui laisse 3 (12%)
combien en possèdent plus d'un?	2	8, 3	dont 1 avec 3 adjs., et 1 avec 4
Parmi les verbes:			
combien sont au présent?	8	80	
au passé défini?	2	20	
au passé composé?	0		
à l'imparfait (ou plus-que-parfait) du subjonctif?	0		
à la voix passive?	0		

43

Le Dauphiné Libéré

Le texte contient:

	n	%	exemples, remarques
combien de mots[1]?	310		
combien de phrases[2]?	15		
combien de mots dans la phrase moyenne?	21		
la phrase la plus courte?	2		
la phrase la plus longue?	56		
combien de paragraphes?	8		
combien de phrases dans le paragraphe moyen?	< 2		
le paragraphe le plus court?	1	4 fois	
le paragraphe le plus long?	4		
combien de phrases non-déclaratives, c'est-à-dire interrogatives?	1	6, 6	
impératives?	0		
exclamatives?	0		
hypothétiques (en *si*)?	0		
combien de phrases agrammaticales?	1	6, 6	
combien de noms[3]?	74	24	
d'expressions adjectivales à base de *de* + nom[4]?	8		
d'adjectifs proprement dits[5]?	33	10, 7	y comp. fétiches
Combien précèdent inopinément leur nom?	3		(9 % des adjectifs)
de verbes (finis)? [Notez combien sont *être*-copule.]	26	8, 5	dont 5 (20 %) être-copule

Parmi les noms:

	n	%	exemples, remarques
combien sont concrets[6]?	33	44, 6	
abstraits[6]?	13	17, 6	
propres?	28	38	
combien sont sans adjectif/expression qualificative?	41	55, 4	dont 19 (46 %) des noms propres, ce qui laisse 22 (30 %)
combien en possèdent plus d'un	5	7	

Parmi les verbes:

	n	%	exemples, remarques
combien sont au présent?	21	80	(dont 1 au subjonctif)
au passé défini?	2	>8	
au passé composé?	3	<12	
à l'imparfait (ou plus-que-parfait) du subjonctif?	0		
à la voix passive?	0		

Le texte contient:

	n	%	exemples, remarques
combien de mots[1]?	442		
combien de phrases[2]?	23		
combien de mots dans la phrase moyenne?	19, 2		
la phrase la plus courte?	5		
la phrase la plus longue?	46		
combien de paragraphes?	9		
combien de phrases dans le paragraphe moyen?	2, 5		
le paragraphe le plus court?	1		(2 fois)
le paragraphe le plus long?	5		
combien de phrases non-déclaratives, c'est-à-dire interrogatives?	0		
impératives?	(1		Ecoutons-le . . .)
exclamatives?	0		
hypothétiques (en *si*)?	0		
combien de phrases agrammaticales?	4	17, 4	
combien de noms[3]?	112	25, 3	
d'expressions adjectivales à base de *de* + nom[4]?	4		
d'adjectifs proprement dits[5]?	40	9	assez irrégulièrement distribués
Combien précèdent inopinément leur nom?	0		
de verbes (finis)? [Notez combien sont *être*-copule.]	40	9	dont 17 (42, 5 %) être-copule

Parmi les noms:

	n	%	exemples, remarques
combien sont concrets[6]?	64	57	y comp. situation, Révolution, Empire
abstraits[6]?	22	19, 6	y comp. jonglerie
propres?	26	23, 2	
combien sont sans adjectif/expression qualificative?	61	54, 5	dont 20 (32 %) des noms propres, ce qui laisse 41 (36 %)
combien en possèdent plus d'un?	8	7	

Parmi les verbes:

	n	%	exemples, remarques
combien sont au présent?	34	85	
au passé défini?	1	2, 5	
au passé composé?	4	10	
à l'imparfait (ou plus-que-parfait) du subjonctif	0		
à la voix passive?	0		mais, cf. 'il est étrange. . . , etc., fin du 7e para.

45

Charente Libre

Le texte contient:

	n	%	exemples, remarques
combien de mots[1]?	175		
combien de phrases[2]?	19		
combien de mots dans la phrase moyenne?	9,2		
la phrase la plus courte?	2		(+ 2 phr. de 3 mots)
la phrase la plus longue?	38		(2ᵉ phr.)
combien de paragraphes?	3		
combien de phrases dans le paragraphe moyen?	6,3		
le paragraphe le plus court?	2		
le paragraphe le plus long?	14		
combien de phrases non-déclaratives, c'est-à-dire interrogatives?	3	15,8	
impératives?	0		
exclamatives?	1	5,3	
hypothétiques (en *si*)?	0		
combien de phrases agrammaticales?	4	26,3	
combien de noms[3]?	50	28,6	
d'expressions adjectivales à base de *de* + nom[4]?	2		
d'adjectifs proprement dits[5]?	20	11,4	
Combien précèdent inopinément leur nom?	6		(= 30 % des adjectifs)
de verbes (finis)? [Notez combien sont *être*-copule.]	17	9,7	dont 4 (23,5 %) *être*-copule, et 1 *rester*-copule

Parmi les noms:

	n	%	exemples, remarques
combien sont concrets[6]?	18	36	y comp. succession, et présence
abstraits[6]?	10	20	y comp. dons
propres?	22	44	
combien sont sans adjectif/expression qualificative?	28	56	dont 14 (50 %) des noms propres, ce qui laisse 14 (28 %)
combien en possèdent plus d'un?	2	4	

Parmi les verbes:

	n	%	exemples, remarques
combien sont au présent?	15	88,4	
au passé défini?	0		
au passé composé?	2	11,7	
à l'imparfait (ou plus-que-parfait) du subjonctif?	0		
à la voix passive?	0		'est perdue'? (fin du 2ᵉ para.)

Vie Ouvrière

	n	%	exemples, remarques
Le texte contient:			
combien de mots[1]?	200		
combien de phrases[2]?	4		
combien de mots dans la phrase moyenne?	50		
la phrase la plus courte?	12		
la phrase la plus longue?	103		
combien de paragraphes?	2		
combien de phrases dans le paragraphe moyen?	2		
le paragraphe le plus court?	2		
le paragraphe le plus long?	2		
combien de phrases non-déclaratives, c'est-à-dire interrogatives?	0		
impératives?	0		
exclamatives?	0		
hypothétiques (en *si*)?	0		
combien de phrases agrammaticales?	0		
combien de noms[3]?	45	22,5	
d'expressions adjectivales à base de *de* + nom[4]?	2		
d'adjectifs proprement dits[5]?	13	6,5	
Combien précèdent inopinément leur nom?	0		
de verbes (finis) [Notez combien sont *être*-copule.]	17	8,5	dont 6 (35,3%) *être*-copule
Parmi les noms:			
combien sont concrets[6]?	19	42	y comp. ficelles, tromperie, découverte, Révolution
abstraits[6]?	14	31	y comp. vie
propres?	12	27	
combien sont sans adjectif/expression qualificative?	23	51	dont 10 (43%) des noms propres, ce qui laisse 13 (29%)
combien en possèdent plus d'un?	0		
Parmi les verbes:			
combien sont au présent?	14	82	
au passé défini?	0		
au passé composé?	1	6	
à l'imparfait (ou plus-que-parfait) du subjonctif?	0		
à la voix passive?	0		

La Croix

	n	%	exemples, remarques
Le texte contient:			
combien de mots[1]?	600		
combien de phrases[2]?	34		
combien de mots dans la phrase moyenne?		17,7	
la phrase la plus courte?	1		(Bref.) 2 phr. de 7 mots, une de 8
la phrase la plus longue?	40		+ deux phr. de 35 mots
combien de paragraphes?	11		
combien de phrases dans le paragraphe moyen?	3		
le paragraphe le plus court?	1		pénultième
le paragraphe le plus long?	6		
combien de phrases non-déclaratives, c'est-à-dire interrogatives?	0		
impératives?	0		
exclamatives?	3	8,8	(+ 2 propositions exclamatives)
hypothétiques (en *si*)?	0		
combien de phrases agrammaticales?	2	6	(Bref, et dernière phr.)
combien de noms[3]?	127	21	
d'expressions adjectivales à base de *de* + nom[4]?	10		
d'adjectifs proprement dits[5]?	42	7	statut adjectival de quelques-uns en doute
Combien précèdent inopinément leur nom?	4		9,5 % des adjectifs
de verbes (finis)? [Notez combien sont *être*-copule.]	46	7,6	dont 12 (26 %) *être*-copule, + soit 7e para.
Parmi les noms:			
combien sont concrets[6]?	62	49	y comp. rapports, présence, ton
abstraits[6]?	32	25	y comp. comédie du 5e para., naissance, prémices, défaite
propres?	33	25	y comp. Votre Excellence
combien sont sans adjectif/expression qualificative?	83	65	dont 29 (35%) des noms propres, ce qui laisse 54 (42 %)
combien en possèdent plus d'un?	4	3	
Parmi les verbes:			
combien sont au présent?	33	71	(+ soit)
au passé défini?	3	6,5	(à remarquer: Nul ne fut . . .)
au passé composé?	2	4,3	dont un au subjonctif
à l'imparfait (ou plus-que-parfait) du subjonctif?	(1		dans une citation de Beaumarchais)
à la voix passive?	0		

Le Canard Enchaîné

	n	%	exemples, remarques
Le texte contient:			
combien de mots[1]?	306		
combien de phrases[2]?	12		
combien de mots dans la phrase moyenne?	25,5		
la phrase la plus courte?	10		(+ une phr. de 11 mots)
la phrase la plus longue?	42		(première phr.)
combien de paragraphes?	2		
combien de phrases dans le paragraphe moyen?	6		
le paragraphe le plus court?	6		
le paragraphe le plus long?	6		
combien de phrases non-déclaratives, c'est-à-dire interrogatives?	0		
impératives?	1	8	
exclamatives?	0		
hypothétiques (en *si*)?	0		
combien de phrases agrammaticales?	0		
combien de noms[3]?	56	18,3	
d'expressions adjectivales à base de *de* + nom[4]?	2		
d'adjectifs proprement dits[5]?	30	10	
Combien précédent inopinément leur nom?	5		17% des adjectifs
de verbes (finis)? [Notez combien sont *être*-copule.]	26	8,5	dont 11 (42%) être-copule
Parmi les noms:			
combien sont concrets[6]?	19	34	y comp. moyen, enthousiasme
abstraits[6]?	18	32	y comp. patrimoine
propres?	19	34	
combien sont sans adjectif/expression qualificative?	30	54	dont 14 (47%) des noms propres, ce qui laisse 36 (30%)
combien en possèdent plus d'un?	4	7	dont un avec 3 adjectifs, et un avec 5; jouer + 2 adjs.
Parmi les verbes:			
combien sont au présent?	17	65	dont 2 aller + infinitif
au passé défini?	0		
au passé composé?	4	15	
à l'imparfait (ou plus-que-parfait) du subjonctif?	0		
à la voix passive?	0		

49

L'Yonne Républicain

	n	%	exemples, remarques
Le texte contient:			
combien de mots[1]?	300		
combien de phrases[2]?	24		
combien de mots dans la phrase moyenne?	12,5		
la phrase la plus courte?	1		(+ une phr. de 3 mots)
la phrase la plus longue?	31		
combien de paragraphes?	11		
combien de phrases dans le paragraphe moyen?	2¼		
le paragraphe le plus court?	1		2 fois. 1 de 3 mots, 1 (agramm.) de 6 mots
le paragraphe le plus long?	6		y comp. une phr. d'un seul mot
combien de phrases non-déclaratives, c'est-à-dire interrogatives?	2	8	
impératives?	0		
exclamatives?	1	4	(agramm.)
hypothétiques (en *si*)?	0		
combien de phrases agrammaticales?	4	16	
combien de noms[3]?	84	28	
d'expressions adjectivales à base de *de* + nom[4]?	2		
d'adjectifs proprement dits[5]?	28	9,3	y comp. 5 paires
Combien précèdent inopinément leur nom?	10		37% des adjectifs, y comp. 2 paires
de verbes (finis)? [Notez combien sont *être*-copule.]	22	7	dont 5 (23%) être-copule
Parmi les noms:			
combien sont concrets[6]?	24	29	y comp. éléments, exécution, faux pas
abstraits[6]?	18	21,5	y comp. rôle, moyenne
propres?	42	50	y comp. maison de Molière
combien sont sans adjectif/expression qualificative?	48	57	dont 35 (73%) des noms propres, ce qui laisse 13 (15%)
combien en possèdent plus d'un?	5	6	
Parmi les verbes:			
combien sont au présent?	17	77	
au passé défini?	0		
au passé composé?	2	9	(dont 1 au subjonctif)
à l'imparfait (ou plus-que-parfait) du subjonctif?	0		
à la voix passive?	1	4,5	

Le Progrès

Le texte contient:	n	%	exemples, remarques
combien de mots?[1]	775		dont 22 cités de Beaumarchais
combien de phrases?[2]	31		
combien de mots dans la phrase moyenne?	24,3		
la phrase la plus courte?	5		(+ une phr. de 6 mots)
la phrase la plus longue?	54		(+ une phr. de 50 mots, et 2 de plus de 40)
combien de paragraphes?	5		
combien de phrases dans le paragraphe moyen?	6,2		
le paragraphe le plus court?	3		(1er para.)
le paragraphe le plus long?	12		
combien de phrases non-déclaratives, c'est-à-dire interrogatives?	0		
impératives?	0		
exclamatives?	0		
hypothétiques (en *si*)?	0		(une proposition en si-concessif)
combien de phrases agrammaticales?	0		
combien de noms?[3]	163	21,6	
d'expressions adjectivales à base de *de* + nom?[4]	7		
d'adjectifs proprement dits?[5]	75	9,9	y comp. laquais
Combien précèdent inopinément leur nom?	6		(= 8% des adjectifs)
de verbes (finis)? [Notez combien sont *être*-copule.]	73	9,7	dont 24 (32,9%) être-copule (+ plusieurs autres copules)

Parmi les noms:

	n	%	exemples, remarques
combien sont concrets?[6]	87	53,4	y comp. joyau, critique, interprétation, comique, théâtre (4e para.)
abstraits?[6]	27	16,6	y comp. caractère, théâtre des 2e et 3e paragraphes
propres?	49	30	y comp. votre Excellence
combien sont sans adjectif/expression qualificative?	80	49	dont 32 (40%) des noms propres, ce qui laisse 48 (29%)
combien en possèdent plus d'un?	9	5,5	y comp. Rosine avec 6, et succès et Figaro avec 3

Parmi les verbes:

combien sont au présent?	n	%	exemples, remarques
combien sont au présent?	62	84,9	
au passé défini?	0		
au passé composé?	10	13,7	
à l'imparfait (ou plus-que-parfait) du subjonctif?	(1	1,4	dans une citation de Beaumarchais)
à la voix passive?	3	4,1	

51

B:
Ecrire

Avertissement

1. Objet des exercices

Le but principal est d'exiger que l'étudiant s'exprime clairement dans le registre de français écrit que lui impose la situation linguistique qui sert de base aux exercices. Les contextes de ces exercices sont donc définis avec précision (sans toutefois enlever à l'étudiant l'occasion de se servir de son imagination afin de bien remplir la tâche). Les contextes sont aussi 'réels' que possible. Pour que les tâches linguistiques aient une valeur pratique, elles correspondent à des situations qui pourraient se produire dans la vie réelle. De plus, ces exercices exigent tous une certaine formalité dans la langue, qu'il s'agisse de lettres (première partie) ou de rapports (deuxième partie). A l'écrit comme à l'oral, les étudiants ont d'habitude plus de difficulté à s'exprimer dans la langue soignée que dans la langue familière; les exercices de la section *Ecrire*, ainsi que ceux de la section *Parler*, ont donc pour objectif de remédier à ce défaut.

La deuxième partie de la section *Ecrire* (*Rapport et synthèse*) a un but supplémentaire, qui est d'amener l'étudiant à opérer des choix parmi les données écrites ou orales qui sont à sa disposition. Ces données n'auront donc pas toutes la même importance dans la rédaction du rapport. L'étudiant tiendra pleinement compte de la nature précise de l'exercice, et sélectionnera les données en fonction des exigences de la situation.

2. Exploitation du matériel

(a) Correspondance

Cette première partie est courte, car on trouvera dans plusieurs cours de langue française, de même que dans des livres du français commercial, des conseils détaillés sur le style épistolaire français. Cependant, tout manuel de langue étrangère qui prétend mettre l'accent sur le côté pratique de la langue doit tenir compte du fait que la correspondance est souvent le domaine dans lequel l'étudiant a le plus de chances de se servir des compétences qu'il aura acquises. Trois exercices dans la rédaction de lettres en français sont donc offerts. Ils ont trait à trois fonctions qui se rencontrent fréquemment dans la correspondance: demander des renseignements, répondre à une demande de renseignements, et protester. Chacun de ces exercices est suivi de deux lettres modèles authentiques, qui remplissent une fonction analogue dans un domaine autre. Ces lettres modèles donnent des indications générales sur les expressions et le ton qui conviennent à ces types de lettres, sur la présentation de la lettre française, et sur les en-têtes et les formules finales.

En général, le correspondant français adopte un ton plus déférent envers le destinataire de sa lettre que celui qu'on trouve dans les lettres écrites en anglais. Il cherche à atténuer ce qu'il veut dire, surtout lorsqu'il est question de demander quelque chose. Voilà pourquoi des formules comme 'j'ai l'honneur de . . .', 'je me permets de . . .', 'veuillez avoir l'amabilité/l'obligeance de . . .' se rencontrent très fréquemment dans les lettres écrites en français.

En ce qui concerne la présentation de la lettre, il est à noter que le nom et l'adresse de l'expéditeur, dans une lettre française, se trouvent en haut et à gauche, à la différence de l'usage anglais, qui place ici l'adresse du destinataire. La date se trouve à droite, et à la hauteur du nom de l'expéditeur. Le caractère concis des lettres modèles est aussi à souligner. Pour arriver à cette concision, celui qui écrit devra faire du moins un brouillon de sa lettre, avant de la rédiger définitivement. Il est à noter que les paragraphes des lettres modèles sont pour la plupart très courts, se limitant à un élément du message à transmettre.

Pour ce qui est des en-têtes et des formules finales, les lettres adressées à quelqu'un que l'on ne connaît pas, ou à un supérieur, commencent normalement par 'Monsieur', 'Madame', etc., ou, le cas échéant, par 'Monsieur le Directeur', 'Madame le Député', etc. Les formules comme 'Cher collègue' impliquent, bien entendu, plus de familiarité. 'Cher Monsieur Untel', 'Mon cher Monsieur' ne s'emploient pas. 'Cher Monsieur' se trouverait dans une lettre entre deux hommes, à degré égal de relations. Les abréviations ('M.', 'Mme', etc.) ne sont pas acceptables.

Pour terminer une lettre à quelqu'un que l'on ne connaît pas, on se servira d'une formule du type: 'Je vous prie d'agréer, Monsieur, l'expression de mes sentiments les meilleurs'. 'Veuillez'—peut-être paradoxalement—est considéré comme plus respectueux que 'Je vous prie de', 'agréer' plus déférent que 'recevoir'. Le titre ('Monsieur' etc.) doit être le même que celui qui figure dans l'en-tête. La formule se terminera par 'l'expression' ou 'l'assurance' (plus respectueux) 'de mes sentiments cordiaux/les meilleurs/distingués/respectueux/dévoués' (par ordre croissant de déférence).

Les indications données ci-dessus sont très sommaires. Pour complément d'information, consultez les livres de Lichet et de Colignon, et le Chapitre XII du manuel de l'équipe S.U.F.L.R.P. (*Le français en faculté*), cités dans la bibliographie en fin du présent volume.

Il est à remarquer que les problèmes qu'affronte l'étudiant britannique qui s'essaie dans la correspondance en français sont en même temps des avantages. La formalité du style épistolaire français a pour effet de créer des rapports convenables entre expéditeur et destinataire, ce qui permet à la correspondance de poursuivre plus facilement son chemin.

(b) Rapport et synthèse

Cette deuxième partie est plus longue que la première, et contient plusieurs exercices où il est demandé à l'étudiant de rédiger en français un rapport, à partir d'informations données soit sous forme écrite (2a–d, g, h), soit sous forme orale (2e–f). Pour l'aider dans la rédaction de ces rapports, deux modèles, l'un à partir de matériel écrit, l'autre à partir de matériel oral, sont mis à sa disposition.

Le matériel de la section *Ecrire*—celui qui sert de base aux lettres et aux rapports à rédiger, ainsi que celui qui est utilisé comme source de modèles—est authentique. A deux exceptions près, il s'agit de documents publiés en 1982 ou plus récemment, les exceptions étant le *Guide to the National Library of Scotland* (2c), publié en 1976 mais mis à jour en 1984 grâce à l'assistance du personnel de cette bibliothèque, et le court extrait tiré des *Nouvelles de France* (2a). La majorité des documents sont en français. Les exercices 2c et 2d se feront pourtant à partir de dossiers en anglais: l'analyse de matériel anglais, dans le but d'en faire un résumé ou un rapport en français, est selon nous un exercice pédagogique de valeur, car il constitue une formation utile pour le licencié qui compte exploiter ses compétences en français dans sa carrière ultérieure.

Les documents, écrits et oraux, se rapportent à la vie quotidienne, dans le sens le plus large du terme—à la vie culturelle, à l'enseignement, à la vie familiale, etc. Certains documents comportent des tableaux statistiques rudimentaires: puisque l'information donnée sous cette forme joue un rôle de plus en plus important dans les actes de communication, celui qui est censé posséder des compétences variées en français se doit de savoir manier de telles données statistiques. Les exercices sont offerts, dans la mesure du possible, par ordre de difficulté croissante.

3. Exploitation supplémentaire

Le matériel de cette section est proposé dans le but d'encourager la production du registre de français écrit exigé par une situation précise. Mais il va sans dire que l'on trouverait sans difficulté d'autres manières d'exploiter les documents: analyse grammaticale ou lexicale, compréhension, ou, lorsqu'il s'agit de documents oraux, transcription orthographique, etc. De même, les techniques linguistiques acquises par l'étudiant qui s'exerce dans la rédaction des rapports pourraient être appliquées à d'autres documents apportés par l'enseignant. L'objet fondamental restera la création de liens entre les situations et le matériel, que ce soit à l'écrit ou à l'oral, en français ou en anglais, de sorte que la tâche à remplir ait une valeur pratique, constatée par l'étudiant et par l'enseignant.

B1 Correspondance ▬▬▬▬

B1a Demander des renseignements

Vous travaillez, à titre bénévole, comme secrétaire de l'organisation *Sports and Leisure for the Disabled* (*SLD*), qui s'occupe des besoins sociaux et sportifs des personnes handicapées qui habitent la grande ville britannique où vous êtes étudiant(e). Vous organisez des vacances dans une station estivale au bénéfice d'un groupe de 10 personnes handicapées, membres du *SLD*. Ces 10 personnes (6 femmes, 4 hommes), âgées de 18 à 25 ans, souffrent de troubles moteurs (pas trop sévères), et non pas de troubles psychiques. Ecrivez une lettre, au nom du *SLD*, à l'Office du tourisme du Finistère (Bretagne) solliciter les renseignements qui vous sont nécessaires. Vous trouverez des mots et des expressions utiles dans le dossier qui accompagne un des exercices de la section *Parler* (D3b, *Groupe de travail, Parents et professeurs*). Vous trouverez ci-après deux lettres modèles ayant un but analogue à la vôtre.

Lettres modèles

1.

M. Jean Pirot,
12 Boulevard Victor-Hugo,
62014 Bailly.

Bailly, le 2 mai 1985.

Monsieur Michel Denis,
Conservateur en Chef,
Bibliothèque Municipale de
  St-Eustache,
13 rue Mozart,
59024 St-Eustache Cedex 01.

Monsieur le Conservateur en Chef,

    Par votre aimable lettre du 11 novembre dernier vous avez eu l'obligeance de me fournir des précisions sur les éditions anciennes du *Misanthrope* que possède votre bibliothèque.

    Presque parvenu au terme de mon travail, j'essaie de résoudre certaines anomalies dans les informations que j'ai recueillies.

    L'édition des *Œuvres de Molière* rangée sous la cote M.27.135 porterait, d'après la liste que vous m'avez envoyée, la date de 1786. Il en existe d'autres, également parues chez Les Libraires Associés, mais qui portent la date de 1787. Or, si 1786 est la bonne date, votre exemplaire est unique. Auriez-vous l'amabilité de confirmer que la date de votre édition est effectivement 1786?

    Je vous prie d'agréer, Monsieur le Conservateur en Chef, l'expression de mes sentiments les meilleurs et de mes remerciements anticipés.

Jean Pirot

2.

M. Pierre Leston,
20 rue Tholozé
75018 Paris.

Paris, le 13 octobre 1984.

Monsieur Paul Beuvry,
Texon Offshore Drilling,
34 West Gate,
Aberdeen, AB9 3UB.

Cher collègue,

Je me permets d'appeler votre bienveillante attention sur le cas de mon fils Alain.

Ce garçon accomplit actuellement la cinquième et dernière année de sa formation à l'Institut Catholique des Arts et Métiers de LILLE. Un stage de quatre mois est obligatoire de janvier à fin avril 1985.

Mon fils souhaite vivement effectuer ce stage à l'étranger, dans un pays anglophone et dans une entreprise importante, de telle manière qu'il puisse y acquérir des compétences aussi larges que possible.

J'ai pensé que peut-être votre entreprise pourrait l'accueillir et lui permettre de réaliser son voeu.

Je vous remercie vivement par avance de l'intérêt que vous voudrez bien porter à ma requête, et vous prie de croire, cher collègue, à l'assurance de mes sentiments les meilleurs.

Pierre Leston

B1b Répondre à une demande de renseignements

Vous travaillez au *Department of Employment* dans une grande ville britannique. Ce bureau a reçu, de la part de l'Agence Nationale Pour l'Emploi française, une demande d'informations sur les débouchés offerts aux diplômés universitaires britanniques (voyez plus loin, exercice B2d). Vous écrivez, de la part du chef de votre section, la lettre explicative qui accompagnera le rapport qui aura été rédigé par votre bureau. Cette lettre présente le rapport et en même temps exprime l'espoir qu'il sera utile, en insistant sur les avantages procurés par de tels échanges d'information. Vous trouverez ci-après deux lettres modèles, écrites en réponse aux deux requêtes qui accompagnent l'exercice B1a.

Lettres modèles

1.

Monsieur Michel Denis,
Conservateur en Chef,
Bibliothèque Municipale de St-Eustache,
13 rue Mozart,
59024 St-Eustache Cedex 01.

St-Eustache, le 4 juillet 1985.

Monsieur Jean Pirot,
12 Boulevard Victor-Hugo,
62014 Bailly.

Secrétariat J.S./J.C.

Monsieur,

Voudriez-vous me pardonner le retard considérable avec lequel je réponds à votre lettre du 2 mai 1985.

Après vérification des œuvres de Molière conservées sous la cote M.27.135 à la Bibliothèque Municipale de St-Eustache, il s'avère que seul le deuxième volume porte la date de 1786; les trois autres volumes sont datés de 1787.

Je vous prie de croire, Monsieur, à l'assurance de ma considération distinguée.

Le Conservateur en Chef,
Michel Denis

2.

Monsieur Paul Beuvry,
Texon Offshore Drilling,
34 West Gate,
Aberdeen AB9 3UB.

Aberdeen, le 26 novembre 1984.

Monsieur Pierre Leston,
20 rue Tholozé,
75018 Paris.

Cher collègue,

Je vous prie de m'excuser de répondre si tardivement à votre lettre concernant le stage que votre fils souhaite effectuer à l'étranger dans un pays anglophone.

J'ai préféré attendre d'être sur place à Aberdeen pour demander au Directeur de notre entreprise quelle suite il pouvait donner à cette candidature.

Il en ressort que nous ne pouvons malheureusement pas prendre votre fils pour un stage de 4 mois mais, par contre, il nous serait tout à fait possible de le recevoir en Ecosse pour un stage d'un mois.

Veuillez me faire savoir si cette possibilité l'intéresse et je ferai le nécessaire pour organiser son stage à partir du début de 1985.

En attendant, je vous prie de croire, cher collègue, à l'expression de mes sentiments les meilleurs.

Paul Beuvry

B1c Protester

Vous êtes membre de l'organisation britannique *Defence of the Dignity of Human Life*, qui milite contre certaines activités qui sont, selon ses adhérents, des abus de la part de la médecine contemporaine. Après la parution de l'article *Les fœtus sont-ils sacrés?* dans *L'Express* (voyez la section *Lire*, texte 2), l'Association contre l'Exploitation des Fœtus Humains, dont il est question dans l'article, a demandé à votre organisation, à laquelle elle s'allie depuis quelques années, d'écrire au rédacteur en chef de l'hebdomadaire, afin de protester contre la manière dont la journaliste A. Kouchner traite la question de l'utilisation des fœtus. L'Assocation croit avoir été présentée d'une façon tendancieuse dans cet article. De sa part, elle écrira également une lettre de protestation.

Puisque vous êtes francophone, le bureau de votre organisation vous demande d'écrire sa lettre de protestation, dont le but sera de provoquer, auprès des lecteurs de *L'Express*, des doutes sur l'aspect moral des expérimentations décrites dans l'article, afin que d'autres lecteurs continuent le débat.

Pour vous aider à formuler votre réponse, consultez les deux lettres ci-jointes qui ont été publiées dans *L'Express*.

Lettres modèles

1.

Canal du Midi: l'indifférence

Dans l'article Temps libres: 'Croisières au vert', de Jacques Potherat (*L'Express* n° 1611), vous avez décrit avec beaucoup de poésie l'atmosphère et la beauté de ce Midi et de son canal.

Mais n'est-ce pas dommage qu'on oublie qu'il n'est pas seulement un circuit touristique pour vacanciers aisés (et blasés), mais qu'il est aussi le berceau d'une batellerie qui se meurt dans l'indifférence générale pour laisser place aux house-boats et autres?

Parce que c'est aussi de cela qu'il s'agit: la fin d'une corporation trop gênante pour un tourisme florissant! A une époque où l'on se soucie de revenir aux racines, on est en train de priver des siennes toute une population dont je fais partie. (. . .)

Je suis moi-même fille de mariniers, et toute ma famille naviguait sur le canal du Midi depuis le XVIIIe, jusqu'à ce que mes parents aient été contraints, cet hiver, d'aller naviguer ailleurs, pour des raisons que vous connaissez sûrement.

Martine Brieu,
Bordeaux.

L'Express, 9 juillet 1982

2.

Droit spécifique

Professeur de droit, j'ai lu naturellement avec intérêt les propos tenus par René Rémond sur le projet de réforme de l'enseignement supérieur (*L'Express* n° 1664).

Je suis en accord avec lui sur certains points, notamment sur le risque d'explosion universitaire en cas de tentative de 'filtrage' du premier au deuxième cycle. Mais il y a des passages concernant ma discipline que je ne peux m'empêcher de relever et de signaler à l'intention de vos lecteurs. Je trouve très grave son refus de reconnaître la spécificité des études de droit, alors qu'il concède cette spécificité à la médecine. Pourquoi pas au droit, à une époque où l'on met l'accent sur la 'professionnalisation' des études? Il traite dédaigneusement de la reconstitution des petites féodalités et souligne au passage le caractère réactionnaire de la discipline. Il laisse entendre que droit et culture sont antagonistes, alors que toute une série de cours mettaient jusque-là l'accent sur le caractère 'culturel' de la discipline. L'emploi de raisonnements et de techniques précis gêne évidemment tous ceux qui voudraient noyer le droit dans une grosse unité, regroupant plusieurs disciplines. Il ne faut pas s'étonner si, après cela, on trouve les juristes en tête de toutes les manifestations contre l'actuel projet de réforme universitaire.

F. Boulanger
professeur à Paris VIII

L'Express, 8 juillet 1983

B2 Rapport et synthèse ▬▬

Modèles

Les deux résumés ci-dessous (l'un à partir de matériel écrit, l'autre à partir de matériel oral) serviront de modèles aux exercices *Rapport et synthèse*. Soulignons le fait que chaque résumé a été écrit en fonction du but visé et défini dans les indications qui précèdent chacun des textes.

1. Bercy fait ses comptes

Vous faites partie d'un groupe dédié à la défense de l'environnement urbain. Ce groupe s'intéresse actuellement à un vieux quartier de votre ville, qui, menacé depuis longtemps de rénovation, est assez délabré mais non pas irrécupérable. Les autorités se proposent, pourtant, de tout démolir et de reconstruire à partir de zéro. Afin de calmer les résidents qui craignent la construction d'un nouveau quartier anonyme, elles proposent un palais des sports qui donnerait au nouveau quartier un certain cachet. Votre groupe prépare des résumés d'extraits de presse et des statistiques, afin qu'un représentant de votre groupe puisse faire valoir lors d'une réunion publique que le projet des autorités sera probablement plus coûteux qu'on ne le dit, que les charges retomberont sur la communauté, que le quartier sera envahi par des gens venant de l'extérieur et qu'il faut donc s'opposer à cette initiative. Vous êtes chargé(e) de résumer en 400 mots maximum, et dans cette perspective, l'essentiel de l'article suivant.

Déficit de 5 millions, investissements insuffisants: Bercy fait ses comptes

Bercy coûte cher. Avant de partir en vacances, les conseillers de Paris, réunis pour une dernière séance lundi 9 juillet, devaient apprendre que le démarrage du Palais omnisports de Paris-Bercy—tel est son nom officiel—exige un nouvel effort financier. Non seulement le premier exercice se solde par un déficit dépassant 5 millions de francs, mais les travaux complémentaires à exécuter à l'intérieur du palais et aux alentours se montent à 165 millions.

Ces travaux auront lieu pendant l'été puisque, après cinq mois de fonctionnement, Bercy a fermé ses portes le 6 juillet. MM. Jacques Godet et Robert Thominet, les patrons de l'entreprise, ont à peu près rempli leur contrat: sur cent-cinquante jours, on a compté trente-sept séances de sport, quarante soirées de spectacle et soixante-dix journées de changement de décor et de réparation. La machine tourne donc et les Parisiens ne l'ont pas boudé. Trois ou quatre cent mille d'entre eux ont déjà pris le chemin de la pyramide engazonnée.

Au hit-parade des représentations, les concerts de rock arrivent en tête (quinze mille entrées payantes en moyenne); suivis des matches de boxe (douze mille) et des courses de moto-cross. Le grand show lyrique d'Aïda a fait presque salle comble avec plus de dix mille spectateurs payants par soirée. Puis viennent le football indoor, très spectaculaire, et les Six jours cyclistes (sept mille entrées par vingt-quatre heures). En revanche le volley-ball et le jumping (deux mille cinq cents entrées par séance) ne passionnent guère et, avec moins de mille spectateurs payants, certaines nuits de basket ont été bien maussades. Quant aux 'Nuits de l'armée', leurs explosions en carton-pâte et leurs fanfares pourtant alertes n'ont réussi à remplir l'immense hall qu'à moitié.

En faisant les comptes, on s'est aperçu que les soirées sportives, même les plus populaires, ne rapportaient guère, car leurs recettes sont grevées de 30 % de taxes (entraînement olympique oblige). Quant aux sports confidentiels, que l'on voudrait tant promouvoir, ils ont coûté très cher. Finalement, ce sont les concerts et les opéras qui rempliront les caisses. Aussi, Robert Thominet rêve-t-il déjà d'une super *Neuvième symphonie*, exécutée simultanément par trois grands orchestres de classe internationale. Au demeurant, les recettes de ces cinq premiers mois ont été supérieures à ce que l'on espérait.

Malheureusement, les dépenses ont dépassé les prévisions les plus pessimistes. Bercy est une salle à géométrie variable, dont la rentabilité repose sur la rapidité des changements de décor et de configuration. D'où une machinerie ultra-sophistiquée, qui en fait un établissement unique au monde. Encore faut-il que tout cela fonctionne. Et c'est de là que sont venues les mauvaises surprises.

Les gradins recouvrant la piste cyclable, ceux des angles comme ceux du parterre, que des mécaniques devaient escamoter en une nuit, se sont révélés encombrants et excessivement pesants. Comme les appareils de levage étaient dépassés, il a fallu engager des centaines de manutentionnaires. Même difficulté pour la piste d'athlétisme. L'ordinateur assurant les réservations a failli et, certain soir, il a oublié mille deux cents fauteuils, qui sont restés vides. Les deux salles d'entraînement, situées en sous-sol, n'ont pu être utilisées faute de sièges en nombre suffisant. L'éclairage a flanché et l'on s'est rendu compte que le palais manquait de sanitaires, de cuisines et de chauffage.

La sécurité, elle aussi, a posé problème. Une faiblesse soudaine, découverte dans la toiture, a fait trembler les organisateurs. Elle les a non seulement contraints à annuler cinq représentations des 'Nuits de l'armée', mais sans doute compromis la suite de ce programme. Manque à gagner: 4 millions de francs, que l'on espère tout de même récupérer en faisant jouer les assurances.

Les architectes voulaient un palais ouvert, accessible de partout. Donc, pas de grilles. Résultat: les soirs de grande affluence, notamment des concerts de rock, des vitres sont brisées, des portes enfoncées. Sans compter les gamins, dont les patins à roulettes brisent les dalles du parvis.

Les Parisiens l'ont adopté

Ces imprévus et ces défaillances ont fait grimper les coûts de fonctionnement. L'équipe permanente de maintenance, qui comptait au départ trente-quatre administratifs et techniciens, a dû être portée à soixante personnes. Pour les changements de décors, on pensait s'en tirer avec une centaine de manœuvres temporaires; il en faut trois cents.

Réparer ce qui est endommagé, modifier ce qui ne convient pas, revenir aux automatismes prévus, nécessite donc un nouvel investissement de 58 millions de francs. Sans compter les grilles d'enceinte, qui coûteront 4 à 5 millions supplémentaires. Quant à l'environnement du palais, apparemment négligé, il se venge. Les parkings, les accès, la signalisation, les guichets sont insuffisants. Un seul exemple: on avait prévu vingt places pour les cars; certains soirs, il en vient trois fois plus. Force sera donc d'aménager les berges de la Seine pour les recevoir. Les projets d'aménagement du quartier constituent un énorme souci pour les gestionnaires de Bercy. Au lieu de dégager les alentours, on bétonne à tout-va, en construisant l'immense muraille du ministère des finances, ainsi que des centaines de logements. Déjà les travaux de voirie indispensables ont absorbé plus de 100 millions de francs. Mais, dans peu d'années, quand l'apoplexie gagnera le quartier, que fera-t-on?

Ces préoccupations n'empêchent pas M. Jacques Chirac et les responsables de Bercy de se montrer optimistes. Bien sûr, il faudra encore deux ans de rodage avant que la machine tourne rond et qu'elle trouve son équilibre financier. L'investissement total atteindra sans doute le milliard de francs. Mais les Parisiens ont adopté le grand cirque. Grâce à sa machinerie exceptionnelle, Bercy devrait devenir la salle des sports et des spectacles la plus polyvalente de France et, finalement, la moins coûteuse pour les deniers publics.

Marc Ambroise-Rendu, *Le Monde*, 10 juillet 1984

Résumé modèle:

Le prestige à tout prix?

Le Palais omni-sports de Paris-Bercy fonctionne depuis 5 mois et, quoiqu'il soit d'une popularité indéniable, se trouve déjà en déficit d'au moins 5 millions de francs.

Parmi les représentations les plus populaires on compte les concerts de rock et les courses de moto-cross. Salle polyvalente, le Palais accueille une grande variété de spectacles. Parmi les plus rentables sont les concerts et les opéras, mais d'autres, notamment le volley-ball et le basket sont nettement déficitaires.

La polyvalence des locaux nécessite une géométrie variable permettant de rapides changements de décor et de configuration. La machinerie installée pour les assurer est cependant sujette à des pannes coûteuses. Il faut à présent escamoter à la main (et à quel prix!) les gradins recouvrant la piste cyclable parce qu'ils s'avèrent trop lourds pour les appareils de levage. L'ordinateur, qui est censé assurer les réservations, a une fois oublié 1200 places qu'il aurait fallu vendre. L'éclairage se révèle capricieux. Quant aux sanitaires, aux cuisines et au chauffage—on avait tout simplement négligé de les installer en nombre suffisant. Et le toit, après cinq longs mois de service, menace ruine. Parmi d'autres dégâts que la communauté paiera, on compte les vitres brisées, les portes enfoncées lors des concerts de rock (silencieusement, n'est-ce pas?), et les dalles du parvis qui craquent sous les patins à roulettes des gamins.

Toutes ces réparations coûteront cher, tant en matériel qu'en main-d'œuvre. Un nouvel investissement de 58 à 63 millions est nécessaire pour solder les réparations et les modifications, et les travaux complémentaires à l'intérieur et aux alentours atteindront la somme de 165 millions— car n'oublions pas l'insuffisance des guichets, des parkings, des accès et de la signalisation prévus à l'origine. D'importants réaménagements des berges de la Seine s'imposent par conséquent, et là précisément où les alentours auraient dû se trouver plus dégagés, se construisent à l'heure actuelle un ministère et des centaines de logements.

Il s'agit de savoir si un tel Palais des sports et des spectacles, et les bouleversements qu'il entraîne, représentent vraiment un agrément social, et si la population sera d'accord pour signer des chèques en blanc pendant un avenir indéterminé.

2. Les filières professionnelles (E1)

Vous travaillez au Département des Publications d'une organisation privée internationale qui assure la préparation des adultes à certains diplômes professionnels. Le programme d'un des diplômes contiendra à l'avenir un élément de langue et de civilisation françaises, et vous avez à collaborer à l'élaboration du manuel qui accompagnera les cours préparatoires pour ce diplôme. Un des aspects de la civilisation moderne qui figurera dans le manuel sous la rubrique *Les études—et après?* sera l'orientation profession-

nelle actuelle des licenciés non scientifiques. Votre chef d'équipe vous a demandé de présenter en 300–350 mots ce problème et la solution des 'filières professionnelles' adoptée en France. Rédigez ce rapport, en vous servant des observations faites par M. François Moureau sur les filières de formation professionnelle, notamment celle du métier de libraire.

Vous trouverez ces observations vers la fin de l'interview enregistrée E1 (les quatre dernières minutes, à partir de 'Alors, le système français est un système libéral').

Résumé modèle:

Les filières de formation: la librairie

Le système d'éducation supérieure en France étant 'liberal', l'université offre des filières de formation au choix des étudiants, sans qu'il leur soit assuré un débouché professionnel au terme le leurs études. Tel est le cas actuel de la formation littéraire, dont les filières, mises en place il y a une cinquantaine d'années, ne correspondent plus à un métier précis. Le rétrécissement récent du recrutement au professorat a fait que bien des étudiants qui débouchent sur le marché du travail ne réussissent pas à trouver un emploi malgré leur niveau intellectuel et culturel élevé. Pour qu'ils puissent s'intégrer au monde du travail moderne, il faut qu'ils y ajoutent un complément technique qui les mette à même d'appliquer à l'exercice d'un métier moderne les connaissances qu'ils ont acquises lors de leurs études. C'est ainsi que les linguistes ont souvent intérêt à ajouter à leurs connaissances linguistiques un élément d'économie ou d'informatique, par exemple.

Or, le manque de débouchés professionnels pour les littéraires se fait remarquer en même temps que deux problèmes spécifiques au métier de libraire: (1) à l'exception d'un petit nombre de libraires érudits, le niveau culturel de la profession est plutôt bas, et (2) il n'existe aucune formation de niveau universitaire pour ceux qui désirent poursuivre ce métier.

En France, l'Université de Haute-Alsace offre au licencié la possibilité de passer une année de formation au métier de la librairie. Les cours sont assurés en partie par des universitaires et en partie par des libraires et des spécialistes de l'enseignement du métier. Les résultats de cette initiative ont été jusqu'ici très encourageants.

Il faut qu'à l'avenir les études littéraires s'orientent de plus en plus vers un professionnalisme discret, mais il est vrai que peu de métiers ont un rapport direct avec ce genre d'études.

B2a Les jeunes et la famille

En tant que professeur de français dans un établissement de formation pédagogique britannique, vous collaborez à la publication d'un dossier sur *La vie en France aujourd'hui* (du genre *France Informations*), accompagnant un cours de civilisation française destiné à des étudiants adultes suivant des cours d'éducation permanente en Grande-Bretagne. Certains documents sont suffisamment importants pour être joints intégralement au dossier. D'autres, comme le texte *Famille,*

je ne vous hais pas, sont d'une importance mineure, mais non négligeable. Afin de l'incorporer au dossier, il vous faudrait le réduire au quart (400–500 mots), tout en retenant les points essentiels et les exemples probants. Rapportez les faits et montrez l'attitude des jeunes gens interviewés sans pour autant reproduire leur façon de parler. Vous chercherez donc un langage simple, clair et précis, afin que vos lecteurs puissent assimiler facilement l'essentiel des idées exprimées.

On vous propose pour modèle stylistique le texte suivant:

Passé les dix-huit ans, le Français ne fait plus de sport

Mais d'òu vient cette désaffection?

En premier lieu, l'opinion publique française est en général beaucoup plus sensibilisée au 'vedettariat sportif' qu'à une intégration de l'éducation physique et sportive à l'éducation globale de l'enfant et à sa valeur de formation permanente. Elle est aidée en cela par la presse écrite, radiophonique et télévisée, qui crée le plus souvent une confusion entre sport-spectacle et sport-éducation, se contentant de mettre en valeur les manifestations internationales et de porter une admiration inconditionnelle au champion ou à la victoire nationale.

Ensuite, le sport a été longtemps considéré comme une discipline mineure comparée à celle de l'enseignement littéraire ou scientifique. Les six heures obligatoires d'éducation physique ne sont presque jamais faites ou respectées à l'école primaire. La très grande majorité des instituteurs n'y a jamais été préparée et ceux qui n'ont pas une inclination naturelle sont indifférents à son enseignement. Aussi les enfants arrivent-ils dans l'enseignement secondaire dans l'indifférence de l'éducation physique et du sport. Ils sont le plus souvent uniquement préoccupés d'assimiler leurs programmes scolaires qui seuls doivent leur permettre de passer leurs examens.

Après l'enseignement secondaire et supérieur peu de jeunes gens continuent de se livrer aux pratiques sportives. Seuls les passionnés (4 % des effectifs scolaires) adhèrent à l'association sportive scolaire ou universitaire, 20 % sont réfractaires et les 76 % restant ne sont pas contre le sport mais ne le pratiquent pas.

Nouvelles de France 14, 16 juin 1977

Famille, je ne vous hais pas

Les jeunes ne rêvent plus de quitter le cocon familial, sinon pour se marier. Avec les parents, ce n'est pas forcément l'amour fou; plutôt un contrat de confiance.

Cécile contemple pensivement le torchon à poussière qui pend au bout de ses doigts: «Vous croyez que c'est facile d'avoir 20 ans?»

Caparaçonnée dans ses petits airs durs, Cécile a le cheveu ras, des gestes brefs, mais un regard de noyée. En 1979, elle a quitté sa province, et sa famille, pour suivre à Paris des études de langues. Elle fait des ménages et garde des enfants, pour payer le loyer de sa chambre de bonne. Libre comme l'air, elle peut sortir, aimer, vivre à sa guise. «Je suis plutôt paumée», dit-elle.

Les études? «A quoi vont-elles me mener?» L'avenir? «J'ai plein de projets, mais pas un qui soit réaliste.» Les copains? «J'en ai, pourtant je crève de solitude.» Dès qu'elle le peut, Cécile retourne chez ses parents: «Ils ne sont pas géniaux, dit-elle, mais je les aime bien. Et puis, ils m'enracinent . . . »

Un cas, Cécile? Pas vraiment. Comme elle, des milliers de jeunes n'en finissent pas de se lover dans la tiédeur du cocon familial. Pourtant, ce ne sont plus des enfants. Ils sont à l'âge où tout est possible et, désormais, permis: ils ont, le jour de leurs 18 ans, reçu leur majorité dans une pochette-surprise. Fini le temps des larmes et des cris, du chantage en sourdine et des négociations pied à pied: «On en reparlera quand tu seras majeur.» C'est fait. Ils ont leur bac, ou ils travaillent, ils sont majeurs . . . et on n'en parle plus. La liberté est au bout du jardin, mais les jeunes adultes ne partent plus en claquant la porte. Ils l'entrebâillent à peine, et tendent une main frileuse: il fait froid dehors, c'est l'inconnu.

Une très surprenante enquête de l'Institut national d'études démographiques (Ined)—sous le titre: 'Quand vient l'âge des choix'—révèle que la moitié des jeunes de 18 à 25 ans habitent chez leurs parents. Les autres volent de leurs propres ailes. Mais par nécessité (30 % des cas)— leurs études ou le boulot les appellent au loin—ou bien, plus souvent, pour se marier: devant monsieur le maire (31 %) ou 'à l'essai' (10 %); bref, pour reconstruire une famille. Si l'on exclut les gens mariés, les chiffres sont encore plus spectaculaires: entre 18 et 24 ans, les trois quarts des célibataires vivent chez Papa-Maman.

Encore un mythe qui s'effondre: le conflit des générations n'est plus ce qu'on croyait. «La situation de l'emploi suscite sûrement des rivalités grinçantes, au sein de l'entreprise, entre jeunes diplômés juste sortis de l'école et anciens travailleurs parvenus aux mêmes postes à l'ancienneté, explique Catherine Gokalp, qui a dirigé l'enquête de l'Ined. Mais, en famille, les deux générations cohabitent sans trop de heurts: 6 % seulement des jeunes qui ont quitté leur famille l'ont décidé parce qu'ils s'entendaient mal avec leurs parents.»

Familles, on ne vous hait point, quand on a 18 ans en 1982. Pourtant, on aurait pu imaginer, depuis qu'en 1974 Valéry Giscard d'Estaing avait abaissé l'âge de la majorité, que tous ces bébés électeurs allaient se précipiter tête baissée vers la rue et ses néons, se tailler une place au soleil. Ils ont désormais le droit de faire du théâtre quand Papa exige qu'ils préparent l'Ecole nationale d'administration, de préférer la ferme à l'usine, de passer les frontières. Pas du tout: ils restent à la maison, ou bien ils lui découvrent, une fois partis, un irrésistible parfum de «revenez-y».

Chaque weekend, Vincent le rocker emmène sa petite amie Béatrice chez sa mère, en banlieue. Thierry, 23 ans, habite encore chez ses parents, bien qu'il travaille depuis six ans. Valérie, 19 ans, n'a pas songé 'une seconde' à quitter le nid familial. Sarah a mis trois ans à se décider: elle vient d'emménager dans un studio, près de chez ses parents. Tous, l'œil embué de tendresse, demandent avec un rien de commisération: «Mais pourquoi voudriez-vous qu'on largue les amarres?»

Vincent raconte les sinistres tête-à-tête avec soi-même, les premiers temps, «quand on se retrouve dans sa piaule, le soir». L'angoisse sourde qui monte au ventre quand tout est nouveau: le quartier, les bistrots, les profs, les études. On 'flippe' à la fac—le désert—et dans la cohue des restaurants universitaires. Thierry, régleur dès 18 ans, n'a songé à quitter sa famille qu'une fois: pour se marier. Quand le projet a cassé, il est rentré à la maison. Ils n'ont pas peur de grandir: ils n'en ont pas vraiment les moyens. Entre deux âges, entre deux mondes, ils flottent: 70 % des jeunes déclarent qu'ils sont inquiets en pensant à leur avenir. Impuissants, ils militent peu dans des associations, et ne remettent pas fondamentalement en question la société, qu'ils jugent généralement «supportable, malgré ses défauts».

Catherine Gokalp a constaté, au cours de son enquête, que les jeunes s'insèrent de plus en plus tardivement dans le monde du travail. Parce qu'ils sont plus nombreux à suivre des études, et que ces études sont elles-mêmes de plus en plus longues. La multiplication des stages-formation, précaires, retarde encore l'accès à un premier emploi stable; enfin, le chômage, ce trou noir du tissu social, allonge encore le temps de latence, entre l'enfance et l'âge adulte.

«Pourquoi aller zoner ailleurs?»
«Tout se passe comme si la crise économique resserrait la famille, dit Catherine Gokalp. Elle fait naître des préoccupations communes: la peur du chômage n'est réservée ni aux adultes ni aux jeunes. Surtout, elle crée un mode de consommation commun: plus de la moitié des jeunes travailleurs épargnent, et cet argent est moins souvent destiné à la moto ou aux voyages qu'à s'installer et à prévoir l'avenir.» L'indépendance, quand on est chômeur, étudiant, ou même jeune travailleur, cela coûte cher.

L'Ined a demandé aux jeunes célibataires pourquoi ils habitaient chez leurs parents. Réponses: «La question ne s'est pas posée» (25 % des cas), ou bien: «C'est plus agréable» (20 %). Un jeune sur trois reconnaît: «C'est plus économique.» Philippe précise: «A la maison, il y a la télé, de quoi manger dans le frigo, ma mère repasse mes pantalons, pourquoi aller zoner ailleurs?»

Cyniques? Non: réalistes. Qui paiera la chambre en ville, la bouffe, le pressing? «Il y a deux solutions, dit Nathalie, étudiante en médecine. Ou bien je travaille, et les études en pâtiront: on ne peut pas préparer un concours superdur et gagner 1500 Francs par mois. Ou bien ce sont les parents qui casquent, et il n'y a aucune raison de leur infliger ça: ils n'en demandent pas tant. D'ailleurs, ce serait indécent: ils m'ont appris à assumer seule mes choix.»

Pour certains jeunes, la question ne se pose pas: leurs parents n'ont pas les moyens de leur offrir leur indépendance. Tous les autres l'affirment: moins on reçoit d'argent de ses parents, mieux on se porte. «Le logement, d'accord, mais pas le fric!» Donc, ils se débrouillent pour gagner, au mieux, leur vie, au pis, leur argent de poche. Selon une enquête réalisée en 1979, un jeune sur trois finançait ses études, un sur deux travaillait au moins occasionnellement, les trois quarts prenaient un job pendant les vacances.

Elena est vendeuse tous les weekends. Etudiant en histoire et en anglais, Vincent gagne aussi sa liberté: 4200 Francs comme pion. Il s'entend bien avec sa mère, qui, médecin, pourrait l'aider. Elle n'y tient pas. Lui non plus. Par principe? «C'est dans l'ordre des choses», dit-il sobrement. Patrick, 22 ans, se débrouille seul: ses parents sont marchands forains. «Je les adore, dit-il. S'ils m'avaient entretenu, jamais je n'aurais osé leur dire que j'abandonne mes études pour tenter le cinéma. L'argent, c'est un cadeau empoisonné!» Carole l'écoute, songeuse. Elle reçoit 3000 Francs. «Chaque mois, mon père me téléphone pour savoir si j'ai bien reçu mon chèque. Il m'a ligotée: il veut que je continue mon droit, et je n'aime que la danse. Résultat: je ne fais ni l'un ni l'autre, et je me sens coupable. Il a investi sur moi, pour rien.» Sans argent ni diplôme, Thérèse, employée dans une mutuelle, habite dans un foyer de jeunes travailleurs. Thérèse et Carole sont enchantées de vivre seules: elles ont fui, l'une un père alcoolique, l'autre des parents devenus trop pesants. Elles respirent.

Mais la plupart des jeunes n'ont pas envie de fuir. Avec leurs parents, ce n'est pas forcément l'amour fou: plutôt un contrat de confiance. «Quand je ne rentre pas dormir, un coup de fil à ma mère, et c'est réglé», dit Thierry. Les jeunes font peu de confidences à leurs parents—«J'ai mes trucs à moi», disent-ils—mais ils les consultent très souvent lorsqu'ils ont une décision importante à prendre. Et ils ne les rendent pas responsables de leurs échecs.

Miracle de la majorité à 18 ans? Les parents ont changé. Ils ont appris la tolérance et respectent à peu près les choix de leurs rejetons: ils les traitent en adultes. Trop, parfois. A parents modernes, principes modernes: «A 18 ans, un enfant doit être indépendant», a déclaré la mère de Vincent. «Ah bon?» a répliqué tristement le garçon. Sarah raconte: «Depuis trois ans, je devais emménager dans un studio que me prêtaient mes parents. Mais je n'y arrivais pas: j'étais bien à la maison. Finalement, ma mère a tout repeint, et transporté mes affaires. A travers moi, c'est elle qui a déménagé.»

A l'issue d'une conférence, un garçon est venu voir Catherine Gokalp: «Vous n'avez pas parlé de mon cas. Le jour de mes 18 ans, ce n'est pas moi qui suis parti, c'est ma mère. 'Puisque tu as ta majorité, m'a-t-elle dit, je vais enfin pouvoir vivre ma vie!'».

Jacqueline Rémy, *L'Express*, 19 février 1982

B2b La publicité artistique

Vous travaillez dans un musée ou une galerie de la ville où vous habitez. La municipalité organise une exposition et une série de conférences qui se rapportent à l'œuvre d'un artiste bien connu de votre région (peintre, sculpteur, architecte, etc.). Ces activités seront accompagnées d'une publicité en langue anglaise. L'équipe chargée de la publicité vient d'apprendre, à la dernière minute, que plusieurs groupes scolaires, venus de la ville française qui est jumelée avec la vôtre, sont attendus incessamment, et qu'il sera donc nécessaire d'émettre un dépliant en langue française, destiné à des personnes qui n'auront sans doute pas une connaissance aussi approfondie de l'œuvre de cet artiste que les habitants de la ville; il ne suffirait donc pas de traduire la brochure originale. En raison de vos compétences en français, on vous demande de composer une brève présentation de l'artiste et de son œuvre (maximum 450 mots).

Choisissez vous-même l'artiste qui fera l'objet de cet exercice.

On vous propose comme modèle cette présentation de Gabriel Davioud:

Exposition Gabriel Davioud, architecte du Paris d'Haussmann (Exposition présentée à l'Hôtel de Sully, 4.3.82–31.5.82)

Le centenaire de la mort de Gabriel Davioud a été l'occasion de mettre en lumière l'œuvre de ce collaborateur d'Haussmann, au moment où se construit le Paris moderne de Napoléon III.

Un remarquable ensemble de dessins est présenté pour la première fois au public, et permet de découvrir les nombreux projets de Davioud, souvent plus célèbres que leur auteur: fontaine Saint-Michel, Théâtres du Châtelet, Palais du Trocadéro, etc . . .

La grande percée d'Haussmann faisant disparaître les 7 théâtres du boulevard du Temple, Davioud conçoit, au cœur de la Capitale, les deux salles en vis-à-vis de la place du Châtelet et un Orphéon, grand opéra populaire de 10 000 places.

Au Service des Promenades et Jardins, Davioud, sous la direction d'Alphand, aménage les nouvelles promenades qu'il ponctue de pavillons 'pittoresques' dans la suite des jardins paysagers du XVIIIe siècle: cafés-restaurants, maisons de gardes, mais aussi petits temples au Bois de Boulogne, au Bois de Vincennes ou aux Buttes-Chaumont.

Il dessine aussi le mobilier urbain, standardisé pour être fabriqué en série: candélabres, urinoirs, kiosques et grilles de jardins (celles du Parc Monceau par exemple). Il embellit le nouveau Paris d'innombrables fontaines: outre celle de la Place Saint-Michel et celle du Châtelet, il faut citer les trois grandes fontaines de l'Observatoire, du Château d'Eau et du Théâtre français.

La construction du Trocadéro, véritable 'palais du peuple', constitue l'apothéose de la carrière de Davioud, en 1878.

Cette exposition, organisée par la Ville de Paris, a été augmentée pour sa présentation à l'Hôtel de Sully par le Service des Expositions de la Caisse Nationale des Monuments Historiques et des Sites avec le concours des chercheurs de l'Université Paris-Sorbonne: non seulement de nouveaux dessins originaux ont été prêtés, mais des photographies anciennes, des maquettes, des sculptures, et un superbe reportage sur les constructions de Davioud viennent enrichir un ensemble déjà passionnant. Au total près de 150 documents nouveaux.

4 mars—31 mai tous les jours 10 h—18 h. Projection: Paris au temps de Zola, film couleurs de 25 mm

Un accueil particulier dans l'exposition sera réservé aux groupes scolaires.

Rendez-vous pris auprès du Service Educatif de la Caisse Nationale des Monuments Historiques et des Sites, téléphone: 274.22.22.

Caisse nationale des monuments historiques et des sites

B2c The National Library of Scotland

Vous travaillez comme bibliothécaire à Edimbourg, dans le Service d'Administration de la *National Library of Scotland*. En vue de la publication d'un *Guide des Bibliothèques de la Grande-Bretagne* par son Service de Documentation, la Bibliothèque Nationale de Paris a demandé à votre chef de section (ainsi qu'aux dirigeants de toutes les grandes bibliothèques britanniques), de lui faire parvenir les renseignements nécessaires à cette publication. Il vous est demandé de rédiger cette notice (maximum 700 mots), à partir des extraits tirés du *Guide to the National Library of Scotland*, et en y faisant figurer les renseignements suivants:

– type de bibliothèque;
– services offerts aux lecteurs;
– collections de livres susceptibles d'intéresser les lecteurs français.

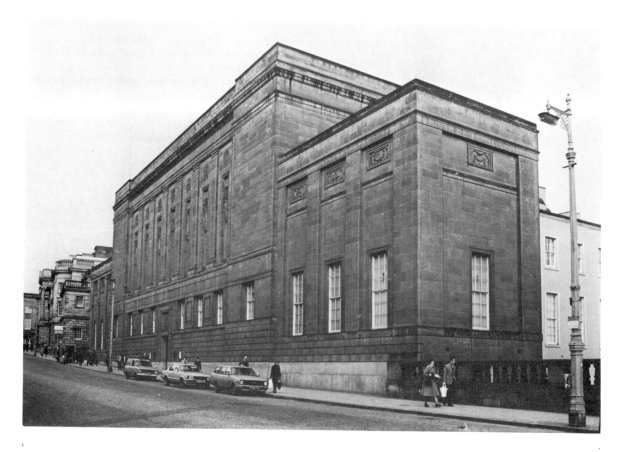

History, Constitution and Characteristics of the Library

History

The National Library of Scotland is successor to the historic Advocates' Library and has inherited all that library's collections of books and manuscripts with exception of the law books and manuscripts, to which however it has full access.

The Advocates' Library was founded in the late 17th century by the Faculty of Advocates on the initiative of the King's Advocate, Sir George Mackenzie of Rosehaugh. Its first catalogue was printed in 1692, and in 1698 its first large collection of manuscripts, that of Balfour of Denmilne, was purchased. In 1710, by an Act of Parliament of Queen Anne entitled 'For the Encouragement of Learning', it obtained the right of copyright deposit, in which it has been confirmed by succeeding copyright legislation down to the present day. During the 18th century, by their administration and by the service they gave not only to Faculty members but also to scholars in general, keepers like Thomas Ruddiman and David Hume established the Advocates' Library as the national library of Scotland in all but name. Hume initiated a policy of buying the best works of Continental, especially French, scholarship to supplement copyright deposit, which culminated in the early 19th century in the purchase of two great collections: the library of the Icelandic scholar, Grimur Thorkelin, with its Icelandic and Scandinavian books and manuscripts, and the Spanish library of the noble family of Astorga. During the 18th and early 19th centuries three independent volumes and a supplement had been issued, making up the Library's second printed catalogue; the third printed catalogue, in six volumes and a supplementary volume, begun by Samuel Halkett and completed by J. A. Hjaltalin, was published from 1867 to 1879. It contained about 260 000 entries.

With the gift of £100 000 by Sir Alexander Grant of Forres as an endowment (munificence later to be repeated in his gift of a like sum towards the construction of a new building to house the collection), the government in 1925 accepted the Faculty's offer to present its magnificent library to the nation to become, in name, the National Library of Scotland. The change of status was an occasion that stimulated a series of notable gifts of books and manuscripts—a series which continues. In 1956 the new building, begun in the late 1930s to the plans of Dr Reginald Fairlie, was opened by the Queen.

In 1974 the Scottish Central Library, responsible for inter-library loans in Scotland and for the maintenance of the Scottish Union Catalogue, merged with the National Library, which assumed its responsibilities. In the same year it became necessary to out-house part of the reference collection of books and to transfer the map room to the same building, situated about a mile away from the main library.

Constitution

In terms of the National Library of Scotland Act, 1925 [15 & 16 Geo.5 Ch.73] the Library is governed by a board of trustees, thirty-three in number, representing principal sections of the Scottish establishment: crown, government, parliament, law, church, local government, universities, and organised labour. The board meets four times a year. It also appoints a number of committees to deal with various aspects of the Library's administration and functions. One of these, the Library and Information Services Committee (Scotland) includes representatives from a wide range of Scottish libraries, academic, special, and public, and is recognised by the Secretary of State for Scotland as an advisory body akin to the Library Advisory Councils for England and Wales.

The staff, at present numbering 226, is divided between the Department of Printed Books, the Department of Manuscripts, the Department of Administration, and the Scottish Library Network (SCOLCAP). Its senior members are the Librarian, who is also secretary to the board of trustees, the Secretary of the Library, who is also Deputy Librarian, the four Keepers of Printed Books, the two Keepers of Manuscripts, and the Director of SCOLCAP.

Special characteristics

Like other large non-specialist libraries, the National Library of Scotland is an appropriate place for reference and research of any kind that may be undertaken through the medium of the printed book; the catholicity of its accessions of modern books from copyright deposit alone makes it extremely well equipped for this purpose. Its special characteristics derive from its status as a national and copyright deposit library. First, as the national library, with its rich collections of Scottish manuscripts and of books printed in or relating to Scotland, it is pre-eminently a centre of research in all aspects of Scottish literature, history and culture. Its national status also gives it special responsibility for Scottish bibliography, both historical and current, and for inter-library lending. Secondly, because it is one of the British copyright libraries, and because many of its manuscripts are of British rather than purely Scottish significance, it can provide ample material for research in the wider context of Great Britain. Deposit also ensures that it receives and preserves a vast amount of popular and ephemeral material not normally found in other libraries. Finally, it is especially well provided with the literature of foreign countries, although most of its foreign material is limited to European languages and the humanities.

General Information

Locations
The main reading room, south reading room, exhibition, and board room are situated in the main building in George IV Bridge (Edinburgh EH1 1EW). The map room is in Causewayside (Edinburgh EH9 1PH). The premises in the Lawnmarket, formerly occupied by the Scottish Central Library and now by the Library's lending services, are not open to the public.

Library hours
The reading rooms and exhibition are open as follows:

	Monday–Friday	Saturday	Sunday
Main reading room and south reading room	9.30– 8.30	9.30–1.00	closed
Map room	9.30–5.00	9.30–1.00	closed
Exhibition	9.30–5.00	9.30–1.00	2.00–5.00

(The exhibition is closed on Sundays from October to March. During the Edinburgh Festival it is open from 9.30 to 8.30, Monday–Friday.)

The Library is closed on New Year's Day, the following weekday, Good Friday, Christmas Day, Boxing Day, and the first Monday in May.

Admission and regulations
Admission to the reading rooms is by ticket; to the map room by signing the register of readers. Application forms for readers' tickets, including the special forms that must be completed by undergraduate students, the separately printed regulations governing admission to the main reading room and its use, the additional regulations for the use of the south reading room, and a leaflet describing the map room and its use, are obtainable on application. Admission to the exhibition is free.

Enquiries by telephone or letter
Enquiries of a general nature will be answered as fully and as expeditiously as possible within the scope of standard works of reference and the general knowledge and experience of the Library's printed or manuscript materials possessed by the staff of the reference services, but work that requires a great deal of research cannot be undertaken. Enquiries about books or manuscripts in the Library will be answered by the specialist staff concerned. Neither the trustees nor the staff of the Library can accept responsibility in law for advice given or opinions expressed in answer to enquiries.

Photography and xerographic copies
Subject to the provisions of the Copyright Act, 1956, and provided that the desired copying process is suitable and not likely to damage the original, xerographic copies, microfilms, enlargements of microfilms and of photographs of tonal originals, and slides can be provided from printed or manuscript material in the Library. Regulations and prices may be had on application. Special photographs by ultra-violet or infra-red light can be produced as aids in the interpretation of documents in which the ink has faded or in which there are erasures. Copies of watermarks can be reproduced to the exact sizes of the originals by means of beta radiography. There is no accommodation reserved for photography to be done privately but if private work is necessary or desirable, application should be made in advance, preferably by letter.

Publications
A list may be obtained from the sales counter in the entrance hall or by writing to the publications officer.

Department of Printed Books

The Collections of Printed Books
There are now about four and a half million printed books in the Library. These include the largest number of Scottish books to be found together in one library, beginning with the only surviving copies of the earliest examples of Scottish printing, the nine tracts printed by Walter Chepman and Andro Myllar in the Southgait of Edinburgh in 1508. As a result of copyright deposit, the collection of British books as a whole is probably more extensive than that of any library except the British Library, and the Libraries of the Universities of Oxford and Cambridge. In addition there are the foreign books acquired by the Advocates' Library over a period of nearly two and a half centuries, of which the greatest treasure is an illuminated copy of the Gutenberg Bible [1453–55?], the first fruit of the invention of printing by moveable types. Since 1925 foreign books have continued to be acquired in large numbers by donation and purchase.

Copyright deposit, special collections, and certain special classes in the general collection are described below. Some special collections cover particular subjects very fully, but the books a special collection contains must not be assumed necessarily to be the only books in the Library on the subject covered.

COPYRIGHT DEPOSIT
The privilege of copyright deposit was first granted to the Advocates' Library by Act of Parliament in 1710. The latest legislative provision is that of the Copyright Act, 1911, [1 & 2 Geo.5. Ch.46], Section 15, which was left untouched by the more recent Copyright Act of 1956. By this provision, insofar as it concerns the National Library of Scotland, the publisher of every book published in the United Kingdom must, if written demand is made before the expiration of twelve months after publication, deliver within one month of receipt of that demand, to a named depot in London, a copy of the book for use in the Library. The term 'book' is defined to mean every part of a book, pamphlet, sheet of letterpress, sheet of music, map, plan, chart, or table separately issued. Second or subsequent editions must be delivered only if they contain additions or alterations. Three other libraries, the Bodleian Library, Oxford, Cambridge University Library, and the Library of Trinity College, Dublin, enjoy the same privilege; the British Library has one that is different in certain respects; that of the National Library of Wales is slightly less extensive. By reciprocal legislation the British libraries have similar rights in the Republic of Ireland. The National Library of Scotland and the other libraries in Oxford, Cambridge, Dublin and Aberystwyth share an agency at 100 Euston Street, London NW1 2HQ, which serves as the statutory depot for the receipt of deposited publications. The agent in charge also acts on behalf of the libraries in claiming books that are due. From 1968 to January 1975 books received by the agency were used for the preparation of the British National Bibliography, a function that has now, however, been taken over by the British Library.

British publications obtained by copyright deposit constitute the largest portion of the Library's printed books. From the earliest period of deposit large numbers of books were received and these have increased with the years, but up to the end of the 19th century and even later the somewhat different statutory arrangements under which the Library had to exercise its privilege, together with a rather more restricted view of what was worthy of preservation, meant that many books were missed. Many of the books missed, in turn, have since been acquired by gift or purchase, but it would still not be true to say that copies of the entire output of British printing and publishing in the two centuries that followed the 1710 Act are to be found in the Library. In more recent times conditions have altered and current accessions now represent an almost complete coverage of British (and Irish) publications. Copyright deposit includes at present an appreciable number of books that are primarily American publications but have also been published in Great Britain. The guiding policy in the past was to take all scholarly, scientific, and technical periodicals together with a very extensive selection of popular magazines, but nowadays nearly every new periodical, whatever its intellectual level, is claimed. A large number of newspapers, both national and Scottish local, are received. All music and maps that are due by deposit are taken.

A Guide to the National Library of Scotland, 1976 (mis à jour 1984)

B2d Les débouchés professionnels des diplômés universitaires

Vous travaillez dans une grande ville britannique, au bureau du *Department of Employment*. L'Agence Nationale Pour l'Emploi a demandé à votre chef de section de fournir des renseignements sur la situation qu'affronte l'étudiant britannique qui, ayant obtenu sa licence, cherche un emploi. L'ANPE poursuit des recherches sur le chômage parmi les diplômés universitaires dans les pays de la Communauté Economique Européenne et sur les conséquences des politiques mises en œuvre par les gouvernements de ces pays. A l'aide de la documentation ci-jointe, qui présente des données statistiques sur l'emploi des licenciés de l'université de la ville où vous travaillez, vous fournirez un rapport, à l'intention de l'ANPE,

pour leur donner les renseignements que vous jugez essentiels à leur enquête. En rédigeant votre rapport (d'environ 600 mots), vous pouvez suivre ce plan:

– les grandes lignes de votre analyse;
– la situation économique générale dans le Royaume-Uni;
– les tendances les plus marquées dans l'emploi des diplômés;
– les débouchés qui s'offrent aux diplômés de cette université;
– vos propres conclusions.

Les extraits tirés des *Tableaux de l'Economie Française* pour 1983 vous fourniront des indications sur la façon dont on peut choisir, parmi des données statistiques, les exemples les plus marquants.

FIRST DESTINATIONS OF GRADUATES 1984

TABLE 1A. *First and higher degrees primary classification 1984* (figures in brackets refer to 1983)

	Arts/ Social Studies	Science	Applied Science	Total
Entered permanent employment in UK	228 (214)	163 (125)	89 (69)	480 (408)
Otherwise employed	50 (51)	17 (24)	17 (15)	84 (90)
Further study/training	230 (297)	105 (121)	13 (12)	348 (430)
Not available	26 (21)	7 (7)	4 (3)	37 (31)
Overseas students leaving UK	22 (23)	25 (40)	19 (34)	66 (97)
Believed unemployed	67 (67)	26 (43)	13 (13)	106 (123)
Unknown	70 (68)	44 (33)	10 (7)	124 (108)
TOTAL	693 (741)	387 (393)	165 (153)	1245 (1287)

TABLE 1B. *Summary of 'first destination' information* (figures in brackets refer to 1983)

	Percentages			
	Arts/ Social Studies	Science	Applied Science	All
Known destination (employment or training)	73 (76)	74 (69)	72 (63)	73 (72)
	4 (3)	2 (2)	2 (2)	3 (2)
Not available	3 (3)	6 (10)	12 (22)	5 (8)
Overseas students leaving UK	10 (9)	7 (11)	8 (8)	9 (10)
Believed unemployed	10 (9)	11 (8)	6 (5)	10 (8)
Unknown				

TABLE 2A. *Employer categories (UK) 1984* (All Faculties) (figures in brackets refer to 1983)

	Number	% of total entering employment		
Civil Service/Armed Forces	32 (26)	7	(6)	Public Sector
Other Public Service	135 (136)	28	(33)	35% (39%)
Agriculture, Forestry, Fisheries	24 (20)	5	(5)	
Civil Engineering/Construction	13 (18)	3	(4)	
Oil Related	62 (25)	13	(6)	
Chemical and Allied	14 (15)	3	(4)	
Engineering and Allied	29 (35)	6	(9)	Industry
Food, Drink, Tobacco	5 (5)	1	(1)	33% (31%)
Other Manufacturing	2 (5)	0.4	(1)	
Gas/Electricity/Water/Atomic Energy	4 (2)	1	(0.5)	
Miscellaneous Industrial Services	7 (2)	2	(0.5)	
Financial	65 (61)	14	(15)	
Legal Profession	5 (1)	1	(0.2)	
Consultants	17 (29)	4	(2)	
Transport and Communication	13 (4)	3	(1)	Commerce
Entertainment/Leisure	2 (4)	0.4	(1)	30% (25%)
Retail	24 (10)	5	(2.5)	
Other Professional/Commercial	18 (13)	4	(3)	
Other and Self-Employed	9 (16)	2	(4)	Other & Self-Employed 2% (4%)

TABLE 2B *Type of work (UK) 1984* (figures in brackets refer to 1983)

	Number	% of total employed
Management and Supporting Occupations	212 (201)	44 (49)
Education/Welfare/Health	60 (55)	13 (14)
Scientific/Technological/ Environmental	158 (109)	33 (27)
Information and Non-Scientific Research	10 (13)	2 (3)
Creative/Entertainment	5 (6)	1 (2)
Non-Professional/Non-Management	31 (22)	6 (5)

(*Source*: University of Aberdeen Careers and Appointments Service)

ÉLÈVES — ÉTUDIANTS 5.1

PRÉSENTATION

Sur une population totale de 54 millions d'habitants et à côté d'une population active de 23,2 millions de personnes, la *population scolaire* représente 12,4 millions d'élèves au cours de l'année scolaire 1980-1981 [1] [A], auxquels s'ajoutent 1 076 000 étudiants [2]. En 1968, ces effectifs n'étaient que de 11,1 millions d'élèves et 510 000 étudiants [B], la croissance démographique et surtout celle des *taux de scolarisation* expliquant la progression ultérieure. L'amélioration de ces taux par rapport à 1968 s'est surtout concentrée sur les âges de 13 à 16 ans [3].

Le taux de scolarisation des jeunes de 5 à 24 ans varie beaucoup d'un pays à l'autre, surtout en raison des différences dans la poursuite des études longues, mais aussi du développement pré-élémentaire; par ailleurs, l'âge de la scolarité obligatoire n'est pas le même partout. Parmi les pays retenus dans le tableau [4] ci-contre et pour l'*enseignement des 1er et 2e degrés*, le taux de scolarisation le plus faible est celui de l'Allemagne (RF). Dans la tranche des 20-24 ans, loin des deux extrêmes (États-Unis : 54,9 % et Portugal : 10,8 %), la France présente un taux de scolarisation voisin de ceux des autres pays d'Europe occidentale.

DÉFINITIONS

● *Population scolaire* (tableau [1] ci-contre). Conformément à la convention adoptée par les *Tableaux des enseignements et de la formation*, la population scolaire ne comprend pas les étudiants de l'enseignement supérieur.

● *Taux de scolarisation*. Rapport de la *population scolaire* à l'effectif de la population totale correspondante.

● *ENI ou EN*. École normale d'instituteurs et institutrices.

● *ENNA*. École normale nationale d'apprentissage.

● *PEGC*. Professeur d'enseignement général de collège.

● *Enseignement du 1er degré*. Il a pour fonction principale de fournir les premiers éléments de l'instruction.

● *Enseignement du 2e degré*. Il implique quatre années au moins d'étude préalable dans le 1er degré et donne une formation générale ou spécialisée.

● *Enseignement du 3e degré*. Il exige d'avoir suivi, au préalable, un enseignement complet du 2e degré ou de faire preuve de connaissances équivalentes. Pour tous les pays de l'OCDE, la tranche d'âges retenue a été celle des 20-24 ans.

POUR EN SAVOIR PLUS

SOURCES

[1] *Tableaux statistiques*, ministère de l'Éducation nationale, SIGES : document n° 5051, p. 3; document n° 5075, p. 3.

[1] [2] [3] *Tableaux des enseignements et de la formation*, édition 1982, ministère de l'Éducation nationale, SIGES, p. 19, 26, 83 à 85 et 502 [1]; p. 34 [2]; p. 122 [3] (annuel).

[A] *Bulletin mensuel de statistique*, INSEE, n° 1, janvier 1983, p. 79 et « Rapport sur les comptes de la Nation », année 1982, *Les Collections de l'INSEE*, vol. C 108-109, tome 3, p. 233.

[B] [3] *Tableaux des enseignements et de la formation*, statistiques rétrospectives 1967/1968 — 1976/1977, ministère de l'Éducation, SEIS, p. 386 et 444 [B], p. 274 et 275 [3].

[4] *Annuaire statistique 1982*, UNESCO, chap. 3.2.

VOIR AUSSI

● *Annuaire statistique de la France 1982*, INSEE, chap. 2.03.

● « Éducation et formation », 1970-1971 à 1977-1978, édition 1980, Eurostat.

● « Vers une politique pour l'enfant en âge préscolaire », *L'Observateur de l'OCDE*, mars 1980.

● *Notes d'information*, ministère de l'Éducation nationale, SIGES.

● *Statistiques de l'enseignement dans les pays de l'OCDE*, OCDE, 1981.

● « Garçons et filles à l'école » par M. L. Lévy, *Population et sociétés*, INED, n° 151.

● « Dossier Formation et Emploi. Contributions du CEREQ aux travaux préparatoires du IXe Plan », Centre d'études et de recherches sur les qualifications, Collection des Études.

→ NAISSANCES - POPULATION ACTIVE - ÉCOLES ET PROFESSEURS

5.1 Enseignement

[1] LA POPULATION SCOLAIRE EN 1980-1981

	Classes		Effectifs			
	Public	Privé	Public	Privé	Total	Filles
Premier degré - Total	245 091	37 639	6 245 099	990 754	7 235 853	3 500 949
Enseignement préélémentaire	66 149	9 755	2 070 079	313 386	2 383 465	1 163 500
Enseignement élémentaire	169 875	27 277	3 952 876	668 794	4 621 670	2 241 381
Enseignement spécial	9 067	607	222 144	8 574	230 718	96 068
Second degré - Total	...	...				
Niveau premier cycle	107 602	22 026	2 532 446	605 404	3 137 850	1 582 138
Apprentissage : classes prépara-toires	...	...	...	...	18 744	3 426
Niveau seconde cycle court	23 924	6 301	600 788	171 891	772 679	368 582
Apprentissage	...	...	...	...	222 838	53 180
Niveau second cycle long	31 046	16 015	850 022	252 590	1 102 612	635 095

[2] LES ÉTUDIANTS EN 1980-1981

(milliers)

	Secteur public	Secteur privé	Total
Universités - Total	848,1	16,1	864,2
Droit et sciences économiques	187,8	2,6	190,4
Sciences	129,5	0,3	129,8
Lettres et sciences humaines..	261,1	12,1	273,2
Médecine et odontologie	151,7	0,8	152,5
Pharmacie	37,1	–	37,1
Divers	27,1	0,3	27,4
Instituts univ. de technologie ..	53,8	–	53,8
Grandes écoles - Total	62,2	27,1	89,3
Écoles d'ingénieurs...........	28,4	8,5	36,9
Écoles sup. de commerce	0,2	15,6	15,8
Écoles de Sciences juridiques et administratives..........	3,9	1,8	5,7
Écoles normales supérieures...	2,8	–	2,8
Véto et Agro.................	2,2	–	2,2
CREPS........................	1,2	–	1,2
Sciences et techniques indus-trielles.....................	1,3	0,9	2,2
Écoles à caractère artistique...	22,1	–	22,1
Autres écoles	0,1	0,3	0,4
Autres - Total	94,6	28,1	122,7
Sect. de techn. supérieurs.....	40,1	24,1	64,2
Sect. de techn. supérieurs (non éducation).............	3,0	–	3,0
Classes préparatoires aux grandes écoles	33,6	4,0	37,6
Classes préparatoires (non éducation).................	1,8	–	1,8
Formation profess., prépar. div. des ENI, ENNA, PEGC..	16,1	–	16,1
Ensemble des effectifs post-baccalauréat........	1 004,9	71,3	1 076,2

[3] TAUX DE SCOLARISATION PAR ÂGE
(étudiants non compris)

Âge	1967/68	1972/73	1980/81
2 ans	13,5	22,0	35,7
3 ans	50,9	70,8	89,9
4 ans	79,4	92,8	100,0
5 ans	99,0	100,0	100,0
6 à 11 ans..................	100,0	100,0	100,0
12 ans	99,9	100,0	100,0
13 ans	98,5	98,2	100,0
14 ans	84,6	94,2	99,0
15 ans	62,1	87,7	93,5
16 ans	54,6	66,3	73,3
17 ans	38,6	47,5	56,6
18 ans	23,6	26,4	29,8
19 ans	12,1	11,6	13,0
20 ans	4,0	3,1	3,4
21 ans	1,6	1,0	1,4
22 ans	0,4	0,6	0,8

[4] TAUX DE SCOLARISATION EN 1979 DANS QUELQUES PAYS DE L'OCDE

	1er et 2e degrés		3e degré 20-24 ans
	Âges	%	%
Allemagne (RF)...............	6-18	79	26,4
Australie....................	6-16	99	25,8
Belgique	6-17	94	24,4
Canada	6-19	94	35,9
États-Unis	6-17	99	54,9
France	6-17	96	25,1
Italie	6-18	84	27,1
Japon	6-17	97	29,8
Norvège	7-18	97	25,4
Pays-Bas....................	6-17	97	30,1
Portugal (1977)	7-18	88	10,8
Royaume-Uni................	5-17	92	19,7
Suède (1978)	7-18	91	36,6

CHÔMAGE 6.6

PRÉSENTATION

En octobre 1981, la *population disponible à la recherche d'un emploi (PDRE)* comptait 1 922 000 personnes (dont 1 063 000 femmes), soit 8,1 % de la *population active* [A]. Fin octobre 1981, le nombre des *demandes d'emploi* déposées à l'Agence nationale pour l'emploi (ANPE) s'élevait à 2 002 000 [1]. Le nombre de *chômeurs* au sens du Bureau international du travail était de 1 895 000; les catégories socioprofessionnelles les plus touchées sont les ouvriers, les employés et les personnels de services [2].

En octobre, selon l'ancienneté du chômage, c'est dans la tranche de « 1 à moins de 3 mois » que les effectifs sont les plus nombreux; l'ancienneté moyenne du chômage s'accroît, passant, entre octobre 1980 et octobre 1981, de 10,1 à 10,7 mois [3].

La dégradation du marché du travail s'est encore accentuée en 1981 et 1982 dans la plupart des pays de la CEE, mais plus particulièrement en Allemagne (RF), aux Pays-Bas, au Royaume-Uni et en Belgique. A l'inverse, la situation de l'emploi et du chômage s'est relativement moins dégradée en Italie et surtout en France. Le taux de chômage du Japon, mesuré selon des méthodes très différentes, est difficilement comparable, mais progresse lui aussi [4] [B].

Dans la CEE, globalement, le niveau du chômage tend à rejoindre celui enregistré aux États-Unis, la barre des 10 % de chômeurs par rapport à la population active ayant été dépassée en 1982 [C].

DÉFINITIONS

● *Remarque.* Des fluctuations saisonnières caractérisent le chômage : minimum au printemps, il est maximum à l'automne; il ne faut donc pas comparer entre elles les enquêtes sur l'emploi effectuées en mars et en octobre, mais dégager des tendances sur des périodes identiques.

● *Population disponible à la recherche d'un emploi (PDRE).* Dans le recensement de la population et l'enquête annuelle sur l'emploi de l'INSEE, les personnes qui répondent spontanément qu'elles sont actuellement sans emploi, puis qu'elles en recherchent un, constituent la population disponible à la recherche d'un emploi (PDRE).

● *Demandes d'emploi.* Le ministère du Travail publie chaque mois la statistique des demandes d'emploi déposées dans les bureaux de l'Agence nationale pour l'emploi (ANPE) et qui n'ont pas trouvé contrepartie en fin de mois. Cette série, appelée naguère « demandes d'emploi non satisfaites » (DENS), est dite aujourd'hui « demandes d'emploi en fin de mois » (DEFM). Cette statistique est complétée par des séries sur les demandes nouvelles présentées et sur les chômeurs secourus ou bénéficiaires des indemnités des ASSEDIC.

● *Chômeurs (PSERE) au sens du BIT.* Selon la définition du BIT, les chômeurs (PSERE) sont les personnes « sans travail, disponibles pour travailler et à la recherche d'un emploi ». Depuis 1975, le questionnaire « emploi » permet d'estimer le nombre de chômeurs au sens du BIT. A partir de 1982, seuls les chômeurs au sens du BIT pourront être comptés dans l'enquête « emploi », on ne pourra plus évaluer la PDRE.

POUR EN SAVOIR PLUS

SOURCES

[A] [1] PDRE : « Enquête sur l'emploi », résultats détaillés, *Les Collections de l'INSEE* : octobre 1980, vol. D81, p. 88 et 89 [1]; octobre 1981, vol. D89, p. 84 et 85 [A] [1].

[1] DEFM : *Bulletin mensuel des statistiques du travail*, ministère du Travail, novembre 1981, p. 14 et 15.

[2] [3] « Enquête sur l'emploi », résultats détaillés, *Les Collections de l'INSEE* : octobre 1980, vol. D81, p. 89 [2], p. 93 [3]; octobre 1981, vol. D89, p. 85 [2], p. 89 [3].

[4] [B] « Rapport sur les comptes de la Nation », année 1982, *Les Collections de l'INSEE*, vol. C108-109, tome 1, p. 88.

[C] « Statistique mensuelle du chômage enregistré dans la Communauté », *Chômage*, Eurostat.

VOIR AUSSI

● « D'un choc pétrolier à l'autre : le point sur le chômage » par Olivier Marchand, *Économie et statistique*, INSEE, n° 147, septembre 1982.

● « Emploi et chômage en avril-mai 1982 » par Michel Cézard, Nicole Coëffic et Pierre Laulhé, *Économie et statistique*, INSEE, n° 151, janvier 1983.

● « Chômer plus souvent en région urbaine, plus longtemps en région rurale » par Hubert Jayet, *Économie et statistique*, INSEE, n° 153, mars 1983.

● « Un bilan des pactes pour l'emploi » et « Les difficultés de l'Unedic et l'avenir de l'assurance-chômage », *Problèmes économiques*, La Documentation française, n° 1813 du 2 mars 1983.

● « L'indemnisation du chômage. Une analyse comparative » par Françoise Euvrard, *Futuribles*, n° 65, avril 1983.

→ CROISSANCE - POPULATION ACTIVE - SALAIRES

6.6   Emploi

[1] POPULATION DISPONIBLE À LA RECHERCHE D'UN EMPLOI (PDRE) ET DEMANDES D'EMPLOI EN FIN DE MOIS (DEFM) SELON LE SEXE ET L'ÂGE

| | PDRE | | | | DEFM | | | |
| | Octobre 1980 | | Octobre 1981 | | Octobre 1980 | | Octobre 1981 | |
Hommes	Milliers	%	Milliers	%	Milliers	%	Milliers	%
Moins de 25 ans..........................	323	19,7	388	20,2	273	17,2	388	19,4
25 à 49 ans	256	15,6	323	16,8	275	17,3	378	18,9
50 ans et plus...........................	125	7,6	147	7,7	163	10,3	196	9,8
Total..................................	704	42,9	858	44,7	711	44,8	962	48,1
Femmes								
Moins de 25 ans..........................	485	29,5	535	27,8	463	29,2	550	27,5
25 à 49 ans	357	21,7	419	21,8	299	18,8	359	18,0
50 ans et plus...........................	96	5,9	109	5,7	113	7,1	130	6,5
Total..................................	938	57,1	1 063	55,3	875	55,2	1 040	51,9
Ensemble	1 642	100,0	1 922	100,0	1 585	100,0	2 002	100,0

[2] LE CHÔMAGE PAR CATÉGORIE SOCIOPROFESSIONNELLE (au sens du BIT)

| | Octobre 1980 | | Octobre 1981 | | |
Catégorie socioprofessionnelle	Effectifs Milliers	% catégorie correspond.	Milliers	Effectifs %	% catégorie correspond.
Agriculteurs exploitants............................	3,1	0,2	5,1	0,3	0,3
Salariés agricoles................................	23,2	7,1	29,4	1,6	8,6
Patrons de l'industrie et du commerce	18,1	1,0	26,6	1,4	1,5
Professions libérales et cadres supérieurs	43,4	2,4	54,4	2,9	2,9
Cadres moyens..................................	127,3	3,8	141,3	7,5	4,2
Employés	318,5	7,9	373,8	19,7	9,2
Ouvriers	544,6	6,7	684,3	36,1	8,6
Personnels de services	165,2	10,4	176,6	9,3	11,2
Autres catégories	9,6	2,4	11,7	0,6	2,9
Non déclaré (a)...................................	336,1	—	391,8	20,7	
Total	1 589,1	6,8	1 895,0	100,0	8,1

(a) Personnes n'ayant pas déclaré d'activité antérieure.

[3] POPULATION SANS EMPLOI A LA RECHERCHE D'UN EMPLOI (PSERE) SELON L'ANCIENNETÉ DU CHÔMAGE

| | Octobre 1980 Effectifs | | Octobre 1981 Effectifs | |
	Milliers	%	Milliers	%
Moins de 1 mois...	203,7	13,4	213,3	11,7
1 à moins de 3 mois	356,6	23,4	397,1	21,7
3 à moins de 6 mois	277,1	18,2	309,1	16,9
6 mois à moins de 1 an	220,2	14,5	293,1	16,0
1 à moins de 2 ans	254,7	16,7	339,1	18,5
2 ans et plus	183,4	12,0	236,1	12,9
Ancienneté non déclarée........	28,1	1,8	41,0	2,2
Total..............	1 523,8	100,0	1 828,8	100,0
Ancienneté moyen. du chômage (a)..		10,1 mois		10,7 mois

(a) Pour les personnes ayant exercé une activité antérieure, l'ancienneté du chômage est issue de la comparaison entre l'ancienneté de la recherche et l'ancienneté de l'inactivité : on retient la plus courte des deux périodes.

[4] TAUX DE CHÔMAGE* DANS CERTAINS PAYS DE L'OCDE (% de la population active totale)

	1975	1980	1981	1982
France	3,9	6,4	7,8	8,7
Allemagne (RF).....	4,2	3,4	4,8	6,9
Royaume-Uni	3,8	6,9	10,6	12,3
Italie...............	5,3	8,0	8,8	10,4
Pays-Bas...........	4,0	4,7	7,2	10,0
Belgique...........	5,3	9,4	11,6	13,8
Danemark.........	4,6	6,1	8,3	8,9
CEE	4,3	6,2	8,1	9,7
États-Unis	8,5	7,1	7,6	9,7
Japon	1,9	2,0	2,2	2,4

* Les taux ne sont pas d'une comparabilité parfaite et ne doivent donc être utilisés que pour suivre l'évolution des phénomènes observés.

Tableaux de l'Economie Française, Institut National de la Statistique et des Etudes Economiques, 1983

B2e Le Centre National d'Art et de Culture Georges Pompidou (E2)

En tant que professeur de français (de langue anglaise), vous collaborez à la publication d'un livre sur *La vie artistique en France*, publication qui sera mise à la disposition des étudiants qui suivent des cours de civilisation française dans un *Sixth-form College* britannique. On vous demande de fournir un rapport (800 mots maximum) sur le Centre Georges Pompidou, à l'aide de la documentation ci-jointe. Votre rapport aura deux buts principaux: (1) présenter les grandes lignes de la structure du Centre, et (2) montrer en quoi il est différent des musées traditionnels. Vous donnerez donc une vue d'ensemble sur la nature et les activités du Centre, en faisant ressortir son caractère essentiel.

Les deux parties de l'interview enregistrée (E2), accordée par M. Jean-François de Canchy, Conseiller Spécialisé des Relations Internationales au Centre Pompidou, fourniront les informations nécessaires à la rédaction du rapport. La première partie comporte des précisions sur l'organisation du Centre; la deuxième justifie son architecture insolite, en explicant comment l'idée qu'on se faisait du Centre a inspiré sa forme.

En même temps vous trouverez utiles les extraits ci-dessous, tirés du *Rapport d'activité* du CNAC pour 1982, mais n'oubliez pas que la nature du rapport imposera une sélection des données mises à votre disposition.

Préface

Le Centre Georges Pompidou est né d'un pari: rassembler dans un même espace à l'architecture très affirmée les activités culturelles, artistiques et intellectuelles les plus diverses, de telle manière que de leurs rapports et de leurs confrontations naissent, pour les publics les plus variés, des interrogations fécondes sur notre monde, notre société, notre temps.

L'activité du Centre Georges Pompidou en 1982 a confirmé la vitalité et le succès de l'institution depuis son ouverture en février 1977. Si globalement le nombre des entrées a légèrement diminué (7,5 millions au lieu de 8 millions en 1981) en raison de la fermeture de l'établissement durant quatre semaines par suite d'une grève des personnels de la société chargée du nettoiement, le nombre des entrées quotidiennes est, en revanche, resté à un très haut niveau: 25 371. Le rythme et le volume des manifestations s'est de son côté maintenu: celles-ci ont en effet été de 400 environ, associant ou alternant tous les genres (monographies de peintres et plasticiens; expositions traitant de divers aspects de l'environnement social et quotidien; concerts et spectacles chorégraphiques; lectures, rencontres et débats; cinéma et audiovisuel; activités éditoriales variées, etc.) principalement tournées vers la création et les créateurs.

Toutefois, le succès de ces manifestations temporaires ne doit pas masquer le fait essentiel que le Centre Georges Pompidou est un lieu de travail et de recherches. En témoignent l'énorme demande et l'afflux que connaissent la Bibliothèque Publique d'Information et sa salle d'actualité, la salle de documentation du CCI et celle du Musée. De même l'intense activité de recherche de l'IRCAM et les résultats scientifiques et artistiques obtenus situent cette institution au premier rang sur le plan international, indépendamment même de la brillante programmation musicale qu'elle met en œuvre ou induit tant en France qu'à l'étranger.

Sur le plan budgétaire, l'année 1982 a été très positive: le Gouvernement a en effet accordé au Centre Georges Pompidou une revalorisation particulièrement importante de la subvention qu'il lui attribue chaque année, témoignant ainsi de l'intérêt qu'il porte à l'institution. Cette augmentation de la dotation de l'Etat—la plus élevée depuis sa création il y a six ans—a permis essentiellement une mise à niveau bien nécessaire de ses moyens de fonctionnement (+35, 4 %)—notamment en ce qui concerne l'entretien et la sécurité du bâtiment—l'accroissement spectaculaire du fond d'acquisitions d'œuvres d'art (+123, 5 %), et l'amorce d'un indispensable redressement en matière d'équipement.

Paris, septembre 1983
Jean MAHEU
Président du Centre Georges Pompidou

Les structures du Centre

Le 11 décembre 1969, le Président de la République française, Georges Pompidou, décide de faire construire, au cœur de Paris, un grand centre culturel consacré aux arts. Le 1er juillet 1971, les résultats du concours international lancé sur la base d'un programme correspondant à cet objectif sont rendus publics; 681 projets ont été reçus, dont 491 provenant de 49 pays étrangers. Le jury présidé par Jean Prouvé couronne le projet des architectes Renzo Piano (italien) et Richard Rogers (anglais), assistés de G. Franchini et du bureau d'études Ove Arup and Partners.

Le 2 février 1977, le bâtiment est ouvert au public.

Les structures et les missions du Centre national d'art et de culture Georges Pompidou sont définies par la loi du 3 janvier 1975 et le décret du 27 janvier 1976. Ces textes ont créé un établissement public national à caractère culturel, doté de la personnalité morale et de l'autonomie financière.

Cet établissement comprend deux départements: le Musée national d'art moderne (MNAM) et le Centre de création industrielle (CCI), ainsi que des services communs. Il est associé avec la Bibliothèque publique d'information (BPI), établissement public autonome, et l'Institut de recherche et de coordination acoustique/musique (IRCAM). Des conventions d'association fixent les modalités selon lesquelles les activités de ces deux organismes sont coordonnées avec celles des départements et les modalités selon lesquelles ils participent aux services communs.

Le Centre Georges Pompidou a deux missions essentielles: favoriser la création et la diffuser. Il est administré par un Président et par un Conseil de direction qui en vote le budget. Un Conseil d'orientation consultatif donne un avis sur le projet de budget de l'établissement public et sur les lignes générales de son action culturelle.

Les liaisons avec le public

Le Centre procède tous les deux ans à une enquête générale sur son public. Les nouveaux résultats seront connus à la fin de l'année 1983. Toutefois en 1982 une enquête spécifique a été réalisée sur les seuls adhérents.

Par l'intermédiaire du service des Relations extérieures, le Centre diffuse les informations sur ses activités auprès d'un large public et maintient des relations privilégiées avec ses usagers.

Les adhérents

Le Centre offre la possibilité aux visiteurs de devenir:
–'adhérents', c'est-à-dire titulaires d'un laissez-passer annuel, le LP (78 F en 1982, 55F pour les moins de 18 ans et les plus de 65 ans). L'adhésion donne droit à certains avantages: accès libre à tous les espaces de présentation (Musée, expositions), abonnement gratuit CNACmagazine, programmes spéciaux, réductions sur les manifestations et services (spectacles, concerts, cinéma, librairie).

Par ailleurs, le Centre propose de devenir:
–'correspondants' à tous ceux qui sont engagés dans une action culturelle (entreprises, enseignement, associations et organismes culturels, groupes d'amis), et qui regroupent au moins 10 adhésions, chacun des adhérents bénéficiant dès lors d'un tarif préférentiel pour le LP.

Afin de mieux connaître les adhérents, le service Liaison/Adhésion du service des Relations extérieures a fait procéder à une enquête; menée de mai à juillet 1982 sous forme de questionnaire adressé par correspondance, elle a porté sur un échantillon aléatoire de 3350 adhérents 'actifs' et 'non-actifs' (c'est-à-dire possédant ou ayant possédé un LP) des saisons 80/81 et 81/82. 1051 réponses ont été ainsi traitées par le Centre calcul du Centre, auxquelles sont venus s'ajouter des éléments statistiques tirés du fichier des adhérents. Les résultats marquants de cette enquête sont les suivants:

Les caractéristiques générales des adhérents

–Le public des adhérents est moins jeune, plus féminin, plus parisien et plus diplômé que l'ensemble du public du Centre. Les cadres supérieurs et professions libérales y sont 2 à 3 fois plus nombreux que dans la population française; les ouvriers et agents de service y sont sous-représentés: 2 %.

–Les correspondants permettent l'élargissement sociologique du public: 11 % des adhérents n'avaient pas visité le Centre avant d'adhérer; l'action des correspondants s'exerce surtout en direction des personnes âgées et des salariés d'entreprises qui ne seraient probablement pas venus au Centre à leur seule initiative.

Pratiques des adhérents

–69 % des adhérents renouvellent leur LP. Les enseignants et les adhérents à titre individuel sont moins fidèles que ceux ayant adhéré par l'intermédiaire d'une entreprise.

– La plus forte motivation semble être un besoin d'information (abonnement au CNACmagazine), puis la possibilité de multiplier les visites d'expositions, enfin la curiosité pour l'art contemporain.

– Parmi les services de type pédagogique réservés aux adhérents, les visites en avant-première, les rencontres avec les créateurs, les concerts gratuits sont les plus appréciés, surtout par les scolaires. Les visites guidées sont surtout appréciées par le public le moins cultivé (adhérents par entreprises).

L'utilisation du Centre

– La fréquence modale est de 6 à 10 visites annuelles. Les plus assidus sont les plus jeunes, ce qui reflète les pratiques dominantes du public de la BPI. Les adhérents individuels et les adhérents par enseignement sont plus assidus que les adhérents par entreprise.

– Les adhérents viennent surtout au Centre pour des visites à buts pluridisciplinaires (43 %); ils y viennent seuls (42 %), la visite en famille étant plus répandue dans les classes 'supérieures'.

– Les expositions du 5e étage attirent un public plus spécifiquement culturel ainsi que les adhérents individuels; le Musée par contre est fréquenté par un public plus large et socialement plus diversifié.

C'est l'opposition adhérents individuels/adhérents par entreprise qui est la plus nette. Les premiers sont des gens motivés, sur-sélectionnés socialement et culturellement, mais paradoxalement plus facilement démobilisés et déçus. Les seconds sont plus fidèles dans l'adhésion bien que leurs pratiques et leurs motivations soient moins précises. D'où la double nécessité, pour maintenir cette diversité d'adhérents, d'intensifier les pratiques des moins motivés tout en retenant le public le mieux préparé.

Le Service des relations extérieures

Le Bureau d'accueil

Sa mission est d'assurer l'encadrement et la gestion du personnel accueillant le public, l'organisation des visites générales et techniques, la diffusion des programmes du Centre sur panneau, et de répondre par téléphone et par courrier aux demandes de renseignements.

En 1982, 2131 visites ont été effectuées par des conférenciers: 1716 visites générales, 25 de l'exposition *Architectures de terre*, 60 de l'exposition *Environnement quotidien en Chine*, 140 visites au titre de la formation, 20 visites effectuées pour le compte de département du Centre. La gratuité des visites a été accordée aux scolaires en début d'année; pour remédier au recul des demandes de visites de groupes d'adultes, des documents et affiches ont été diffusés en province et à l'étranger.

Les Relations publiques

Le Service de presse/Relations publiques accueille l'ensemble de la presse, communique l'information générale sur les activités du Centre. Il coordonne les interventions lors des grandes manifestations annuelles, réalise des dossiers de presse et envoie plus de 100 000 invitations pour les vernissages. Il a en outre la charge de la surveillance et de la préparation des tournages (TV et cinéma). Il coordonne la gestion de l'ensemble des fichiers.

Le service des Publications

Le service des Publications est chargé de concevoir et d'éditer des documents légers sur les grandes manifestations du Centre; de proposer et de gérer les actions de publicité menées par les départements et services; il assure la conception et l'édition des documents périodiques d'information générale sur le Centre: le CNACmagazine et le programme hebdomadaire.

Six numéros du CNACmagazine ont été publiés avec un tirage moyen de 57 000 exemplaires. L'enquête menée sur les adhérents a montré que 66 % d'entre eux achetaient un laissez-passer pour être abonnés à CNACmagazine; que 89 % le lisaient pour programmer leurs visites, 79 % pour être informés et près de la moitié pour approfondir leurs connaissances. Ces résultats marquent l'intérêt des lecteurs pour cette publication qui associe depuis 1981 programmes, articles de fond, dossiers et interviews. 2000 nouveaux abonnés, en sus des adhérents, ont été enregistrés.

Le programme hebdomadaire, tiré à 25 000 exemplaires, est mis à la disposition des visiteurs du Centre, déposé dans certains lieux publics et envoyé aux journaux et médias audiovisuels.

11 082 affiches ont été réparties sur 110 emplacements dans le métro, 8 mâts de 16 faces dans Paris, et certains supports d'Avenir Publicité.

61 insertions dans la presse ont été financées en 1982, ainsi que 100 000 tracts *Eluard* distribués dans les établissements scolaires et centres culturels.

Le Bureau Liaison/Adhésion

Ce service assure les relations privilégiées du Centre avec les collectivités et les établissements d'enseignement. Il a en charge la politique d'adhésion.

Les activités de prospection ont connu en 1982 un développement sensible: incitation à la réadhésion, promotion dans le Centre, accueil au bureau des laissez-passer, liaison avec la presse sectorielle—enseignement, associations, entreprises, encarts publicitaires dans les journaux. Des documents ont été diffusés auprès des correspondants et des collectivités de la région parisienne (*Le guide du Centre à l'usage des Collectivités*: 20 000 exemplaires). Enfin une reprise de contact avec le monde du tourisme et des loisirs s'est traduite par le lancement du forfait un jour par correspondance.

La détermination de nouer des relations continues avec les adhérents et de diversifier les avantages du laissez-passer annuel s'est maintenue en 1982. On notera par exemple la gratuité de 6 concerts de musique de chambre et les 40 % de réduction au cinéma accordés aux détenteurs du laissez-passer. Ceux-ci ont pu en outre bénéficier du service de réservation par correspondance pour les spectacles, de visites-découvertes du Centre, des 21 animations proposées dans le CNACmagazine, de 2 journées d'avant-première (*Braque/Tanguy*; *Eluard*), et d'un programme de formation (5 conférences d'introduction à la musique du XXe siècle, 4 séances d'initiation à l'art moderne, suivies par 1500 adhérents).

Le nombre des adhérents a augmenté de 17 % par rapport à la saison précédente (47 081 fin 1982). Ce progrès, fruit des efforts de prospection et de fidélisation, est d'autant plus remarquable que la fréquentation du Centre a diminué de 8 % sur l'année et qu'a été instaurée la gratuité d'entrée au Musée le mercredi (gratuité tous les jours pour les Galeries contemporaines).

Les correspondants assument un rôle de relais entre le Centre et les adhérents. Dans l'ensemble des relations qu'ils entretiennent avec le Centre, il faut noter en 1982: une réunion générale sous forme de tables rondes de concertation rassemblant l'ensemble des départements, des visites de 'lieux d'artistes', des stages de formation et une possibilité de souscription pour les catalogues des grandes expositions (réduction de 30 %).

Afin de développer la participation des correspondants à la vie du Centre en les associant aux départements et organismes autour d'un même projet, 5 stages de formation leur ont été proposés: *Recherche documentaire en bibliothèque*, *Usage d'une base de données*, *Elaboration d'une exposition*, *Connaissance de la musique du XXe siècle*, *Réalisation d'un montage audiovisuel*.

On comptait en 1982 1790 correspondants actifs (rassemblant 33 322 adhérents). Parmi les nombreuses activités de relations avec ces groupes, on notera la participation de l'ensemble des départements et services du Centre à *Ecoprise 82* (salon des comités d'entreprise—Palais des Congrès—mai 1982).

Rapport d'activité 1982, Centre National d'Art et de Culture Georges Pompidou

B2f Emile Pollak, avocat contre la peine de mort (E3)

Vous êtes membre d'une organisation international qui s'occupe des rapports entre état et citoyen dans le domaine judiciaire, et qui s'oppose à la peine de mort, peine qu'on parle de ré-introduire dans certains pays de l'Ouest. Votre association organise un colloque, qui aura lieu à Londres, afin de protester contre cette tendance. Il vous est demandé de rédiger pour ce colloque un résumé (400–500 mots) des opinions d'Emile Pollak sur la peine de mort; ses opinions sont exprimées au cours de l'interview enregistrée E3 (les sept dernières minutes, à partir de 'Et vous êtes contre la peine de mort? Vous le dites d'ailleurs dans votre livre'). Ce résumé sera distribué, sous le titre *Emile Pollak, avocat contre la peine de mort*, aux participants au colloque, avec d'autres documents, en anglais et en français, ayant trait à cette question. Il aura pour but de fournir aux participants des arguments qui auront d'autant plus de force dans les discussions qui vont avoir lieu qu'ils sont émis par un homme de loi, et par quelqu'un qui a assisté à des exécutions capitales.

B2g Le cerveau de la femme

1. Préparation

Etudiez l'article *Nucléaire: pourquoi Plogoff se bat* dans la section *Lire* (texte 1). La manière dont sont présentés les renseignements contenus dans cet article est assez subjective, bien que le texte contienne une forte proportion de faits, d'éléments 'concrets', tels que les dates, les chiffres, etc. Les questions qui se rapportent à l'article attirent votre attention sur certaines stratégies employées par l'auteur pour amener le lecteur, peut-être sans qu'il s'en rende compte, à partager son point de vue.

2. Rédaction du rapport

Vous faites partie d'un groupe de femmes syndicalistes, qui a organisé un colloque sur *La femme au travail: débouchés et préjugés*. Il y aura parmi les assistants des industriels, des chefs du personnel, etc., ainsi que des membres de votre organisation. Une délégation française y participera aussi. Vous avez pour tâche de rédiger une communication écrite (de 300 mots environ), à l'intention de cette délégation, et à partir des faits rapportés dans l'article *Le sexe du cerveau* (section *Lire*, texte 4). Le but de votre communication, qui sera distribuée aux participants, sera de détruire les préjugés contre la femme au travail qui pourraient naître des conclusions biologiques dont parle l'auteur de cet article. Il vous faut donc être prête à utiliser les stratégies linguistiques signalées dans les questions qui accompagnent l'article sur Plogoff et sa lutte contre l'implantation d'une centrale nucléaire.

B2h Pour ou contre l'énergie nucléaire

1. Préparation

Lisez l'article *Le sexe du cerveau* dans la section *Lire* (texte 4), en faisant surtout attention à la façon dont sont exprimées les idées qu'il contient.

Etudiez les moyens par lesquels l'auteur donne une impression d'objectivité, en présentant des faits pourtant susceptibles de provoquer des réactions d'hostilité, de la part des féministes, par exemple. (Voir les questions qui suivent l'article, et les stratégies rhétoriques auxquelles elles font allusion.)

2. Rédaction du rapport

Vous êtes fonctionnaire, et vous travaillez à Londres au *Department of Energy*. La Commission Européenne a établi une équipe de travail pour enquêter sur les effets des centrales nucléaires, dans laquelle vous avez été nommé(e), en raison de vos compétences en français. L'équipe en question a pour tâche d'analyser les effets de la politique nucléaire sur les petites communautés où l'implantation de centrales nucléaires est envisagée. Il vous est demandé de résumer (en 450 mots environ) la réaction qu'a produite la décision de construire une centrale nucléaire à Plogoff (voir l'article *Nucléaire: pourquoi Plogoff se bat*, section *Lire*, texte 1). Votre rapport tiendra compte à la fois des avantages du système nucléaire et des bouleversements possibles (agricoles, sociaux et autres), sans se ranger d'un côté ou de l'autre. N'oubliez pas que l'article tiré du *Nouvel Observateur* n'est pas objectif, tandis que vous, en tant que fonctionnaire, êtes censé(e) viser une présentation objective. Il vous faudra donc exploiter plutôt les techniques utilisées par l'auteur de l'article *Le sexe du cerveau*.

Le Programme Nucléaire Français

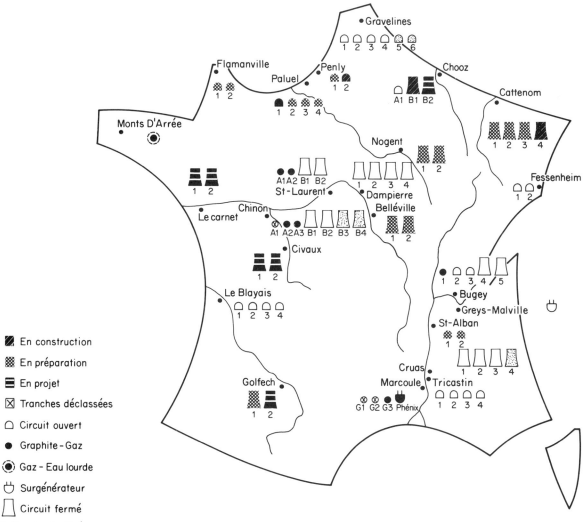

En construction
En préparation
En projet
Tranches déclassées
Circuit ouvert
Graphite - Gaz
Gaz - Eau lourde
Surgénérateur
Circuit fermé

Palier standardisé
☐ Tranches 900 MW-REP (PWR) en fonctionnement
■ Tranches 1300 MW-REP (PWR) en fontionnement
*REP = Réacteur à Eau ordinaire sous Pression

C:

Ecouter

Avertissement

1. Objet des exercices

Les trois groupes d'exercices que nous offrons dans cette section du livre ont un but principal: encourager l'étudiant à écouter, avec le maximum d'attention, une variété de passages enregistrés, en lui demandant de fournir des réponses écrites ou orales qui faciliteront l'évaluation de ses compétences auditives. L'enseignement de la compréhension orale se heurte à des difficultés bien connues. Comment encourager l'étudiant à tirer le plus grand bénéfice possible du matériel mis à sa disposition? Comment évaluer ses compétences auditives? Une solution—partielle—à ces problèmes s'offre à l'enseignant et à l'étudiant, à condition de traiter les exercices de compréhension orale non seulement comme des activités linguistiques réceptives, mais aussi comme des activités productives. L'étudiant commence donc par l'audition d'un document en français oral, pour ensuite se livrer, soit à la transcription orthographique qui l'oblige à écouter de très près des interlocuteurs dont le français parlé peut être très différent de la langue soignée, 'correcte', soit à la prise de notes (en français), impossible sans une compréhension approfondie du texte, soit à la traduction orale d'un discours en français ou en français et en anglais.

2. Exploitation du matériel

L'ordre des trois groupes d'exercices est délibéré. La transcription orthographique sert de base aux autres exercices: la prise de notes s'apprendra plus facilement lorsque l'étudiant se sera habitué à écouter, sans rien négliger, des morceaux de français parlé; enfin, quand il saura écouter et prendre des notes, l'étudiant sera en mesure de passer au stade de la traduction orale. (A l'intérieur des trois groupes, les exercices sont présentés par ordre de difficulté croissante.)

(a) Transcription orthographique

Le premier texte, un enregistrement d'un journal radiodiffusé, est sans doute le plus facile, étant donné que la variété de français y est soignée plutôt que familière. L'interview avec la bergère française (b) offre un exemple d'accent régional (ici, méridional), et les exercices (c) et (d) sont des échanges de vues, sans structure apparente, sur des sujets très contemporains, et d'autant plus difficiles que les interlocuteurs et interlocutrices sont jeunes et nombreux.

(b) Compréhension orale/prise de notes

Lorsque l'étudiant prend des notes, il est essentiel que ces notes soient en français. A la différence des exercices de transcription orthographique, les exercices de compréhension orale/prise de notes demandent à l'étudiant de relever ce qui est fondamental et non pas de reproduire tout ce qui est dit. Ensuite, en se servant de ses notes comme aide-mémoire ou point de repère, l'étudiant répondra aux questions. A cette fin, certaines stratégies peuvent être suggérées pour permettre à l'étudiant de chercher l'essentiel de ce qu'il vient d'écouter. Il devra créer, par exemple, ses propres abréviations ($+$, $-$ pour indiquer l'opinion d'un interlocuteur vis-à-vis d'un aspect du sujet dont il parle, $\uparrow$ $\downarrow$ pour désigner augmentation ou réduction, hausse ou baisse, par exemple dans les prix, etc.); il devra aussi identifier les personnes citées, leur nom et fonction, les rapports entre elles (familiaux, politiques, etc.), noter les chiffres (dates, quantités, etc.), classer les éléments principaux de l'argument, du reportage, des renseignements, et ainsi de suite. A force d'utiliser de telles techniques, l'étudiant sera en mesure de se repérer dans ses notes et de bien situer les idées de l'interlocuteur. L'étudiant pourra aussi mettre ces techniques à profit en abordant d'autres exercices, tels que les exposés oraux et les rapports écrits.

Le matériel de cette partie, enregistrements et interviews accordées par des experts, porte sur des aspects de la vie contemporaine française, le droit, l'enseignement, l'art moderne. Les questions qui accompagnent les enregistrements se rapportent au contenu de l'interview, mais aussi aux stratégies d'argumentation. Les réponses seront donc formulées sur la base de notes prises soit à partir de la totalité de l'enregistrement, soit à partir de certaines parties du matériel. Lorsque ce matériel consiste en une interview, la transcription des questions principales posées par l'interviewer est fournie.

(c) Traduction orale

Ces exercices ayant pour but de développer un complément pédagogique aux groupes a et b, et non pas de former des interprètes, nous insistons sur la traduction orale de français en anglais. A part les deux derniers textes, où il est demandé à l'étudiant de traduire oralement pour un personnage anglais et pour un personnage français, les enregistrements sont tous en français: l'accent est donc mis sur la compréhension du français plus que sur la traduction orale d'un texte anglais en français. Dans tous ces exercices, la traduction orale peut se faire de façon consécutive ou simultanée.

Un contexte est proposé pour chaque exercice. La tâche de l'étudiant sera de faire une synthèse de ce qu'il écoute, et de traduire l'essentiel de ce qui est dit. Il ne doit pas faire du mot à mot, ni même du 'phrase par phrase'. Nous proposons pour chaque extrait des endroits où l'on pourrait arrêter l'enregistrement (pauses); les morceaux ainsi découpés sont de longueur inégale, la longueur étant exigée par le sens du discours. A mesure que l'étudiant se perfectionnera dans la traduction orale, quelques-unes de ces pauses pourront être omises.

Ces exercices peuvent se dérouler soit au laboratoire de langues, soit en classe, à condition de se servir d'un magnétophone à cassettes équipé d'un casque à écouteurs. Si l'exercice se déroule en classe, il est recommandé que les étudiants jouent le rôle d'interprète chacun à son tour, au hasard. Ceux qui écoutent prennent des notes uniquement à partir de la traduction donnée, et à la fin on compare le message reçu avec le discours d'origine.

3. Exploitation supplémentaire

En plus des suggestions offertes ci-dessus, le matériel de cette section *Ecouter* peut être exploité d'autres façons. Les textes sont polyvalents. Ainsi ceux de la section *Traduction orale* peuvent servir de base à des exercices de compréhension, sous forme de transcription ou de prise de notes. Dans ce cas il est recommandé de faire la traduction orale en premier, sans quoi son caractère d'improvisation serait perdu. Il est évident que, pour exploiter les journaux radiodiffusés, l'enseignant fera enregistrer une émission quand l'actualité lui semblera propice. Les exercices qui peuvent être conçus sur la base de tels enregistrements sont multiples. Aux exemples déjà fournis pourraient être ajoutés: exercices de vocabulaire et de registre de langue, explication des allusions politiques, sociales et culturelles, travail de reconstruction. Pour ce dernier exemple, il serait demandé à l'étudiant d'écouter plusieurs journaux radiodiffusés, pour faire ensuite son propre reportage sur un sujet de son choix, et à partir de ce qu'il aurait entendu; son reportage serait enregistré sur cassette.

C1 Transcription ortho-graphique

C1a Le journal de la radio (E4)

Ecoutez l'enregistrement du *Journal* de 7 h diffusé par France Inter le 13 février 1985. Faites ensuite une transcription orthographique de la dernière partie de ce journal (le résumé des titres des quotidiens français), à partir de 'Dominique Souchier, hier . . .' jusqu'à la fin de l'enregistrement ('Dominique Souchier, on vous retrouve évidemment à huit heures et demie').

Prenez comme modèle la transcription des titres d'actualité qui suit. (Consultez aussi le commentaire qui suit les questions de compréhension relatives à ce journal, exercice C2a.)

- Les divorces se multiplient en France. Il y a donc de plus en plus d'enfants de divorcés. Dans presque tous les cas ils sont à la charge de la mère. Les enfants aux parents séparés, c'est le fait du jour.
- Jean-Marie Le Pen affirme que les témoignages l'accusant de torture en Algérie sont des faux. Le leader du Front National dénonce un complot du gouvernement et du parti socialiste.
- Le dollar a franchi dans le calme le cap des dix francs hier à Paris. Son ascension n'a pas l'air terminé. Il grimpait encore hier soir à New York et ce matin à Tokyo.
- Les ventes de Peugeot sont en hausse grâce à la 205. Renault est toujours en baisse, mais beaucoup moins qu'en décembre.

C1b La bergère (E5)

Ecoutez l'enregistrement d'une interview donnée par une bergère française, qui parle avec un accent méridional. Faites une transcription de cette interview. Ponctuez votre transcription, et veillez à sa disposition sur la page; ne supprimez pas les hésitations et les reprises de la part de la bergère.

Prenez comme modèle la transcription de la première partie de l'interview, donnée ci-dessous:

- Goupil! Heh!
- Combien vous avez de bêtes au total?
- Une centaine . . . une centaine.
- Depuis quand les gardez-vous, les moutons?
- Ah! Depuis quand je les garde? Je les garde depuis mille neuf cent seize.
- A quel âge avez-vous commencé?
- A . . . à dix ans. A dix ans.
- On vous a confié tout un troupeau à dix ans?
- Ah oui. Eh oui.
- Et vous regrettez pas d'avoir fait la bergère tout le temps, de ne pas être allée en ville?
- Ma foi, non, je ne l'ai pas regretté—je ne l'ai pas regretté. Seulement, ma foi, j'ai fait la bergère, il faut de tout dans, dans le monde (ah oui) il faut des professeurs, il faut des gendarmes, de, des facteurs, il faut de tout. Mais – euh – le berger il en faut aussi. Voilà.
- A quel âge—euh—elles commencent à avoir des agneaux, les brebis?
- Ah, bien, à un an en principe, à un an. Mais nous, on ne le fait faire qu'à dix-huit mois. Alors elles sont un peu plus fortes qu'à un an.
- Combien de temps garde-t-elle l'agneau dans son ventre?
- La gestation dure cinq mois. On met le bélier en octobre et l'agneau naît en mars.

C1c L'école libre (E6)

Ecoutez l'enregistrement d'un échange de vues entre des jeunes gens parisiens sur le thème de l'école libre en France. Cette discussion a été enregistrée en juin 1984. Faites-en une transcription orthographique, en prenant soin de noter les hésitations, les répétitions, les fautes de grammaire.

Prenez comme modèle la transcription de la première partie de la discussion, donnée ci-dessous:

- l'école libre—l'école laïque—
- c'est-à-dire que le problème, c'est que, bon, il y a—il y a—plusieurs types de scolarité en—en—France, c'est-à-dire qu'il y a l'école publique qui en fait le lycée, c'est-à-dire qui est, bon, accessible à tout le monde
- et gratuite—
- qui est gratuite—et il y a l'école—euh—privée, qui est accessible à tout le monde, mais—
- non—
- qui est accessible—
- c'est pas accessible—
- tu permets que je termine—
- mais attends, il va le dire, euh—
- c'est une école qui est accessible à tout le monde, mais étant donné qu'il n'y a pas de subvention de l'état, évidemment—euh—pour payer les professeurs il faut que les gens qui aillent—qui vont dans ces écoles payent—donc les gens qui veu—qui veulent—donc les—enfin les gens qui ont des enfants et qui veulent que ces enfants aillent dans une école—euh—privée, c'est-à-dire—euh—soit gérée par des—par des prêtres, ou alors par—euh—par des gens qui—qui—en fait considèrent cette école comme une entreprise, ont à payer. Seulement ça, c'est le choix des personnes. Si quelqu'un veut que ses enfants aillent dans ce type d'école libre—euh—je veux dire, s'ils ont—ils payent, mais c'est—c'est leur choix.

C1d L'enfant dans la cité (E7)

Ecoutez l'enregistrement de la conversation d'un groupe d'enfants qui discutent des problèmes présentés par la vie dans une HLM. Faites-en une transcription orthographique, en prenant soin de noter les hésitations, les répétitions, les fautes de grammaire.

Prenez comme modèle la transcription de la première partie de la conversation, donnée ci-dessous:

- Y a trop d'enfants — deux cent cinquante—deux cent cinquante enfants dans not' bâtiment. Y a deux entrées. Y a le trente et l'trente et un.
- Je préférerais—euh—avoir une maison tout à moi tout seul parce que c'est pas amusant. Nous ne sommes pas chez nous. Nous on peut pas élever la voix sans que les gens du dessous entendent tout ce qu'on dise.
- Nous, au-dessus d'chez nous y a—y a un bonhomme. Il est—il est seul. Ben, le soir des fois on l'entend qui va au w.c. On entend tout.
- C'est ceux qui sont au-dessus. Le dimanche nous on est fatigué d'l'école, alors nous on dort jusqu'à dix heures, onze heures. (*rires*) Et alors nous chacun on est réveillé à sept heures du matin. On entendait Johnny Hallyday de là-haut, hein? Parfois—euh—aussi le dimanche quand y c'est un film, y en a un qui déplace les meubles de la maison là. (*rires*) Tellement y en a qui font du bruit.

C2 Compréhension orale/prise de notes

C2a Le journal de la radio (E4)

Ecoutez l'enregistrement du *Journal* de 7 h diffusé par France Inter le 13 fevrier 1985. Répondez ensuite aux questions qui suivent.

1. Le divorce en France
(a) Définissez les trois formes de 'droit de garde'.
(b) Expliquez le sens de l'expression 'le divorce a été banalisé'.
(c) Quelles sont les idées d'Evelyne Sullerot sur 'la carence paternelle' et la 'marginalisation' du père?

2. Politique
Expliquez pourquoi les accusations portées contre M. Jean-Marie Le Pen pourraient lui être avantageuses. Donnez le sens de l'expression 'l'effet Le Pen'.

3. Le dollar
(a) Quelles sont les conséquences de la hausse du dollar?
(b) Relevez les chiffres qui démontrent la différence entre la situation actuelle et celle d'il y a quatre ans.

4. Automobile
Résumez l'état de l'industrie automobile en France.

Commentaire
(a) *Jean-Marie Le Pen*: Président du Front National, parti politique d'extrême droite
(b) *ex babas cool soixante-huitards*: 'baba cool'—individu aux idées non-conformistes et au style de vie détendu; 'soixante-huitard'—expression péjorative désignant quelqu'un dont les idées s'inspirent encore de l'idéologie de mai 1968
(c) *signée général Bigeard*: le général Marcel Bigeard, ancien commandant de compagnie parachutiste, secrétaire d'Etat auprès du Ministre de la Défense sous le Président Giscard d'Estaing; son nom est associé à l'utilisation de la torture pendant la Guerre d'Algérie
(d) *journal anarcho-bancaire*: Jean-Marie Le Pen suggère ici que le journal *Libération* est de tendance anarchiste, tout en ne devant sa survie qu'à l'aide des milieux bancaires

(e) *Lionel Jospin*: Premier Secrétaire du Parti Socialiste Français
(f) *je pique des billes à Valy, je pique aussi des billes à Jacquot*: selon M. Le Pen, les votes qu'il ramasse allaient auparavant aux partis de Valéry Giscard D'Estaing ('Valy') et de Jacques Chirac ('Jacquot')
(g) *RPR*: Rassemblement Pour la République, parti politique de Jacques Chirac
(h) *l'hexagone*: l'hexagone désigne la France, car l'espace géographique du pays peut entrer dans une figure géométrique à six côtés
(i) *locomotive*: ici, au sens figuré, modèle automobile qui est la vedette de la gamme du constructeur
(j) *PSA*: Peugeot Société Anonyme (regroupant les marques Peugeot, Citroën et Talbot)
(k) *la gégenne électorale*: allusion (1) à la torture électrique utilisée, selon *Libération*, par M. Le Pen, et (2) à la campagne menée contre Le Pen par la gauche

C2b La Comédie Française (E8)

Ecoutez l'enregistrement d'une interview accordée par Madame Jacqueline Razgonnikoff, qui travaille aux archives de la Comédie Française. Au cours de cette interview, elle parle en premier lieu des archives, et en second lieu de l'histoire de la Comédie Française, depuis son origine jusqu'à nos jours. Répondez ensuite aux questions qui suivent.

(Vous trouverez des éclaircissements sur cet entretien dans le commentaire qui accompagne l'exercice de traduction orale C3b.)

1. Quelle est l'importance des archives de la Comédie Française?

2. Madame Razgonnikoff insiste sur le fait que la Comédie Française est un 'théâtre de répertoire'. Quel est le sens précis qu'elle donne à cette expression?

3. Quelles sont les caractéristiques de la tradition théâtrale de la Comédie Française?

4. Quelles furent les conséquences de la suppression du monopole de la Comédie Française, à l'époque de la Révolution Française?

5. Selon vous, quelles raisons auraient poussé l'administrateur actuel à souhaiter la création, à la Comédie Française, d'une pièce nouvelle?

Travaux Pratiques

88

COMEDIE - FRANÇAISE

Bureaux à 20 Heures   SOIRÉES   Rideau à 20 H. 30
Fin du Spectacle vers 23 H. 05

REPRISE

FÉLICITÉ

de Jean AUDUREAU

Mise en scène : Jean-Pierre VINCENT
Dramaturgie : Georges DIDI-HUBERMAN
Décor et Costumes : Claude LEMAIRE
Éclairages : Roberto VENTURI

Denise GENCE, *Félicité* · Catherine SAMIE, *Maud* · Françoise SEIGNER, *Madame Aubain*
Jean-François LAPALUS, *Richard* · Catherine SAUVAL, *La jeune fille*

David BENNENT, *Thibaut*

Bureaux à 14 Heures   MATINÉES   Rideau à 14 H. 30
(Fin du Spectacle vers 17 H. 00)
Bureaux à 20 Heures   SOIRÉES   Rideau à 20 H. 30
(Fin du Spectacle vers 23 H. 00)

NOUVELLE PRÉSENTATION

LE MISANTHROPE

Comédie en CINQ Actes et en Vers de MOLIÈRE

Mise en scène : Jean-Pierre VINCENT
Dramaturgie : Bernard CHARTREUX
Décor : Jean-Paul CHAMBAS
Costumes : Patrice CAUCHETIER
Éclairages : Bruno BOYER

Bernard DHERAN, *Oronte* · Michel AUMONT, *Alceste* · Geneviève CASILE, *Arsinoé*
Simon EINE, *Philinte* · Ludmila MIKAËL, *Célimène* · Christine MURILLO, *Eliante*
Jean-François REMI, *Le Garde* · Hubert GIGNOUX, *Du Bois*
Jean-François LAPALUS, *Clitandre* · Gérard CHAILLOU, *Acaste*

Rémy RIFLADE, *Basque*

Mardi 26 Mars, Soirée à 20 h 30 : FELICITE

Mercredi 27 Mars, Matinée classique à 14 h 30 (hors abonnement) :
LE MISANTHROPE
Soirée à 20 h 30 : LE TRIOMPHE DE L'AMOUR

Jeudi 28 Mars : Relâche pour répétitions

Vendredi 29 Mars : Relâche pour répétitions

Samedi 30 Mars, Soirée à 20 h 30 : FELICITE

Dimanche 31 Mars, Matinée à 14 h 30 : LE MISANTHROPE
Soirée à 20 h 30 : LE TRIOMPHE DE L'AMOUR

Lundi 1ᵉʳ Avril, Soirée à 20 h 30 : LA MORT DE SENEQUE

Location par téléphone : 296.10.20 (lignes groupées)

Location ouverte deux semaines à l'avance
jour pour jour de 11 heures à 18 heures

IDEALIA 10 rue Bisson. 75020 Paris - 886.10.00

Bureaux à 11 Heures   MATINÉE   Rideau à 14 H. 30
(Fin du Spectacle vers 16 H. 45)
Bureaux à 20 Heures   SOIRÉES   Rideau à 20 H. 30
(Fin du Spectacle vers 22 H. 45)

NOUVELLE PRÉSENTATION

LE TRIOMPHE DE L'AMOUR

Comédie en TROIS Actes et en prose de MARIVAUX

Mise en scène : Alain HALLÉ HALLÉ
Décor : Serge MARZOLFF
Costumes : Patrice CAUCHETIER
Lumières : Alain POISSON
Réalisation sonore : Clément HOFFMANN

Claude WINTER, *Leontine* · Christine FERSEN, *Leonide Phocion*
Guy MICHEL, *Arlequin* · Hubert GIGNOUX, *Hermocrate*
Yveline AILHAUD, *Corine-Hermidas* · Jean-Yves DUBOIS, *Agis* · Roland AMSTUTZ, *Dimas*

Bureaux à 14 Heures   MATINÉES   Rideau à 14 H. 30
(Fin du Spectacle vers 17 H. 30)
Bureaux à 20 Heures   SOIRÉES   Rideau à 20 H. 30
(Fin du Spectacle vers 23 H. 30)

REPRISE

LA MORT DE SÉNÈQUE

Tragédie de François TRISTAN L'HERMITE

Mise en scène : Jean-Marie VILLÉGIER
Décor : Carlo TOMMASI
Costumes : Patrice CAUCHETIER
Éclairages : Philippe ARLAUD

Claude WINTER, *Pauline* · Jacques DESTOOP, *Scaevinus* · Nicolas SILBERG, *Procule*
Richard FONTANA, *Neron* · Claude MATHIEU, *Epicharis* · Jean-François REMI, *Rufus*
Marcelline COLLARD, *Sabine Poppee* · Jean-Philippe PUYMARTIN, *Le Centenier*
Marcel BOZONNET, *Lucain* · Hubert GIGNOUX, *Seneque* · Alain RIMOUX, *Pison*

Christophe GALLAND, *Isgellin* · Rémy RIFLADE, *Milichus*

Mardi 2 Avril, Soirée à 20 h 30 : LE MISANTHROPE

Mercredi 3 Avril, Matinée classique à 14 h 30 (hors abonnement) :
LA MORT DE SENEQUE
Soirée à 20 h 30 : LE TRIOMPHE DE L'AMOUR

Jeudi 4 Avril : Relâche

Vendredi 5 Avril : Relâche

Samedi 6 Avril : Relâche

Dimanche 7 Avril, Matinée à 14 h 30 : LE MISANTHROPE
(Pâques)   Soirée à 20 h 30 : LA MORT DE SENEQUE

Lundi 8 Avril, Matinée à 14 h 30 : LE TRIOMPHE DE L'AMOUR
(Lundi de Pâques)   Soirée à 20 h 30 : LE MISANTHROPE

Mardi 9 Avril, Soirée à 20 h 30 : LE TRIOMPHE DE L'AMOUR

Mercredi 10 Avril, Matinée classique à 14 h 30 (hors abonnement) :
LE MISANTHROPE
Soirée à 20 h 30 : LA MORT DE SENEQUE

Jeudi 11 Avril, Soirée à 20 h 30 : LE TRIOMPHE DE L'AMOUR

Vendredi 12 Avril, Soirée à 20 h 30 : LA MORT DE SENEQUE

Samedi 13 Avril, Soirée à 20 h 30 : LE TRIOMPHE DE L'AMOUR

Dimanche 14 Avril, Matinée à 14 h 30 : LA MORT DE SENEQUE
Soirée à 20 h 30 : LE MISANTHROPE

Lundi 15 Avril, Soirée à 20 h 30 : LE TRIOMPHE DE L'AMOUR

C2c Rachid Boudjedra, écrivain contre le racisme (E9)

Ecoutez l'extrait d'une interview accordée à Radio Suisse Romande par l'écrivain maghrébin Rachid Boudjedra. Répondez ensuite aux questions qui suivent.

(Les questions posées par l'interviewer Jacques Bofford sont transcrites à la fin de cet exercice.)

1. Résumez les principaux problèmes qui se présentent au Nord-Africain qui vient chercher du travail en France.
2. Est-ce que ces problèmes proviennent essentiellement d'attitudes racistes en France, ou bien existe-t-il d'autres causes?
3. Rachid Boudjedra rend-il la société française responsable des problèmes auxquels doit faire face l'immigré?
4. Pourquoi Rachid Boudjedra utilise-t-il le symbole du métro dans son roman?
5. Relevez les mots et expressions de cet entretien qui appartiennent au vocabulaire racial. Dans quelle mesure les interlocuteurs font-ils preuve d'un soin particulier lorsqu'ils se servent de ces mots et expressions?

Commentaire

Aurès: massif montagneux du sud de l'Algérie, peuplé en partie de semi-nomades

Questions posées par Jacques Bofford:

1. Votre dernier livre, Rachid Boudjedra, *Topographie idéale pour une agression caractérisée*, je voudrais le rappeler, raconte l'odyssée pitoyable d'un Algérien qui vient de quitter son pays, et qui se retrouve à Paris dans le métro, plus spécialement avec une valise, une valise énorme, et l'adresse d'un vague copain. Quel est l'état d'esprit en général de ces Algériens qui arrivent en France pour travailler?
2. Mais lorsqu'ils quittent l'Algérie, ils pensent qu'ils vont trouver du travail certainement?
3. Il ne comprend pas ce qui lui arrive?
4. En quelques jours pratiquement ils passent du dix-neuvième au vingtième siècle?
5. Il faut dire aussi que les Algériens qui arrivent en France, à Paris, dans le métro, éprouvent de grandes difficultés tout simplement parce qu'ils sont illettrés pour la plupart.
6. Peuvent-ils s'adapter en fait au bout de quelques mois?
7. Car la plupart d'entre eux restent aussi longtemps en France? Vingt, trente ans?
8. Et leur famille est restée en Algérie?
9. Ce qui pose des problèmes aussi?
10. Avez-vous écrit votre livre, Rachid Boudjedra, pour culpabiliser le lecteur?

C2d Le cursus universitaire français et le recrutement des enseignants (E1)

Ecoutez l'interview accordée par M. François Moureau, Professeur à l'Université de Haute-Alsace. Répondez ensuite aux questions qui suivent.

(Vous trouverez utiles les éclaircissements donnés dans le commentaire et le dossier qui accompagnent l'exercice de traduction orale C3c.)

1. A partir des données fournies par M. Moureau, résumez le cursus universitaire des études littéraires françaises.
2. Résumez la formation professionnelle du licencié ès lettres français qui voudrait entrer dans l'enseignement (1) secondaire, et (2) supérieur.
3. Quels sont, en France, les problèmes de recrutement (1) dans l'enseignement secondaire, et (2) dans l'enseignement supérieur?
4. Quels sont les traits caractéristiques du système universitaire français qui le distinguent des systèmes des autres pays? Dans quelle mesure ces différences contribuent-elles aux problèmes qui se présentent à l'étudiant en lettres français?
5. Quels autres débouchés professionnels s'offrent au licencié ès lettres, selon M. Moureau?
6. Il est possible de discerner un changement dans l'attitude de M. Moureau, lorsqu'il commence à parler des 'filières professionnelles'. Dégagez les éléments linguistiques qui indiquent ce changement (choix de vocables, rapidité de débit, modifications dans l'intonation, etc.).

C2e Emile Pollak et la profession d'avocat (E3)

Ecoutez l'extrait d'une interview accordée à Radio Suisse Romande par l'avocat Emile Pollak. Répondez ensuite aux questions qui suivent.

(Les questions posées par l'interviewer Jacques Bofford sont transcrites à la fin de cet exercice.)

(Pour les problèmes du langage juridique, consultez le dossier *La justice française* joint au texte A3, *Le secret périmé*.)

1. Quelle est l'attitude d'Emile Pollak à l'égard de sa profession d'avocat?
2. Analysez la structure syntaxique d'une ou deux des réponses d'Emile Pollak. Quels éléments syntaxiques semblent caractériser sa façon de parler? (Voyez les indications ci-dessous sur la coordination et la subordination linguistiques.)
3. Analysez les procédés rhétoriques exploités par Emile Pollak pour exprimer et faire partager son opinion contre la peine de mort. N'oubliez pas que c'est un homme de loi qui parle! Relevez, par exemple, (1) les tournures qui expriment une idée de certitude, (2) sa manière de présenter ses opinions personnelles, (3) le vocabulaire qui fait appel aux sentiments, (4) les rapports qu'établit Emile Pollak avec son 'auditoire'.

Commentaire
(a) *la taxi-girl*: 'jeune femme qui loue ses services comme partenaire de danse, dans un cabaret' (*Petit Robert*)
(b) *l'affaire Dominici*: Gaston Dominici, père de famille de soixante-treize ans, a été déclaré coupable du meurtre de trois touristes anglais, tués en haute Provence en 1952; il a été gracié après quelques années de prison. Il est possible que Dominici se soit accusé du crime dans le but de sauvegarder l'honneur de ses petits-enfants
(c) *le Milieu*: le monde des criminels
(d) *il est Vénus odieusement à sa proie attachée*: 'C'est Vénus tout entière à sa proie attachée' (Racine, *Phèdre*, 1. 306)

Questions posées par Jacques Bofford:

1. La profession d'avocat, Emile Pollak, est-elle selon vous un apostolat?
2. Comment devient-on un avocat célèbre, Emile Pollak?
3. Un avocat doit-il tout de même sa célébrité aux causes qu'il défend?
4. Donc, la renommée des assassins fait selon vous la renommée des avocats?
5. Avez-vous le goût des affaires impossibles qui semblent perdues d'avance, Emile Pollak?
6. Et vous êtes contre la peine de mort? Vous le dites d'ailleurs dans votre livre.
7. La peine de mort est, selon vous, Emile Pollak, 'vestige de barbarie, crime contre l'humanité, insulte à l'intelligence'. Je vous cite.
8. Vous ne pensez pas qu'elle peut être tout de même exemplaire dans certains cas?
9. Mais la question classique, Emile Pollak: un homme qui assassinerait plusieurs enfants mériterait-il de vivre?
10. Et cet homme a été condamné à mort?
11. Vous avez vous-même, Emile Pollak, assisté à une exécution capitale?

De la coordination à la subordination

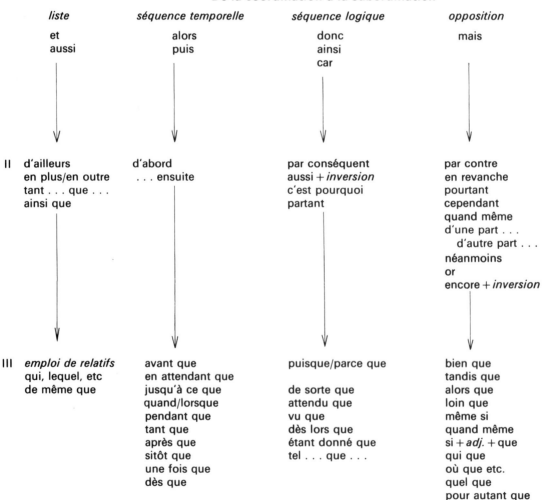

	liste	séquence temporelle	séquence logique	opposition
	et aussi	alors puis	donc ainsi car	mais
II	d'ailleurs en plus/en outre tant . . . que . . . ainsi que	d'abord . . . ensuite	par conséquent aussi + *inversion* c'est pourquoi partant	par contre en revanche pourtant cependant quand même d'une part . . . d'autre part . . . néanmoins or encore + *inversion*
III	*emploi de relatifs* qui, lequel, etc de même que	avant que en attendant que jusqu'à ce que quand/lorsque pendant que tant que après que sitôt que une fois que dès que	puisque/parce que de sorte que attendu que vu que dès lors que étant donné que tel . . . que . . .	bien que tandis que alors que loin que même si quand même si + *adj.* + que qui que où que etc. quel que pour autant que

C2f L'architecture du Centre Pompidou (E2)

Ecoutez la deuxième partie de l'interview de M. Jean-François de Canchy, Conseiller Spécialisé des Relations Internationales au Centre Pompidou (depuis la question 'D'après certains reportages qui ont paru à la suite de la construction du Centre . . .' jusqu'à la fin de l'enregistrement). Cette partie de l'interview contient des observations détaillées sur le style architectural du Centre. Répondez ensuite aux questions qui suivent.

(Pour des éclaircissements sur le contenu de cet entretien, voyez le commentaire qui accompagne l'exercice de traduction orale C3e, et l'illustration du Centre Pompidou.)

1. M. de Canchy parle longuement de la *transparence* du Centre. Expliquez le sens du mot dans ce contexte. Pourquoi cette idée de transparence est-elle d'une importance capitale pour le Centre Pompidou?
2. Résumez les arguments qui, selon M. de Canchy, justifient les particularités architecturales du Centre.
3. Etes-vous convaincu par ses arguments justificatifs?
4. Quelles sont les techniques linguistiques employées par M. de Canchy pour communiquer, par des paroles, une expérience visuelle? Réussit-il à évoquer une image exacte du bâtiment qu'il décrit?

C3 Traduction orale ▦▦▦▦

C3a Les Premiers Ministres de la Vᵉ République (*français en anglais*) (E10)

Un congrès international sur *De Gaulle and the Fifth Republic* a lieu dans l'université où vous êtes étudiant(e) de français. Le journaliste Roger Elbaz fait un exposé sur *La popularité des Premiers Ministres de la Vᵉ République*. Il vous est demandé de jouer l'interprète pour les auditeurs qui peuvent avoir du mal à suivre cette conférence en français. Le congrès a lieu quelques mois après les élections présidentielles de 1981.

Le tableau auquel se réfère M. Elbaz se trouve ci-dessous.

Commentaire

l'homme du 18 juin à Londres: le général de Gaulle (allusion au célèbre appel lancé aux Français par de Gaulle en 1940)

Pauses
1. '. . . la popularité des Premiers Ministres de la Vᵉ République'
2. '. . . que les Premiers Ministres ont été désignés'
3. '. . . qu'il avait désigné Michel Debré'
4. '. . . n'a été, disons, correcte qu'en 1959'
5. '. . . pour employer l'expression, disons, générale'
6. '. . . ce n'est pas considérable'
7. '. . . s'il devient impopulaire'
8. '. . . et son image de marque'

La popularité des Premiers Ministres

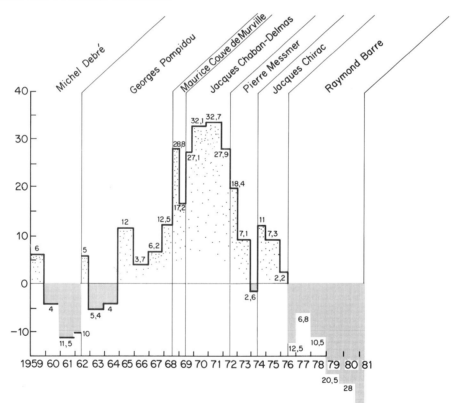

Chaque chiffre correspond à la différence entre la moyenne annuelle des opinions favorables et des opinions défavorables.

Institut Français d'Opinion Publique et d'Etudes de Marchés, *France-Soir, Le Point*

9. '. . . la popularité n'a aucune espèce d'importance'
10. '. . . avec une moyenne négative'
11. '. . . la popularité n'a aucune espèce d'importance'
12. '. . . de Pierre Messmer et de Jacques Chirac'
13. '. . . les moyennes les plus extraordinaires'
14. '. . . tout à fait extraordinaires'
15. '. . . toujours les moyennes sont très très fortes'
16. '. . . qui doit parler à l'esprit des Britanniques'
17. '. . . le profil de l'homme a joué'
18. '. . . sa moyenne est tout à fait favorable'
19. '. . . en France le profil joue considérablement'
20. '. . . au bénéfice du nouveau Président de la République'

Dossier: Les personnalités de la Ve République

1. Les Premiers Ministres

Michel DEBRE	1959–62	
Georges POMPIDOU	1962–68	
Maurice COUVE de MURVILLE	1968–69	Gaulliste
Jacques CHABAN-DELMAS	1969–72	
Pierre MESSMER	1972–74	
Jacques CHIRAC	1974–76	
Raymond BARRE	1976–81	
Pierre MAUROY	1981–	Socialiste

2. Les Présidents

Charles de GAULLE	1958–69
Georges POMPIDOU	1969–74
Valéry GISCARD d'ESTAING	1974–81
François MITTERRAND	1981–

C3b La Comédie Française (*français en anglais*) (E8)

Madame Jacqueline Razgonnikoff, qui travaille aux archives de la Comédie Française, accueille un groupe de visiteurs, et, avant de leur faire visiter les locaux, leur donne d'abord un aperçu sur les archives et sur le répertoire de la Comédie Française. Ensuite elle retrace l'évolution de ce répertoire à travers les trois siècles de la Comédie Française. On vous demande de jouer l'interprète pour les visiteurs anglophones.

Commentaire

(a) *l'Hôtel de Bourgogne*: résidence, avant 1680, des *Comédiens du Roi*, souvent rivaux de la troupe de Molière; ils jouaient les tragédies de Racine

(b) *Dancourt*: Florent Dancourt (1661–1725), auteur de comédies de moeurs
Poisson: famille de comédiens des XVIIe et XVIIIe siècles

(c) *Marivaux*: Pierre Carlet de Chamblain de Marivaux (1688–1763), auteur de romans et de comédies raffinées; ces dernières étaient montées par les Italiens

(d) *les Italiens*: troupe de comédiens qui jouaient à Paris pendant les XVIIe et XVIIIe siècles; à partir de 1716, ils donnaient des représentations non seulement du répertoire de la *commedia dell'arte*, mais aussi des pièces françaises

(e) *le baron Taylor*: administrateur de la Comédie Française pendant les dernières années de la Restauration, sympathisant des écrivains romantiques

(f) *Hernani*: pièce de Victor Hugo jouée à la Comédie Française le 25 février 1830; célèbre 'bataille' entre traditionalistes et romantiques, qui aboutit à la victoire de ces derniers

(g) *Jean Audureau, 'Félicité'*: voyez l'illustration, p. 89

Pauses

1. '. . . avec le nom de tous les spectacles jour après jour'
2. '. . . la documentation préparatoire ou qui succède aux spectacles'
3. '. . . une troupe au service d'un répertoire'
4. '. . . le répertoire s'est constitué alors petit à petit'
5. '. . . pour que les représentations soient plus parfaites'
6. '. . . qui ont été jouées à la Comédie Française font partie de son répertoire'
7. '. . . ou même deux ans à l'avance'
8. '. . . avec le grand répertoire tragique, qui était le répertoire de base'
9. '. . . non seulement d'interprétation d'oeuvres déjà interprétées ailleurs'

10. '. . . qui ont créé les grandes pièces de Marivaux'
11. '. . . de ce qu'on appelle maintenant le comité de lecture'
12. '. . . les pièces que l'on inscrira donc désormais au répertoire'
13. '. . . un statut plus ou moins officiel depuis le milieu du XVIIIe siècle'
14. '. . . une grande bataille, comme tout le monde le sait'
15. '. . . à son répertoire ancien, qu'à la création actuelle'
16. '. . . tirée d'une nouvelle de Gustave Flaubert, *Un cœur simple*'
17. '. . . les trois siècles de création de la Comédie Française'

C3c Le cursus universitaire français et le recrutement des enseignants (*français en anglais*) (E1)

Professeur de littérature française à l'Université de Haute-Alsace, M. François Moureau reçoit des étudiants britanniques, venus en France pour faire des enquêtes sur la structure et le contenu des diplômes universitaires français. Il leur décrit d'abord le cursus universitaire offert aux étudiants français possédant un bac littéraire. Ensuite il cite l'exemple d'un diplôme conçu pour leur donner une formation professionnelle. Comme les étudiants qu'il reçoit ne sont pas tous francophones, vous jouerez l'interprète pour les auditeurs qui peuvent avoir du mal à suivre l'exposé français de M. Moureau.

Commentaire

M. Moureau emploie et explique plusieurs termes faisant partie du vocabulaire de l'enseignement. Vous trouverez ci-dessous une liste de quelques-uns de ces termes. Les autres figurent dans le dossier ci-joint.
- CAPES (Certificat d'aptitude au professorat de l'enseignement secondaire)
- agrégation, agrégé
- maître auxiliaire
- chargé d'enseignement
- docteur d'état
- maître assistant
- *numerus clausus*
- *Abitur*

Pauses

1. '. . . des raisons historiques bien évidentes'
2. '. . . et de l'histoire, avec des options diverses'
3. '. . . Diplôme, donc, d'Etudes Universitaires Générales'
4. '. . . qui se soutient en fin d'année'
5. '. . . d'avoir une activité professionnelle d'enseignement'
6. '. . . et fort peu de postes'
7. '. . . de passer ce qu'on appelle des concours de recrutement'
8. '. . . un petit travail de recherches'
9. '. . . ces postes sont mis au concours'
10. '. . . ce qui ne fait pas grand-chose'
11. '. . . les mandarins du système'
12. '. . . et encore plus de candidats'
13. '. . . ils peuvent être éliminés'
14. '. . . un certain nombre de fonctions de l'enseignement secondaire'
15. '. . . il faut être docteur d'état'
16. '. . . système très mandarinal, en définitive'
17. '. . . qui choisit le meilleur candidat au poste'
18. '. . . une centaine de candidats pour un poste'
19. '. . . ce qu'on pourra appeler le cursus universitaire normal'
20. '. . . très peu d'étudiants dans les universités'
21. '. . . et la demande d'emploi'
22. '. . . et ces vingt étudiants seront, deviendront professeurs'
23. '. . . et les avantages évidemment du système'
24. '. . . particulièrement utiles dans le domaine littéraire'
25. '. . . ne pouvait pas leur donner'
26. '. . . de créer des filières professionnelles'
27. '. . . par exemple, des langues techniques, etc.'
28. '. . . pour préparer à ces concours administratifs'
29. '. . . il n'existait aucune formation'
30. '. . . des spécialistes de l'enseignement du métier de la librairie'
31. '. . . a donné de bons résultats'
32. '. . . s'orienter vers un professionnalisme discret'
33. '. . . de trouver ces formations ayant des rapports'

Dossier: L'éducation nationale

Le système éducatif français
(année scolaire 1981–82)

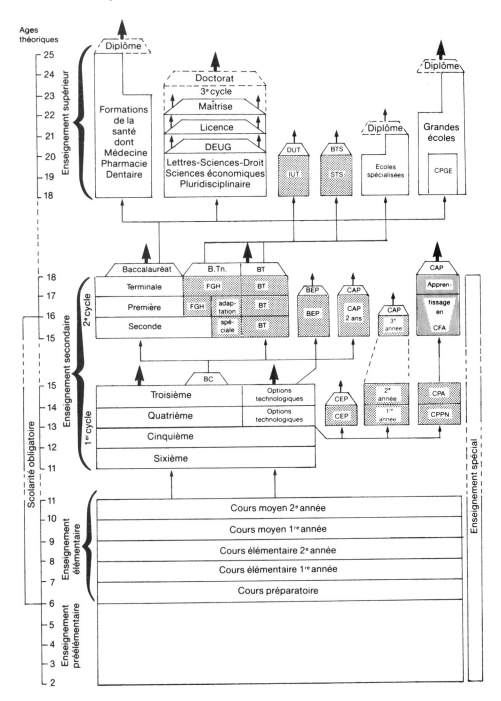

C3d Politique et religion (*français en anglais*) (E11)

Un congrès international sur le thème de *Politics and Religion* a lieu dans l'université où vous êtes étudiant(e) de français. Le professeur René Rémond fait à ce sujet deux exposés sur la situation en France; le premier a pour titre *Le vote et la politique religieuse* et le second *Les catholiques et la politique*. On vous demande de servir d'interprète pour les auditeurs qui peuvent avoir du mal à suivre les conférences en français. Le congrès a lieu en 1982.

Les cartes et le sondage auxquels se réfère le professeur Rémond se trouvent ci-dessous.

Pauses
1. Le vote et la politique religieuse
1. '. . . des zones plus faibles'
2. '. . . départements périphériques'
3. '. . . facteurs d'explication'
4. '. . . c'est de comparer les cartes'
5. '. . . à partir de la pratique religieuse'
6. '. . . d'assister chaque dimanche à la messe'
7. '. . . la carte de la pratique religieuse'
8. '. . . où la pratique est la plus irrégulière'

9. '. . . François Mitterrand candidat de la gauche'
10. '. . . nettement plus étendue'
11. '. . . n'est pas absolue'
12. '. . . plus de 55 % dans le Nord'
13. '. . . et l'attachement à la droite'

2. Les catholiques et la politique
1. '. . . complète les enseignements de la géographie'
2. '. . . comment ils avaient voté'
3. '. . . voté pour François Mitterrand?'
4. '. . . le candidat de la droite'
5. '. . . c'est une première indication'
6. '. . . présenté par le parti socialiste?'
7. '. . . n'ont pas voté pour'
8. '. . . trois gros quarts pour d'autres candidats'
9. '. . . pour un candidat présenté par le parti communiste?'
10. '. . . de voter pour le candidat communiste'
11. '. . . ou pour le candidat du parti socialiste'
12. '. . . à voter pour le candidat communiste'
13. '. . . conformes à leurs engagements religieux'
14. '. . . et l'appartenance politique'

Dossier: Politique et religion en France

1. La pratique religieuse dans la France rurale

L'analogie d'ensemble avec les positions habituelles de la droite depuis 1900 ne doit pas empêcher de voir que, dans la moitié nord de la France, le conservatisme politique déborde les limites de la fidélité religieuse, alors que l'inverse se produit dans la moitié sud. La diminution rapide de la population rurale ne laissera bientôt à la comparaison de cette carte avec des cartes politiques qu'un intérêt rétrospectif.

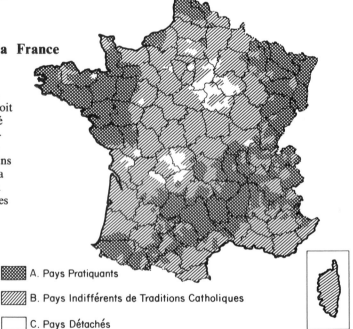

A. Pays Pratiquants

B. Pays Indifférents de Traditions Catholiques

C. Pays Détachés

F. Goguel et A. Grosser, *La politique en France*, 8ᵉ édition, Paris, A. Colin, 1980, p. 246

2. La carte électorale du second tour des élections présidentielles de 1981

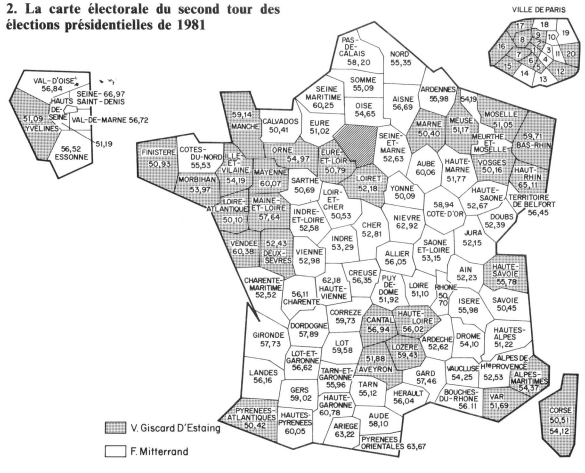

France-Soir, 11 mai 1981

3. Les catholiques et la politique

Question: 'Et, le 10 mai 1981, jour du second tour de l'élection présidentielle, avez-vous ou non voté pour François Mitterrand?'

	Ensemble des catholiques pratiquants	Dont . . . réguliers
	%	%
– Oui	32	21
– Non	43	58
– Ne se prononcent pas	25	21
	100	100

Question: 'Les deux tours des élections législatives ont eu lieu les 14 et 21 juin 1981. Avez-vous ou non voté pur un candidat présenté par le parti socialiste?'

	Ensemble des catholiques pratiquants	Dont . . . réguliers
	%	%
Lors du 2ᵉ tour:		
– A voté pour un candidat du parti socialiste.	24	13
– N'a pas voté pour un candidat du parti socialiste . .	39	53
– Ne se prononcent pas	37	34
	100	100

Question: 'Vous est-il déjà arrivé ou non, au moins une fois de voter lors d'une élection nationale, pour un candidat présenté par le parti communiste?'

	Ensemble des catholiques pratiquants	Dont . . . réguliers
	%	%
– Oui	5	2
– Non	72	83
– Ne se prononcent pas	23	15
	100	100

423 interviews ont été effectuées du 3 au 10 novembre 1981 auprès d'un échantillon national des catholiques pratiquants français.

Institut Français d'Opinion Publique et d'Etude de Marchés, *Témoignage chrétien*

C3e L'architecture de Centre Pompidou (*français en anglais*) (E2)

Vous travaillez pour le Conseil Municipal d'une grande ville britannique, dans la section de *Publicity and Information*. Cette ville ayant organisé un colloque international sur le thème de *Modern Styles in Architecture and Their Impact on Our Cities*, elle a besoin d'interprètes pour les communications des participants venus de l'étranger. Un des interprètes est subitement tombé malade, et, puisque vous avez des compétences en français, on vous demande de le remplacer.

Un des participants au colloque est M. Jean-François de Canchy, Conseiller Spécialisé des Relations Internationales au Centre Pompidou. M. de Canchy a accepté de répondre à des questions écrites (soumises à l'avance) sur le Centre Pompidou et sur les réactions qu'il a suscitées. Une de ces questions, traduite en français, se trouve au début de la deuxième partie de l'interview accordée par M. de Canchy (E2). Vous traduirez oralement la réponse de M. de Canchy pour le public anglophone du colloque. Les assistants au colloque sont en mesure de consulter des photographies du Centre lorsqu'ils écoutent la conférence. Vous pouvez compter en plus sur leurs connaissances approfondies en matière d'architecture.

Commentaire

(a) *tours de la Défense*: dans l'ouest de Paris, immenses tours de verre et d'acier
tours du front de Seine: ensemble de tours mises en place entre 1970 et 1980 sur la rive droite de la Seine, dans le sud-ouest de Paris

(b) *un nouveau Trianon*: Grand et Petit Trianon, deux petits châteaux dans le parc du Château de Versailles, construits dans la deuxième moitié du XVIIe siècle et la première moitié du XVIIIe

(c) *piliers, gerberettes, tirants*: voyez l'illustration

(d) *contrefort*: mur, etc. qui sert d'appui à un autre mur (en anglais, *buttress*); *arc-boutant*: appui, en forme d'arc, qui soutient un mur (en anglais, *flying buttress*)

Pauses

1. '. . . il était nécessaire pour les gens qui y travaillaient d'y répondre'
2. '. . . cinq étages, beige, relativement découpée'
3. '. . . une période très forte de l'architecture'
4. '. . . témoignages très forts d'une architecture d'une époque'
5. '. . . qu'il a créé, justement, cette controverse'
6. '. . . le Centre Pompidou qui en tient lieu'
7. '. . . créer un objet du XXe siècle'
8. '. . . la hauteur des toits autour'
9. '. . . la présence qu'a le Centre Pompidou'
10. '. . . aux constructeurs du Centre'
11. '. . . au côté un petit peu statique d'un musée traditionnel'
12. '. . . que de l'intérieur vers l'extérieur'
13. '. . . pour un public souvent une barrière'
14. '. . . la manière dont le Centre est conçu'
15. '. . . qui rigidifient l'ensemble'
16. '. . . l'infrastructure technique du Centre'
17. '. . . tout ce qui est en rouge, ce sont les ascenseurs'
18. '. . . qui habituellement fait défaut à un musée'
19. '. . . une exposition au cinquième étage, etc.'
20. '. . . totalement transparent sur ce plan-là'
21. '. . . la philosophie du projet'
22. '. . . en matière d'architecture suspendue'
23. '. . . vous construisez les étages'
24. '. . . et les deux étages en sous-sol'
25. '. . . des départements qui composent le Centre'
26. '. . . une architecture de masse, si vous voulez'

27. ' . . . l'arc-boutant, pardon'
28. ' . . . sur la partie sud du Centre'
29. ' . . . qui s'intègre d'ores et déjà bien dans le tissu urbain'

C3f L'étudiant britannique (*français en anglais et anglais en français*) (E12)

Vous travaillez en Grande-Bretagne pour une station de radio locale qui prépare une série d'émissions sur le sujet de *Student Life in the UK: Privilege or Purgatory*? Certaines de ces émissions seront faites à partir d'interviews. Lorsqu'on se propose d'interviewer un Français, étudiant en histoire, qui vient de faire un stage d'une année dans votre ville, on vous demande de servir d'interprète, pour les deux interlocuteurs, puisque vous parlez couramment le français. Il vous faut donc traduire oralement (1) les questions en anglais posées par l'interviewer, et (2) les réponses données en français par l'interviewé. Cette interview sera enregistrée dans un studio; la diffusion en sera faite une fois que les réalisateurs de la série d'émissions auront choisi les parties qui leur sembleront les plus intéressantes.

Pauses

1. ' . . . which you had experience of in France?'
2. ' . . . beaucoup plus qu'en France'
3. ' . . . qui sont offertes aux étudiants'
4. ' . . . peut-être même une élite'
5. ' . . . you wouldn't get this in France?'
6. ' . . . qu'il n'y a en Grande-Bretagne, oui'
7. ' . . . it has to be his life'
8. ' . . . part of the explanation?'
9. ' . . . du nord au sud, franchement'
10. ' . . . de quitter le foyer'
11. ' . . . les gens vont au plus près'
12. ' . . . umbilical cord, if you like'
13. ' . . . not quite the case in France, is it?'
14. ' . . . est assez différent entre la France et la Grande-Bretagne'
15. ' . . . moins généralisées qu'en Grande-Bretagne'
16. ' . . . ce qui se passe en Grande-Bretagne actuellement'
17. ' . . . at university in France'
18. ' . . . système des surveillants'
19. ' . . . de toutes ces choses-là'
20. ' . . . à oublier ses études'
21. ' . . . other things to do'

22. ' . . . assez catastrophique'
23. ' . . . ce qui peut aussi nuire aux études, oui'
24. ' . . . what career they want to follow afterwards'
25. ' . . . is that happening as well?'
26. ' . . . très sûrement pour deux raisons'
27. ' . . . beaucoup d'attrait'
28. ' . . . études techniques ou scientifiques'
29. ' . . . un autre débat'
30. ' . . . is that the case in France as well?'
31. ' . . . comment s'occuper des élèves'
32. ' . . . à la vie de l'école et aux élèves'
33. ' . . . c'est un petit peu différent'
34. ' . . . ce genre de choses-là'
35. ' . . . the same as in Great Britain, in fact?'
36. ' . . . tous les pays d'Europe actuellement'
37. ' . . . for talking to us, M. de Vecchy'

C3g La femme et l'emploi (*français en anglais et anglais en français*) (E13)

Vous travaillez en Grande-Bretagne pour une station de radio locale qui prépare une série d'émissions sur le sujet de *Women in Contemporary Society*; certaines de ces émissions seront faites à partir d'interviews. On se propose d'interviewer une Française, qui vient de passer une année comme enseignante dans l'université de la ville où vous travaillez. Etant donné que vous êtes censé(e) parler couramment le français, on vous demande de servir d'interprète pour les deux interlocuteurs. Vous avez à traduire oralement (1) les questions en anglais posées par l'interviewer, et (2) les réponses données en français par l'interviewée. Cette interview sera enregistrée dans un studio; la diffusion en sera faite une fois que les réalisateurs de la série d'émissions auront choisi les parties qui leur sembleront les plus intéressantes.

Pauses

1. ' . . . living and teaching in Great Britain'
2. ' . . . during this time?'
3. ' . . . où sont passées toutes ces étudiantes?'
4. ' . . . taught predominantly by men?'
5. ' . . . doivent choisir un travail'
6. ' . . . trouver un autre travail'
7. ' . . . see women as being risky'
8. ' . . . meilleurs emplois aux hommes?'
9. ' . . . getting out of this vicious circle?'
10. ' . . . disons à l'extérieur'
11. ' . . . les plus logiques'

12. ' . . . what do you say to that?'
13. ' . . . elle perd sa féminité'
14. ' . . . anti féminité'
15. ' . . . attitudes towards feminism?'
16. ' . . . préfèrent se taire'
17. ' . . . between British students and French students?'
18. ' . . . les étudiantes britanniques sont plus fermées'
19. ' . . . this kind of issue?'
20. ' . . . que les femmes elles-mêmes'
21. ' . . . that's odd, isn't it . . . strange?'

22. ' . . . à ce que l'on pense?'
23. ' . . . in your own experience?'
24. ' . . . au monde en général'
25. ' . . . a social issue . . . a political issue?'
26. ' . . . dans la vie politique'
27. ' . . . a false battle?'
28. ' . . . n'est pas voulue du côté des femmes, premièrement'
29. ' . . . le problème sera irrésoluble'
30. ' . . . coming to talk to us'
31. ' . . . je vous en prie'

D:

Parler

Avertissement

1. Objet des exercices

Les exercices de cette section ont le même but que ceux de la section *Ecrire*: proposer à l'apprenant des situations où il est appelé à utiliser une variété précise de français, en se servant cette fois du langage parlé. A la différence des sections *Lire* et *Ecouter*, la section *Parler* présente une gamme de niveaux de langue plus restreinte, car les situations proposées aux étudiants exigent presque toutes une certaine formalité dans le discours et l'emploi du style soutenu. De plus, dans les exercices *Exposé oral*, l'apprenant s'exprime dans le cadre d'un monologue, sans se servir des mécanismes de la conversation interactive. Voici les raisons de ces choix: premièrement, c'est dans l'utilisation du style soutenu que l'étudiant éprouve la plus grande difficulté à s'exprimer, ses séjours en France lui ayant surtout permis d'acquérir un langage courant, pour ne pas dire familier, et de connaître la vie et la culture française dans le sens le plus général; deuxièmement, lorsque l'étudiant aura à se servir de ses connaissances de la langue française pour des besoins professionnels futurs, il lui faudra surtout savoir s'exprimer en utilisant un style soutenu avec confiance et sans faire de 'gaffes' sociales ou linguistiques.

2. Contextualisation et jeu de rôles

Chacun des exercices de cette section commence par la description d'une situation sociale à laquelle l'apprenant est invité à participer. Ces situations ont été conçues avec un souci particulier de vraisemblance; quelques-unes sont inspirées d'expériences vécues par d'anciens étudiants. Il est essentiel que l'apprenant comprenne qu'il pourra un jour se trouver dans des circonstances semblables à celles que nous lui proposons. Les seules exceptions sont les deux exercices *Groupe de travail*, qui sont, comme on le verra plus loin, d'un genre légèrement différent. Il est nécessaire, en effet, si l'on veut que le travail soit productif, que les étudiants acceptent de jouer de bon cœur les rôles qui leur sont proposés. Ce type de participation, souhaitable dans tous les exercices, est essentiel dans les deux exercices *Groupe de travail*. Enseignants et étudiants devront essayer de sortir du cadre étroit de l'exercice scolaire pour voir dans les exercices de la section *Parler* un acte de communication où le contenu, la cohérence et le choix des termes employés comptent autant que la simple correction grammaticale. Pour cela, il faut réellement 'se mettre dans la peau' du personnage, imaginer l'auditoire et chercher les expressions et les tournures qui conviennent le mieux à la situation.

Il est parfois utile d'exagérer ce jeu de rôles, et même d'aller jusqu'à la caricature dans le cas d'exercices interactifs avec plusieurs participants. Dans ces exercices, en effet, étudiants comme professeurs se sentent souvent gênés. L'exagération du jeu de rôles peut aider à libérer tout le monde et à égayer la classe. Elle met aussi en valeur les différentes variétés linguistiques, en soulignant les traits caractéristiques des styles. Il s'agit donc pour l'étudiant de faire preuve d'imagination: qu'il se sente libre de modifier les indications données, s'il estime que son jeu de rôles l'exige.

3. Exploitation du matériel

(a) Exposé oral

Insistons sur le fait que ces exercices, comme tous ceux qui figurent dans cette section *Parler*, donnent de meilleurs résultats lorsque l'étudiant lit très attentivement la description du contexte, et en tient pleinement compte dans son travail de préparation. Ne voir dans cette description qu'une manière prétentieuse de dire 'Faites le résumé du contenu de l'enregistrement' serait une grosse erreur.

L'étudiant qui prépare son exposé trouvera dans la troisième section du livre (*Ecouter*) des enregistrements qui serviront de modèles des variétés de français oral exigées par les différentes situations auxquelles appartiennent les exposés oraux. Ainsi, par exemple, les interviews de Mme Razgonnikoff et de M. Moureau (*Ecouter*, 2b et d) montrent la façon dont on peut rassembler des faits, afin de faire un exposé sur un sujet historique dans le premier cas, et, dans le deuxième, un phénomène actuel. L'interview avec maître Pollak (*Ecouter*, 2 e) fournira l'exemple de la présentation d'un point de vue personnel sur un sujet controversé. Les conférences faites par MM. Elbaz et Rémond (*Ecouter*, 3a et d) offrent des exemples de techniques qui permettent de dégager des leçons à partir de tables et de graphiques très simples. Il va de soi que l'étudiant qui prépare un exposé oral devra tenir compte de l'auditoire auquel il s'adresse, et choisir la variété de français exigée par la fonction linguistique qu'il remplit.

Les exercices d'exposé oral sont présentés par ordre de difficulté croissante.

Il se trouve, dans l'Appendice 1, une liste de facteurs à prendre en considération lorsqu'il s'agit de préparer ou de corriger un exposé oral.

(b) Conversation téléphonique

Parler au téléphone, c'est parler sans voir son interlocuteur ni en être vu; souvent on ne le connaît même pas. La voix est donc le seul moyen de communication. Il ne s'agit pas simplement de parler, mais aussi de comprendre et de se faire comprendre, d'écouter et de se faire écouter, afin de donner et d'obtenir le maximum de renseignements, souvent dans des circonstances difficiles et dans des délais assez brefs, tout en essayant d'éviter les malentendus. N'oublions pas que les coups de téléphone—surtout internationaux— coûtent cher! La fameuse maxime de Boileau exprime donc une nécessité toujours d'actualité:

«Ce que l'on conçoit bien s'énonce clairement».

Les exercices de cette partie du livre proposent des situations précises où il faut tenir une conversation téléphonique avec une personne que l'on ne connaît pas.

Dans la mesure du possible, ces exercices sont présentés par ordre de difficulté croissante. Le ton qui convient à chacune de ces conversations dépendra des rapports qui existent entre les interlocuteurs: moins on connaît celui ou celle à qui l'on parle, plus le choix des formules de politesse, d'atténuation, etc., sera soigné.

Des exemples de mots et expressions souvent employés dans les conversations téléphoniques en français, ainsi que des extraits de l'annuaire officiel des abonnés au téléphone français, sont donnés dans l'Appendice 2. Il sera aussi utile de consulter les livres de Colignon (*Savoir écrire, savoir téléphoner*) et de Vigner (*Savoir-vivre en France*), cités dans la bibliographie en fin du présent volume.

(c) Groupe de travail

Tandis que les conversations téléphoniques nous mettent en général en présence d'un seul interlocuteur, les exercices *Groupe de travail* accroissent la difficulté en plaçant l'étudiant en face de plusieurs interlocuteurs, dans une situation où il les connaît à peine, mais où il doit parler d'un sujet qui les concerne tous. Il lui faudra également savoir poser, fermement mais poliment, des questions détaillées, et répondre de la même façon. Une préparation soignée est ici essentielle, ainsi qu'une participation énergique à la discussion.

4. Exploitation supplémentaire

Comme c'est le cas dans la section *Ecouter*, le matériel de cette dernière section du livre est polyvalent. La documentation utilisée pour les exercices *Groupe de travail*, par exemple, se prêterait sans grande difficulté à des exercices d'exposé oral: ainsi il pourrait être demandé à l'étudiant de préparer une réponse enregistrée aux objections formulées par l'auteur de l'article *Un certain bonheur* (exercice 3a) contre les 'nouveaux villages'. Les enregistrements qui servent de point de départ aux exposés oraux, tels que les interviews avec MM. Neuschwander (exercice 1c) et de Closets (exercice 1d) pourraient être exploités comme sources de questions de compréhension. (De même, plusieurs interviews de la section *Ecouter* sont utilisables comme bases d'exposés oraux.)

Les exposés eux-mêmes se prêtent à des variations de présentation. Ils peuvent être préparés par des groupes de plusieurs étudiants, surtout lorsque le matériel est constitué d'arguments 'pour' et 'contre'. Une deuxième possibilité serait de demander à l'étudiant, après qu'il aura écouté, par exemple, l'interview avec François de Closets, de présenter ce conférencier à son auditoire, de le remercier à la fin de sa conférence, etc.

D1 Exposé oral

D1a La centrale nucléaire

Vous habitez une ville près de laquelle le gouvernement britannique projette de construire une centrale nucléaire dans un proche avenir. Puisque le sujet du nucléaire provoque actuellement de nombreuses controverses en France, la station de radio France Inter se rend dans votre ville pour effectuer un reportage sur la façon dont un pays voisin fait face à ce type de problème. Comme vous êtes professeur de français dans le lycée de cette ville, France Inter vous demande de prendre la parole devant son microphone pour parler des besoins, des craintes et des espoirs de chaque groupe de la ville. Il vous aura été donné un maximum d'une heure de temps de préparation, mais n'oubliez pas que vous parlez à des gens qui écoutent leur radio, et que votre exposé, tout en étant clair, ne devra pas être lu.

Enregistrez votre exposé (durée maximum 4 minutes) sur cassette.

Le vocabulaire de l'article *Nucléaire: pourquoi Plogoff* se bat (section *Lire*, texte 1) peut vous être utile, ainsi que les idées qui y sont exprimées et les attitudes qui y sont décrites.

D1b Georges Brassens (E14)

Le chansonnier Georges Brassens, qui est mort en 1981, a accordé très peu d'interviews. Il en existe une, toutefois (qui se trouve sur la cassette), au cours de laquelle il explique comment il a conçu et écrit une de ses chansons. Vous avez eu le privilège d'assister à cet entretien.

La centrale nucléaire de Paluel

En 1983, lors d'un de vos séjours en France, une station de radio locale prépare une émission intitulée *Georges Brassens à travers le monde.* Ayant appris que vous aviez assisté à cet entretien (dont les détails sont tout à fait inconnus en France), les réalisateurs vous ont invité(e) à participer à l'émission et à donner un petit exposé (4 minutes maximum) sur les procédés de création de M. Brassens.

Le jour de l'émission étant arrivé, le présentateur déclare: «Chers auditeurs, nous avons la chance d'avoir dans notre studio Mme/Mlle/M. X, qui a assisté à un entretien de Georges Brassens où il expliquait comment il s'y était pris pour composer une de ses chansons, *Le Testament.* C'est donc avec plaisir, Mme/Mlle/M. X, que je vous donne la parole, pour nous parler des procédés de création de Georges Brassens, en particulier en ce qui concerne sa chanson *Le Testament* . . . ».

Enregistrez votre exposé sur cassette.

Commentaire

En invoquant l'autorité d'Edgar Allan Poe («J'emboîte le pas à Edgar Poe»), Brassens cite, en français, le début du célèbre poème de Poe *The Raven,* dont voici les deux premiers vers:

Once upon a midnight dreary, while I pondered, weak and weary
Over many a quaint and curious volume of forgotten lore . . .

Le mot 'nevermore' revient plusieurs fois dans le refrain du poème.

Le texte de la chanson *Le Testament* est donné ci-dessous.

LE TESTAMENT

Je serai triste comme un saule
Quand le Dieu qui partout me suit
Me dira, la main sur l'épaule:
'Va-t'en voir là-haut si j'y suis.'
Alors, du ciel et de la terre
Il me faudra faire mon deuil. . . .
Est-il encore debout le chêne
Ou le sapin de mon cercueil? } *bis*

S'il faut aller au cimetière
J'prendrai le chemin le plus long,
J'ferai la tombe buissonnière,
J'quitterai la vie à reculons. . . .
Tant pis si les croqu'-morts me grondent,
Tant pis s'ils me croient fou à lier,
Je veux partir pour l'autre monde
Par le chemin des écoliers. } *bis*

Avant d'aller conter fleurette
Aux belles âmes des damné's,
Je rêv' d'encore une amourette,
Je rêv' d'encor' m'enjuponner. . . .
Encore un' fois dire: 'Je t'aime'. . . .
Encore un' fois perdre le nord
En effeuillant le chrysanthème
Qui'est la marguerite des morts. } *bis*

Dieu veuill' que ma veuve s'alarme
En enterrant son compagnon,
Et qu' pour lui fair' verser des larmes
Il n'y ait pas besoin d'oignons. . . .
Qu'elle prenne en secondes noces
Un époux de mon acabit:
Il pourra profiter d' mes bottes,
Et d' mes pantoufle' et d' mes habits. } *bis*

Qu'il boiv' mon vin, qu'il aim' ma femme,
Qu'il fum' ma pipe et mon tabac,
Mais que jamais –mort de mon âme! –
Jamais il ne fouette mes chats. . . .
Quoique je n'ai' pas un atome,
Une ombre de méchanceté,
S'il fouett' mes chats, y'a un fantôme
Qui viendra le persécuter. } *bis*

Ici-gît une feuille morte,
Ici finit mon testament. . . .
On a marqué dessus ma porte:
'Fermé pour caus' d'enterrement.'
J'ai quitté la vi' sans rancune,
J'aurai plus jamais mal aux dents:
Me v'là dans la fosse commune,
La fosse commune du temps. } *bis*

D1c Claude Neuschwander, patron de gauche (E15)

Vous collaborez comme chercheur/chercheuse à la préparation d'une émission de radio à propos de *L'industrie des années 80: rapports entre patronat et syndicats*. On vous demande d'écouter, entre autres, l'interview avec Claude Neuschwander qui se trouve sur la cassette. Au cours de cette interview, M. Neuschwander parle des rôles joués par les différents secteurs qui constituent une entreprise commerciale. Dans la partie de l'interview qui précède celle que vous allez écouter, M. Neuschwander explique comment il a été, entre février 1974 et mars 1976, PDG de l'entreprise d'horlogerie française *Lip*, entreprise qui, dans les années 70, a fait couler beaucoup d'encre. Après de très graves problèmes financiers en 1973, les ouvriers ont essayé de gérer eux-mêmes l'usine. M. Neuschwander, en tant que 'patron de gauche', a essayé lui aussi de faire marcher cette entreprise par de nouvelles méthodes de gestion industrielle. Le dossier qui accompagne cet exercice vous permettra de mieux situer 'l'affaire *Lip*'.

Vous avez pour tâche, dans votre rôle de chercheur/chercheuse, de mesurer l'intérêt des idées de M. Neuschwander pour les réalisateurs de l'émission, et de présenter vos conclusions à l'équipe de production. Vous devez parler pendant à peu près 4 minutes, pour montrer qu'il serait opportun d'inclure les idées de M. Neuschwander dans l'émission, et ajouter un bref commentaire personnel.

Enregistrez votre exposé sur cassette.

Commentaire
(a) *PDG*: Président-Directeur Général
(b) *délégué du personnel*: 'travailleur élu par le personnel d'un établissement pour le représenter auprès de la direction' (*Grand Larousse de la langue française*)

Questions posées par Jacques Bofford:
1. Quel patron, quel PDG avez-vous été, Claude Neuschwander, pendant un peu plus de deux ans à Besançon?
2. Vous avez toujours eu de très bons contacts avec les syndicats et notamment avec Charles Piaget?
3. Comment envisagez-vous concrètement la communication, justement au sein d'une entreprise?
4. La communication, Claude Neuschwander, fait partie de ce que vous appelez le 'marketing social'?
5. Vous déteniez le pouvoir donc, Claude Neuschwander, et en défendant le pouvoir vous défendiez forcément le capital. Or l'homme de gauche que vous êtes n'était-il pas en désaccord avec lui-même?

Dossier: L'affaire *Lip* et le syndicalisme français

1. Les syndicats français

Les droits du travailleur sont affirmés dans la constitution: 'Tout homme peut défendre ses droits et ses intérêts par l'action syndicale et adhérer au syndicat de son choix'.

Le droit de grève s'exerce dans le cadre des lois qui le réglementent: 'Tout travailleur participe, par l'intermédiaire de ses délégués, à la détermination collective des conditions de travail ainsi qu'à la gestion des entreprises'.

Il faut reconnaître que 'syndicalisme' n'est pas synonyme de *trade-unionism*. Le syndicalisme français est issu d'une conception du mouvement ouvrier comme indépendant; c'est-à-dire que le syndicalisme se veut 'apolitique', quoique fortement politisé. Le syndicalisme est apolitique dans le sens où il se déclare libre de toute emprise des partis politiques.

Le syndicalisme se déclare à la fois réformateur (augmentation des salaires, amélioration des conditions de travail, affermissement des droits des salariés, etc.), et surtout révolutionnaire, car il veut être le moyen de transformer la société et non seulement d'améliorer les circonstances matérielles des travailleurs. Cet objectif fut exprimé nettement dans la Charte d'Amiens (1906): 'Dans l'œuvre revendicatrice, quotidienne, le syndicalisme poursuit la coordination des efforts ouvriers, l'accroissement du mieux-être des travailleurs par les réalisations immédiates . . . Mais cette besogne n'est qu'un côté de l'œuvre du syndicalisme; il prépare l'émancipation intégrale, qui ne peut se réaliser que par l'expropriation capitaliste; il préconise comme moyen d'action la grève générale et il considère que le syndicat, aujourd'hui groupement de résistance, sera, dans l'avenir, le groupement de production et de répartition, base de réorganisation sociale'. Au cours des années, la stratégie syndicaliste s'est modifiée surtout en ce qui concerne l'emploi de la grève générale. Néanmoins, le but de 'changer la société' reste primordial, et la thèse de 'l'autogestion', fortement soutenue par la CFDT, et souvent invoquée durant les événements chez *Lip*, trouve son origine dans les idées syndicalistes exprimées dans la Charte d'Amiens. Au début il existait une seule confédération (groupement national des syndicats), la CGT. Depuis, cette confédération a donné naissance à de multiples organisations, dont vous trouverez ci-dessous la liste des principales.

(Parmi les pays industrialisés européens, le nombre de syndiqués en France est faible, environ 23 % des travailleurs français, contre 35 % en Allemagne fédérale, et 40 % en Grande-Bretagne.)

CGT (Confédération Générale du Travail, fondée en 1895)
Deux millions de membres; puissante dans les houillères, la sidérurgie, l'industrie automobile (surtout la régie Renault), la construction, l'imprimerie, l'électricité, les transports

CFDT (Confédération Française Démocratique du Travail, fondée en 1964 à la suite d'une rupture au sein de la CFTC)
950 000 membres; bien implantée dans la sidérurgie, le pétrole, le textile, les banques et les assurances, la chimie, parmi les employés de bureau

FO (Force Ouvrière: son nom complet est la CGT–FO, car sa formation, qui date de 1947, est la conséquence d'une rupture avec la CGT, qu'elle accusait d'être trop proche du parti communiste français)
Un million de membres, surtout dans le secteur tertiaire, les banques et les assurances, le transport, le commerce, parmi les fonctionnaires

CFTC (Confédération Française des Travailleurs Chrétiens, créée en 1919) 250 000 membres; maintient une présence dans tous les secteurs, surtout dans les régions où l'Eglise reste puissante

2. *Lip*: un tournant dans l'histoire syndicale

Une affaire aux multiples épisodes

IL y a dix ans, la première firme française d'horlogerie, l'entreprise Lip, située dans le quartier de Palente, à Besançon (Doubs), s'engageait brutalement dans le plus long et l'un des plus populaires conflits de l'histoire sociale. Pendant près de huit ans, « l'affaire Lip » allait connaître de multiples épisodes. En voici les principaux :

1973

Depuis la démission, en avril, de M. Saintesprit, P.-D.G. de Lip S.A. – qui avait succédé à M. Fred Lip, petit-fils du fondateur – la situation de l'entreprise, en proie à de graves difficultés financières depuis plusieurs années, s'aggrave et le personnel (plus de 1.000 salariés) est de plus en plus inquiet.

12 juin. – Des ouvriers séquestrent deux directeurs et trois administrateurs au cours d'une réunion du comité d'entreprise. Les forces de l'ordre interviennent. Dans la nuit, des militants C.F.D.T. s'emparent du stock (65.000 montres, 10 millions de francs) et constituent un « trésor de guerre ». Ils décident de « fabriquer et de vendre » pour leur propre compte.

13 juillet. – Liquidation de biens de Lip S.A.

2 août. – Première « paie sauvage ».

14 août. – Evacuation de l'usine, à 6 heures du matin, par les forces de l'ordre. Les « Lip » vont s'installer dans un gymnase, puis à la Maison pour Tous du Quarter. Charles Piaget, délégué C.F.D.T. de Lip, déclare : « L'usine est là où sont les travailleurs ».

29 septembre. – « Grande marche » sur Besançon où des dizaines de milliers de participants, venus de toute la France, sont venus soutenir les « Lip ».

3 octobre. – Un premier plan de sauvetage, présenté par Henry Giraud, médiateur, est repoussé par le personnel.

1974

5 janvier. – A Sarrebourg, M. Pierre Messmer, premier ministre, déclare pour la troisième fois : « Lip, c'est fini ».

8 mars. – Le tribunal de commerce de Besançon autorise le redémarrage de l'entreprise. Trois nouvelles sociétés sont créées : la Compagnie européenne d'horlogerie (C.E.H.), la SPEMELIP (armement) et la SEHEM (holding), avec, à leur tête, un nouveau P.-D.G., présenté comme un « patron de gauche », M. Claude Neuschwander.

1975

L'entreprise ne fait pas trop parler d'elle, mais les objectifs commerciaux ne sont pas atteints et les stocks grossissent dangereusement.

1976

18 février. – Départ de M. Neuschwander, qui est remplacé par M. Jean Sargueil, lequel décède deux mois plus tard.

3 mai. – Liquidation des biens des trois sociétés C.E.H., SEHEM et SPEMELIP. Les ouvriers occupent à nouveau l'usine. Le second conflit Lip commence.

27 juillet. – Le « trésor de guerre » est une nouvelle fois « mis à l'abri ».

1977

4 février. – Le président du tribunal de grande instance de Besançon rend une ordonnance d'expulsion qui n'a jamais été appliquée.

8 novembre. – Les « Lip » – qui ont perdu, depuis juillet, le bénéfice des allocations de chômage au taux de 90 % pour licenciement économique – décident de constituer une Société coopérative ouvrière de production (Scop). La décision est adoptée par 368 voix contre 73 et 10 abstentions. C'est un nouveau tournant dans le conflit.

1978

14 janvier. – Naissance officielle de la coopérative Les Industries de Palente (LIP), dont les activités concernent l'horlogerie et la mécanique de précision. Elle embauche progressivement plusieurs dizaines d'ouvriers. Les autres « Lip » continuent à vivre du produit des ventes « sauvages » de montres.

1979

29 juin. – Création d'une seconde coopérative, à caractère artisanal : les Commissions Artisanales de Palente (CAP).

1ᵉʳ juillet. – Arrivée de M. Libéro Penna, président du directoire de la coopérative, imposé par les pouvoirs publics.

19 novembre. – Matignon fixe ses conditions : embauche limitée à 170 salariés pour Lip, possibilité d'atteindre un effectif de 315 personnes en quatre ans si les objectifs fixés sont atteints, reclassement à l'extérieur ou préretraite pour les autres « Lip », et départ de l'usine de Palente.

1980

18 mars. – Les directoires des deux coopératives font connaître la liste des personnes embauchées : c'est le jour le plus amer du conflit pour les anciens « Lip » qui ont été écartés.

1981

20 mars. – Déménagement de l'usine de Palente, occupée depuis 59 mois, pour celle du chemin des Montarmots, située à proximité et plus petite.

La Montagne, 21 juin 1983 (suite le 23 juin)

Autres formations qui représentent des intérêts plus sectoriels:

CNPF (Conseil National du Patronat Français, fondé en 1946)

CIDUNATI (Comité d'Information et de Défense—Union Nationale des Artisans et des Travailleurs Indépendants, c'est-à-dire de ceux qui travaillent à leur propre compte)

CGC (Confédération Générale des Cadres, fondée en 1946)

FNSEA (Fédération Nationale des Syndicats d'Exploitants Agricoles, fondée en 1946)

FEN (Fédération de l'Education Nationale, fondée en 1947)

Vocabulaire supplémentaire

SMIC: Salaire Minimum Interprofessionnel de Croissance, a remplacé en 1970 le SMIG (Salaire Minimum Interprofessionnel Garanti); le SMIC est un salaire horaire brut, et s'il comprend avantages en nature et majorations diverses ayant le caractère d'un complément de salaire, il exclut par contre les remboursements de frais, la prime de transport et les majorations pour heures supplémentaires

grève perlée: refus de travailler des heures supplémentaires

grève tournante: grève dont les effets se sentent tour à tour dans chaque secteur d'une entreprise

grève du zèle: 'application méticuleuse de toutes les consignes de travail en vue de bloquer toute activité' (*Petit Robert*)

grève sauvage: grève n'ayant pas le soutien du syndicat

D1d François de Closets et la crise de l'énergie (E16)

Pendant l'année scolaire que vous avez passée en France comme Assistant(e) de langue anglaise, vous êtes devenu(e) membre d'un groupe écologiste (du genre *Friends of the Earth*). En 1984, lors d'un séjour prolongé dans la ville de province où vous avez résidé, ce groupe organise une réunion publique (à laquelle il espère recevoir une cinquantaine de participants), sous le titre *La crise pétrolière de 1973–74: dix ans après*. Le but de cette réunion est de ranimer le débat public sur la crise

de l'énergie, que l'homme de la rue tend à oublier, mais qui est, selon votre groupe, toujours d'une vive actualité. Pour cette réunion, on vous demande de présenter les idées principales de M. François de Closets sur *Les pays de l'Occident et leurs besoins énergétiques*. Vous fournirez donc un bref discours sur ce sujet (de 4 à 5 minutes au maximum), à partir de l'extrait d'interview radiodiffusée, accordée en 1974, qui se trouve sur la cassette. Vous commencerez votre discours après les paroles suivantes prononcées par le présentateur: 'Mesdames, mesdemoiselles, messieurs, nous avons maintenant le plaisir de vous présenter Mme/Mlle/M. X, qui va nous faire connaître les grandes lignes des idées exprimées par M. François de Closets sur les besoins énergétiques des pays occidentaux . . .'

Enregistrez votre discours sur cassette.

Commentaire

(a) *la crise pétrolière*: crise économique occasionnée en 1973–74 pays les membres de l'OPEP (Organisation des Pays Exportateurs du Pétrole), qui ont augmenté le prix du pétrole de 400%

(b) *M. Manscholt*: le docteur S. L. Manscholt, Président de la Commission Européenne en 1972

Questions posées par Jacques Bofford:

1. 'Nous avons changé de futur', écrivez-vous, François de Closets, dans l'avant-propos de votre dernier livre, intitulé *Le bonheur en plus*. Mais ce futur n'a tout de même pas changé en quelques jours et à cause d'une crise, la crise pétrolière, organisée ou non d'ailleurs. Alors pourquoi les experts évitaient-ils de dire que l'abondance pétrolière ne pourrait pas durer, qu'il faudrait bien un jour ou l'autre, en fait, se réveiller?

2. Ce sont donc les gouvernements qui ont démissionné, alors?

3. Donc la crise ne s'était pas déclarée à cette époque-là?

4. Mais nous savions en effet que nous ne pourrions pas, par exemple, doubler notre consommation tous les dix ans. Alors, c'est le milieu économique qui est en cause?

5. En fait, vous reprochez aux gouvernements de n'avoir pas pris en main la vie collective, l'organisation de la vie collective? . . . non, je mettais *les* gouvernements, au pluriel, d'ailleurs.

'C'est merveilleux, la voiture, quand il n'y a que cinq pour cent de la population qui a des voitures' (François de Closets)

D1e Le guide touristique

Un congrès tenu dans la ville britannique où vous travaillez—dans les *Tourist Information Services*—réunit un nombre important de scientifiques français ou francophones et leurs conjoints. Dans le programme social du congrès, une visite en autocar de la ville et de ses environs a été prévue, et vous avez été nommé(e) accompagnateur/accompagnatrice. Renseignez-vous sur votre propre ville, et prenez des notes qui vous permettront de faire la présentation d'un ou de plusieurs de ses sites ou monuments importants. (Si vous le jugez nécessaire, inventez des anecdotes susceptibles d'intéresser le touriste.)

Enregistrez votre présentation sur cassette. L'extrait du Guide Michelin donné ci-dessous peut vous servir de modèle, du moins en ce qui concerne le mélange d'érudition, d'anecdotes et d'humour qui est censé plaire au touriste français. Mais n'oubliez pas le caractère de votre auditoire.

BLOIS

. . . .

Un peu d'histoire

Un séducteur: Louis d'Orléans (fin du 14ᵉ s.).—Blois est une de ces têtes de pont dont le rôle était si important au Moyen Age. De bonne heure un comté s'établit sur le Blésois. En 1391, il est acheté par le duc Louis d'Orléans, frère de Charles VI. Les chroniqueurs donnent sur cette opération des détails piquants. Le dernier détenteur du domaine est le vieux comte de Chatillon. Sa jeune femme n'a pas su résister au grand séducteur qu'est le duc. Celui-ci, toujours en mal d'écus, tire beaucoup d'argent de la châtelaine de Blois. Ainsi le permettent les mœurs du temps. Chatillon s'en trouve ruiné et acculé à la vente du château que l'heureux duc s'empresse d'acquérir. Seize ans plus tard, Louis d'Orléans est assassiné à Paris par ordre du duc de Bourgogne, Jean sans Peur. Sa veuve,

Valentine Visconti, se retire à Blois, grave sur les murs la devise désenchantée: «Plus ne m'est rien, rien ne m'est plus» et meurt, inconsolée, l'année suivante.

Un poète: Charles d'Orléans (15ᵉ s.).—L'aîné des fils de Louis d'Orléans, Charles, a hérité du château. C'est le poète de la famille. A 15 ans, il épouse la fille de Charles VI et la perd en couches. A 20 ans, il est remarié. Parti combattre les Anglais, il conduit fort mal la bataille d'Azincourt. Fait prisonnier, sa veine poétique lui permet de résister à 25 ans de captivité. Revenu en France en 1440 et, veuf de nouveau, il épouse à 50 ans Marie de Clèves qui en a 14.

Blois est sa résidence préférée. Il abat une partie de la vieille forteresse et construit un édifice plus habitable. Charles s'entoure d'une petite cour d'artistes et de lettrés. Une grande joie lui advient sur ses vieux jours: à 71 ans, il a enfin un fils; c'est le futur Louis XII.

Le Versailles de la Renaissance (16ᵉ s.).—Blois, devenu résidence royale, va jouer un rôle comparable à celui de Versailles aux siècles suivants. *Louis XII* et sa femme, *Anne de Bretagne*, se plaisent au château. Le roi construit une aile et fait établir, par le jardinier italien d'Amboise, de vastes jardins en terrasses. Ils occupaient la place Victor-Hugo et le quartier actuel de la gare.

En 1515, *François Iᵉʳ* succède à Louis XII. C'est à lui que l'on doit la plus belle partie de l'édifice. Sa femme, *Claude de France*, est la fille du défunt roi. Elevée à Blois, elle lui est fort attachée. En 1524, elle meurt d'une maladie de langueur, à peine âgée de 25 ans, après avoir donné au roi 7 enfants en huit ans.

[. . .]

Le Château

La façade sur la place du Château.—Elle comprend deux parties: la salle des Etats, reste de l'ancien château féodal, et le joli bâtiment construit en brique et pierre, par Louis XII. Dans cette dernière construction, les ouvertures sont toujours réparties avec l'aimable fantaisie du Moyen Age.

Au premier étage, deux fenêtres sont à balcon. Celle de gauche desservait la chambre de Louis XII. Son ministre, le cardinal d'Amboise, habitait un hôtel contigu, détruit en juin 1940 et médiocrement reconstruit. Quand le roi et le cardinal prenaient le frais à leur balcon, ils échangeaient des propos familiers. Le grand portail, en gothique flamboyant, est surmonté d'une niche contenant la statue équestre de Louis XII (copie exécutée en 1857 par Seurre). Les fenêtres ont des culs-de-lampe sculptés avec beaucoup de verve. La grivoiserie naturelle du temps s'étale parfois en toute simplicité (1ʳᵉ et 4ᵉ fenêtres à gauche du portail).

A droite de la façade, un petit perron donne accès à une jolie salle à voûtes d'ogives.

d'après *Guide Vert du Pneu Michelin*, *Les Châteaux de la Loire*, 27ᵉ édition, Paris, 1982, pp. 63–4

D1f Une soirée de télévision britannique

Vous avez un job d'été comme animateur/animatrice dans un camp de vacances pour des gens du troisième âge. Une des spécialités du camp, qui est située sur la côte normande, est d'avoir installé dans divers endroits des téléviseurs capables de recevoir les émissions des quatre chaînes britanniques de la BBC et de la ITV. La télévision britannique étant très appréciée en France, tous les soirs les responsables du camp vous demandent d'annoncer par haut-parleur les diverses émissions qui vont passer dans la soirée aux quatre chaînes britanniques, et d'en faire une rapide description pour aider les téléspectateurs éventuels à faire leur choix.

A l'aide des feuilles ci-jointes, extraites du *Radio Times* et du *TV Times*, enregistrez sur cassette cette description des émissions télévisées. N'oubliez pas que vous utiliserez un système de haut-parleurs, et que les circonstances dans lesquelles vous ferez votre communication auront un effet capital sur la façon dont vous vous exprimerez.

Les extraits de *Télérama* vous fourniront des expressions et des mots français appartenant au domaine de la télévision.

7.40 pm
No Place Like Home
by JON WATKINS
starring **William Gaunt**
and **Patricia Garwood**
Comings and goings at the
Crabtree house put an added
strain on both the bathroom
and Arthur.
Arthur ....WILLIAM GAUNT
Beryl..........PATRICIA GARWOOD
Vera Botting ..MARCIA WARREN
Trevor Botting
　MICHAEL SHARVELL-MARTIN
Nigel Crabtree
　　　　　　MARTIN CLUNES
Tracy Crabtree......DEE SADLER
Lorraine Codd
　　　　　　BEVERLEY ADAMS
Paul Crabtree
　　　　　　STEPHEN WATSON
Raymond Codd .....DANIEL HILL
Elsie ....LIZ CROWTHER
Vanessa ....JANE MAUD
Directed by SUSAN BELBIN
Produced by ROBIN NASH
★ CEEFAX SUBTITLES

8.10 Dynasty
starring
John Forsythe as Blake
Linda Evans as Krystle/Rita
Joan Collins as Alexis

John James as Jeff

Emma Samms as Fallon
Gordon Thomson as Adam
Jack Coleman as Steven
Pamela Bellwood as Claudia
Michael Nader as Dex
Diahann Carroll
as Dominique
Catherine Oxenberg
as Amanda
Michael Praed
as Prince Michael
Heather Locklear
as Sammy Jo
George Hamilton as Joel
Maxwell Caulfield as Miles
Ken Howard as Garrett
The Decision
Jeff suffers overwhelming
anguish over losing Fallon
again, while Blake pulls the
rug out from under Claudia

in an effort to save Amanda
and Michael's marriage. Rita
develops an incapacitating
headache and Krystle is
tormented. In Moldavia,
Father Dex and Sister Alexis
orchestrate a rescue attempt.
King Galen..........JOEL FABIANI
Elena..........KERRY ARMSTRONG
Written by ROBERT SEIDENBERG
Directed by GWEN ARNER
(Dynasty II: The Colbys Fri 8.10 pm)
★ CEEFAX SUBTITLES

9.0 Nine O'Clock News
with **Julia Somerville**
and **John Humphrys**
Regional News
Weather News

9.30 The Marriage
A documentary serial in six
parts with **Desmond Wilcox**
3: *For Richer for Poorer*
The honeymoon is over and
the gritty realities of married
life face Marc and Karen.
Within weeks of taking their
vows in church the strain is
beginning to show. There are
quarrels about money and
disillusions about each other.
Their dream cottage in the
country is falling down and
the Borough Council is
failing to help. Karen's
parents are worried and Marc
is even in trouble with his
rugby team for not training
hard enough. Something has
to break. It proves to be
Marc's car – the final
financial blow to the young
couple. But, just as in the
soap operas, they fight back –
together.
Researcher PENNY HALLOWES
Film editor CHRIS MASON
Director JOHN PETTMAN
Producer DESMOND WILCOX
BBC Scotland

10.15 A Matter of Life and Death
FILM starring **David Niven**
Roger Livesey
Kim Hunter
Squadron Leader Peter
Carter should have
been killed when he
baled out – without a
parachute – from a burning
bomber on 2 May 1945. But
still alive after a miraculous
escape he resists the
summons of a hallucinatory
'messenger' to take his
rightful place in the next
world. While doctors fight to
save his life, Peter undergoes
an illusory trial in heaven
where his appeal to remain
on earth is heard . . .
Peter Carter ....DAVID NIVEN
June......................KIM HUNTER
Bob ....ROBERT COOTE
Angel............KATHLEEN BYRON
English pilot
　　　　RICHARD ATTENBOROUGH
American pilot
　　　　　　BONAR COLLEANO
Chief recorder......JOAN MAUDE
Conductor 71 ...MARIUS GORING
Dr Reeves.........ROGER LIVESEY
Judge ....ABRAHAM SOFAER
Abraham Farlan
　　　　　　RAYMOND MASSEY
Written, produced and directed by
MICHAEL POWELL and
EMERIC PRESSBURGER
● FILMS: page 15

11.50-11.55 Weather

NEW SERIES

7.30 pm
Out of Court
Television's weekly magazine
about law, order and justice.

Presented by **Sue Cook**

and **David Jessel**
But beware!
*There are nasty shocks lurking;
you think nice Sue Cook and
David Jessel are about to read
you bits from a legal journal –
then wham!* (DAILY MIRROR)
Makes the mind boggle.
　　　　　　(THE SPECTATOR)
Reporter **Ed Boyle**
Director PIETER MORPURGO
Series producer HUGH PURCELL

8.0
All Our Working Lives
An 11-part television history
of Britain at work in the
20th century.
2: *The Track*
The car firms prospered when
other industries were in
decline in the 1930s. They
were based on a new type of
work – the moving track:
*Anyone could do it, it didn't
matter whether it was an
engineer or the man who
swept the road. They could
train him in five to ten
minutes. it was really boring
. . . but they did it for the
money.* (ASSEMBLY WORKER)
Car workers and their bosses
talk about the good times,
when Britain's motor
industry was second only to
the Americans', profits and
wages were high, and exports
boomed after the war.
But the writing was on the
wall. By the 1970s Britain's
car makers were on the brink
of collapse, from which they
have been slow to recover.
Narrator **John Woodvine**
Producer PETER CERESOLE
Executive producer
PETER PAGNAMENTA (R)

9.0 M·A·S·H
starring
Alan Alda as Hawkeye
Wayne Rogers
as Trapper John
McLean Stevenson
as Col Blake
Gary Burghoff as Radar
Loretta Swit as Hotlips
Larry Linville
as Major Frank Burns
William Christopher
as Fr Mulcahy
Henry, Please Come Home
A top efficiency rating for the
4077th gets Henry Blake a
transfer to Tokyo, but the
unit's tears of farewell soon
become tears of frustration
when Frank assumes
command. The dismantling of
their beloved gin-still is the
last straw for Hawkeye and
Trapper and 'Operation
Retrieve Henry' swings
into action . . .
Written by LAURENCE MARKS
Directed by WILLIAM WIARD (R)

9.25 Dead Head
A thriller in four parts by
HOWARD BRENTON
Denis Lawson as Eddie Cass
with
Simon Callow as Hugo Silver
George Baker as Eldridge
Lindsay Duncan
as Dana Cass
James Warwick as Clive
Tacy Kneale as Sandra
2: *Anything for England*
Eddie Cass, small-time crook,
gets this little job – take some
fancy hatbox up west. But he
opens the box. And then he
chucks it in the river. With
the head still in it.
Next thing there's top brass,
smelling of scent, giving him
hand-outs, asking about his

ex-wife Dana.
That's how it all began.
A right season in hell.
Mrs Epworth.....ELLEN SHEEAN
Williams
　　　GABRIEL CONNAUGHTON
Shopkeeper
　　　MISCHA DE LA MOTTE
Man in love ....COLIN MEREDITH
Music by RICHARD HARTLEY
Camera supervisor KEITH SALMON
Studio lighting
DAVID BUSHELL, JOHN ABBOTT
Producer ROBIN MIDGLEY
Director ROB WALKER
BBC Pebble Mill

10.15 Cool it
starring **Phil Cool**
Comedy impressionist Phil
Cool takes the lid off life as he
looks at the world through
the eyes of a host of famous
personalities. Tonight Phil
goes down under in search of
the Rolfus Harricus, he
experiences a nasty
encounter with a power-
crazed policeman, and
attempts to answer the
burning question of our time,
will American shaver
salesman Victor Kiam save
us from the threat of
nuclear war?
Written by PHIL COOL
Associate producer JASPER CARROTT
Director DAVID WEIR
Producer STEVE WEDDLE
BBC Pebble Mill (R)

10.40 Newsnight
John Tusa, **Peter Snow**,
Donald MacCormick and
Olivia O'Leary present the
stories and interviews behind
the main stories of the day.
Ian Smith and **Jenni Murray**
with a round-up of the news
from home and abroad.

11.25-11.35 Weatherview

*The moving track kept the car firms ahead of the slump, but
as the track sped up, work satisfaction was also left behind*
BBC2, 8.0 pm All Our Working Lives

Radio Times

7.30
Coronation Street

Shock news about Susan Barlow brings out the worst in father Ken. Rita Fairclough's 'family problems' aren't getting any easier.

Oracle subtitles page 888

For cast, see Monday
WRITER H V KERSHAW

8.00 Duty Free
BY ERIC CHAPPELL, JEAN WARR

KEITH BARRON
GWEN TAYLOR
JOANNA VAN GYSEGHEM
NEIL STACY

CLOSE UP

The television cameras have arrived at the hotel in Spain. Judith Chalmers and crew from the *Wish You Were Here. . .?* programme have flown over to make a report. The Pearces and Cochrans are determined to get on the screen.

Oracle subtitles page 888

David Pearce	Keith Barron
Amy Pearce	Gwen Taylor
Linda Cochran	
	Joanna Van Gyseghem
Robert Cochran	Neil Stacy
Carlos	Carlos Douglas
Herself	Judith Chalmers

DESIGNER COLIN ANDREWS
DIRECTOR LES CHATFIELD
PRODUCER VERNON LAWRENCE
Yorkshire Television Production

8.30
Never the Twain
DONALD SINDEN
WINDSOR DAVIES

THICKER THAN WATER
BY VINCE POWELL

Over a quiet drink Simon tells Oliver the strange secret of his birth and discovers an even stranger secret of which he himself was unaware.

Oracle subtitles page 888

Simon Peel	Donald Sinden
Oliver Smallbridge	
	Windsor Davies
Banks	Teddy Turner
Mrs Sadler	Maria Charles
Lil	Doris Hare
Charlie	John Rutland
Norman	David Barry

DEVISER JOHNNIE MORTIMER
DESIGNER ALISON WAUGH
PRODUCER PETER FRAZER-JONES
DIRECTOR ROBERT REED
Thames Television Production

9.00
Lytton's Diary
BY RAY CONNOLLY. BASED ON AN ORIGINAL IDEA BY PETER BOWLES, PHILIP BROADLEY

PETER BOWLES

THE ANCIEN REGIME

Why does a famous sex symbol suddenly refuse to strip in her new film? Who is her rich and mysterious visitor? And why does Neville Lytton's boss, the Rabid Dingo, really summon his Diary Editor to lunch at Boomerang Towers? As Henry Field might say, 'Are

we clasping vipers to our bosom?'.

Oracle subtitles page 888

Film director	Ric Morgan
Gerry	Valentine Pelka
Nick	Jeff Harding
Make-up girl	Liza Sadovy
Nathalie Navajo	Catriona MacColl
Dolly	Holly de Jong
Neville Lytton	Peter Bowles
Lady Sophie	Joan Blackham
Lord Balmforth	Bryan Coleman
Henry Field	Bernard Lloyd
Jenny	Harriet Keevil
David	Adam Norton
Helena Dobias	
	Barbara Kellermann
The lawyer	Lewis Fiander
Photographers	Lee Walker
	Steve Vicker
Receptionist	Octavia Taten
Harold	Jeffrey Segal
Guadix	John Hallam
Editor	Bernard Archard
Diplomat	Patrick Gordon
Wayne Monroe	John Stride
Kevin	Anthony Hayden
Car salesman	
	Christopher Sandford
Kidnappers	Clive Martin
	Jonathan Izard
Catherine Lytton	Fiona Mollison
Deputy editor	Colin Farrell

DESIGNER DAVID MARSHALL
EXECUTIVE PRODUCER
LLOYD SHIRLEY
PRODUCER/DIRECTOR
DEREK BENNETT
Thames Television Production

10.00 News at Ten
followed by

Reflections

10.30 Midweek Sport Special

Live coverage of Terry Marsh's first defence of his European light-welterweight crown. Victory against French champion Tek Nkalankete would guarantee the 27-year-old Basildon fireman a crack at the world title. Also on promoter Frank Warren's bill at the Alexandra Pavilion, London, is Commonwealth middleweight champion Tony Sibson, making his debut with the Warren stable. Sibson returns to action with a testing fight against the experienced Mexican Juan Elizondo, who has 45 wins to his credit. Reg Gutteridge and Jim Watt are at the ringside. Plus action from the Royal Albert Hall where Britain's top six men and leading six women gymnasts compete in the Gold Top Milk Champions' Cup including Hayley Price and Terry Bartlett. Commentators are John Taylor and Monica Phelps.
PRODUCER LEWIS WILLIAMS
EXECUTIVE PRODUCER
TREVOR EAST
Independent Television Sport Production

12.15
North Headlines
and Area Weather Forecast

12.20am
Closedown

7.00
Channel 4 News

7.50 Comment
By an SDP politician.

Weather

8.00
The American Century
PEACE! BY ADOLF HITLER

The third in this series screens the *March of Time's* bitter attack on Adolf Hitler, made in 1941 when the US film industry was accused by some influential politicians of 'warmongering'. Within months America was in the war, just as *MoT* had predicted. Presenter is Fred Halliday.
EDITOR ROLAND ARMSTRONG
PRODUCER
VICTORIA WEGG-PROSSER
DIRECTOR ORLY BAT CARMEL
Flashback Television Production in association with SFM Media Corporation

8.30
Diverse Reports
ULSTER WILL FIGHT
On the eve of 15 Ulster by-elections, the views of Belfast's working-class Protestants who are fighting the Anglo-Irish agreement.

9.00 Oral History
BY NADINE GORDIMER

Another in the repeated series of plays adapted from short stories by South African writer Nadine Gordimer. When guerrilla fighters take refuge in a border village its chief is afraid of military reprisals. But his attempts to protect his people are tragically misdirected. ‡

Chief	Mze Phembe
Lieutenant	Ray Charman
Headman	George Hamilton
Chief's mother	Njoki Wa Njukira
Chief's wife	Margaret Wairimu
Wife's helper	Janena Ngoiri
	Njuguna Muchindu
Freedom fighters	Njahramba Kagura
	Mwangi Kariuki
	Isaiah Muturi
Soldiers	Dick George
	Orlando Pala

EDITOR DOMINIQUE GREVSSAY
DIRECTOR OF PHOTOGRAPHY
OLIVER STAPLETON
EXECUTIVE PRODUCER
MATIJA BARL
DIRECTOR PETER CHAPPELL
Profile Production (Lesotho) Ltd

10.05 Danton
GERARD DEPARDIEU

FILM 1793 in Paris. Georges Danton, initiator of the 'Terror' with his collaborator and friend Robespierre, returns to a starving city from a period of self-exile, tired of bloodshed and determined to campaign for peace and tolerance. This horrifies Robespierre, who is dedicated to total Revolutionary victory. He permits the closing down of a newspaper run by Dantonite Desmoulins, by the dreaded Chief of Secret Police, Héron. . . A French/Polish film with English subtitles.
See page 33

Danton	Gerard Depardieu
Robespierre	Wojciech Pszoniak
Eleonore	Anne Alvaro
Héron	Alain Mace
Lacroix	Roland Blanche
Desmoulins	Patrice Chereau
Louison	Emmanuelle Debever
Amar	Krzysztof Globisz
Herman	Ronald Guttman
Tallien	Gérard Hardy
Couthon	Tadeusz Huk
Panis	Stéphane Jobert
Lucile	Angela Winkler
Lindet	Marian Kociniak

DIRECTOR ANDRZEJ WAJDA

12.30am Close

Gerard Depardieu faces the guillotine at 10.05.

1/ SAMEDI

Claude Miller, réalisateur de films et du spot « Dim »
« Droit de réponse : la pub », 22.

9.45 Vision plus

10.20 Télé-forme
Émission de Marie-Christine Debourse.
Dossier : **Le judo masculin.**

10.35 La maison de TF1
Émission de Christian Bernadac. Présentation : Évelyne Dhéliat et Michel Touret. Réalisation : Claude Deflandre.
Cette émission étant la centième, l'équipe de « La maison de TF1 », a invité un couple de téléspectateurs, **M. et Mme Poirson** habitant la Meurthe-et-Moselle. Ce sont eux qui ont établi le programme.
Jardinage : Nicolas plante des arbres fruitiers, des arbres d'ornement, des fleurs et explique comment améliorer le terrain. — **Vie pratique :** Conseils pour poser du carrelage dans la salle de bains et pour habiller un escalier ; information sur le leasing et la location-vente d'un appareil hi-fi. — **Cuisine :** Le tabeulé. — **Photo :** Comment bien se servir d'une caméra super 8, d'un zoom, de la lumière artificielle. — **Vie quotidienne :** Les relations avec le voisinage et les problèmes de la mitoyenneté. — **Couture :** Traçage d'un ourlet et vérification de l'arrondi d'une jupe en forme.

11.50 Bonjour, bon appétit
Émission de Michel Oliver.
Le mille-feuille aux fraises.

12.20 La séquence du spectateur
Émission de Claude Mionnet.
Les contes de Béatrix Potter, de Reginald Mills. — **Les hauts de Hurlevent,** de William Wyler. — **Signes extérieurs de richesse,** de Jean-Jacques Monnet.

13.Journal

13.35 Amuse-gueule
Émission de Catherine Anglade. Présentation : François Diwo. Réalisation : Marianne Fossorier.
Sketches : « La planche à voile », « Un homme au poil », « Un ministre à la TV » ; et les rubriques habituelles : A l'école Valaisane, les interventions de Fages et Nahmias, le rire des années soixante. « La petite fuite au froid », de Jean Dasque.

14.5 Pour l'amour du risque
Série américaine. Rediffusion.
Robert Wagner : Jonathan Hart
Stephanie Powers : Jennifer Hart
Mildred F. Perkins : Mindy
Une balle si précieuse. Mindy Vernon, une nouvelle employée dans une des sociétés de Jonathan, se réfugie dans la propriété des Hart, pour échapper au sinistre Kruger qui la poursuit depuis le Canada. Elle dissimule une balle de revolver — pièce à conviction contre le gang de Kruger — dans un des jouets en caoutchouc du chien des Hart. Ciro, le tueur albinos de Kruger, finit pourtant par l'assassiner. Kruger, Brenda sa compagne et Ciro, s'introduisent chez les Hart qu'ils surprennent en train d'essayer des kimonos ramenés du Japon. Ne sachant rien des agissements de Mindy, ni où elle a caché la balle de revolver, Ciro et Kruger retiennent les Hart en otage.

14.55 Jour J, hebdo
Émission de Bob Otovic et Michèle Dokan.

15.35 C'est super
Émission de Catherine Malaval et Sophie Roy.
Dossier : **Le tennis** avec **François Jauffret,** une rétrospective des années cinquante et un film sur Borg. Invité : **Marc Lavoine.**

15.55 Capitaine Flam
La planète aux mirages. Après avoir quitté la mer de flammes, Flam et ses amis, ainsi que l'équipe de tournage arrivent sur la planète Batons, où vivent les Stasians. Là, se trouvent les mines de diamants, seul but de John Valdean...

16.20 Casaques et bottes de cuir
Magazine du cheval de Jean-Claude Briffault. Présentation : Jean-François Robinet.
L'émission a été tournée en Jordanie avec comme invité **le prince Hassan,** frère du roi.
Au sommaire : les enfants du roi ; les écuries royales ; le polo (entraînement, stratégie et match) ; une ferme de la vallée du Jourdain ; Wadiram et la patrouille du désert ; la course de la semaine à Longchamp ; le grand prix d'Évry.

16.50 Les dames de cœur
Série d'après un scénario de Michèle Ressi. Réalisation : Paul Siegrist. Rediffusion.
Madeleine Robinson : Lucienne
Gisèle Casadesus : Blanche
Odette Laure : Gigi
Maxence Mailfort : Raphaël
Chantal Nobel : Agatha
Jupons en bataille. Le fils de Blanche, Raphaël, couturier de grand talent, est lâché par ses associés, les frères Chigi. En fait, il est victime d'une histoire de femme : la femme, c'est la belle Agatha Chigi qui ne lui a pas pardonné de l'avoir repoussée.
Lucienne a heureusement assez de cœur et d'argent pour venir en aide à Raphaël. Elle va financer son idée de mode pour le troisième âge. Idée à la fois géniale et charmante : rendre belles toutes les femmes qui ont passé la cinquantaine...
Gigi-les-breloques et Dame Blanche se métamorphosent avec joie en mannequins. Lucienne refuse : elle ne défilera pas. Pudeur oblige. Les manœuvres des Chigi pour pirater l'entreprise ont pour effet de galvaniser les dames de cœur : c'est la guerre des « Jupons en bataille ».

17.45 Trente millions d'amis
Émission de Jean-Pierre Hutin.
Le shetland. Il a la couleur du colley, il a l'allure du colley mais ce n'est pas un colley, c'est le berger shetland différent seulement du premier par la taille. Comme son nom l'indique, il est originaire des îles Shetland situées au nord de l'Écosse et est probablement issu de croisements

26 mai

entre des chiens nordiques et les fameux collies. De ses ascendances, il a conservé les aptitudes de chien de travail, et les Anglais continuent encore à l'utiliser comme gardien de troupeau.

Psy-chien (2) : La consultation. La psychiatrie canine connaît depuis quelques années un développement nouveau dans notre pays. Aujourd'hui, « Trente millions d'amis » propose d'assister à la « consultation » du Pr Queinnec de l'école vétérinaire d'Alfort.

« Allô docteur, mon chien est agressif. Je ne veux pourtant pas m'en séparer. Que faire ? »

Voici un des cas que le Pr Queinnec est appelé à soigner. Comme lui, des vétérinaires français (après leurs confrères américains) s'intéressent de plus en plus aux troubles du comportement chez le chien, troubles qui constituent parfois un véritable calvaire pour le maître. C'est ainsi que les spécialistes du « psy » canin ont pu mettre en évidence des déviations du comportement voire des troubles somatiques, dus à un mauvais apprentissage au cours de l'enfance du chien, soit à des erreurs du comportement de la part des maîtres.

18.15 Micropuce
Émission de Marceau Ginesy.

Le grand télescope de l'Observatoire du Pic du Midi. (Réalisation : Régis Duval.) Cet observatoire dressé sur le Pic du Midi à 3 000 mètres d'altitude, est comme une forteresse, enrochée au plus près du ciel.

Son nouveau télescope de deux mètres de diamètre place la France au premier rang en Europe par l'originalité de la technique utilisée et sa haute résolution.

Il est assisté par un ordinateur et un équipement électronique qui permet à l'observateur de travailler en temps réel.

Les pompiers branchés (réalisation : Claude Cailloux). La caserne des pompiers de la porte Champerret à Paris centralise les appels de détresse et répartit les secours grâce à l'ordinateur.

18.30 Auto-moto
Émission de Jacques Bonnecarrère. Réal. : Henri Carrier.
Auto : Le rallye de l'Atlas. — **Moto :** Le championnat du monde de side-car à Sainte-Rosalie ; Grand Prix d'Autriche.

19.5 D'accord, pas d'accord
Émission de l'Institut National de la Consommation.

19.15 Actualités régionales

19.40 Les petits drôles

20. Journal

20.30 Tirage du loto

20.35 SÉRIE NOIRE

CŒUR DE HARENG

Téléfilm de Paul Vecchiali d'après le roman de Pierre Lesou. Adaptation : Richard Caron, Pierre Lesou et Paul Vecchiali. Musique : Roland Vincent.

Hélène Surgère : Nella
Anouk Ferjac : la Moutoune
Nicolas Silberg : Marly
Pierre Blot : le barjo
Stéphane Jobert : Max
Roger Pigaut : Fernand
Dora Doll : Renée
Jean-Marc Alexandre : Rolf
Armand Meffre : le vieux Marseillais

Et : Jean-François Bayonne, Alain Berguig, Vincent Bicki, Jacques Buron, Paul-Yvon Colpin, Michel Delahaye, Chantal Delsaux, Jovica Denovic, Monique Garnier, Valérie Jeannet, Mathieu, Martine Maximin.

Il a le cœur gros comme ça, Marly, le proxénète bourru qui veut « décrocher ». Il veut offrir une guinguette à Nella, sa plus ancienne protégée qui, elle aussi, veut tout plaquer pour filer le parfait amour avec son « homme ». Mais un dernier casse tourne mal et se solde par une mort d'homme. Au bar tenu par la « Moutoune » où toutes les prostituées viennent se requinquer avant et après leurs « passes », on commence à jaser. Surtout qu'une gigantesque toile d'araignée se tisse autour de Marly, le faux dur. Rolf, l'ami infidèle et jaloux, empiète sur le territoire de Marly en y installant ses propres « filles » et tisse sa toile arachnéenne. Et le milieu intraitable effacera dans un garage les traces des amants crucifiés et désunis...

Le décor (celui de la prostitution et du milieu installé dans les contre-allées de l'avenue Foch), la trame policière (le film est adapté d'un polar écrit par Pierre Lesou dans les années cinquante) ne servent que de prétexte à montrer une histoire d'amour : pudique et retenue puisqu'elle se passe entre un homme et une

Quand le hareng sort, les souris dansent

femme plus très jeunes, rompus aux dures lois du milieu. Malheureusement, les gros plans sur Hélène Surgère (actrice fétiche de Paul Vecchiali et déjà complice de Nicolas Silberg dans « Corps à cœur ») ne suffisent pas à créer l'émotion. Il n'y a pas d'« atmosphère » et les moments forts (dans le bistro où une floppée d'actrices à tempérament se donne la réplique) ressemblent à des saynettes de théâtre de boulevard avec entrées et sorties obligatoires des artistes. Il faut attendre la dernière scène pour retrouver la griffe d'un véritable metteur en scène. Quant au monde de la prostitution, il est réduit aux petits ballets agaçants des jambes de ces dames quand elles croisent et font affaire avec les messieurs. Tout se passe en-dessous du genou. Il n'y aura pas de scandale.

Christine de MONTVALON

22. DROIT DE RÉPONSE

LA PUB

Émission de Michel Polac. Réal. : Maurice Dugowson.

La pub, chacun en parle mais bien peu connaissent exactement ses implications, en amont et en aval. Pour nous éclairer, Michel Polac a convié **Philippe Legris,** directeur général de Media-Régie, **Philippe Michel,** directeur du CLM-BBDO, **Michel Bongrand,** directeur de Bongrand S.A., **Claude Miller,** réalisateur, auteur de films publicitaires, **Michel Clouscard,** sociologue, **Alice Sapritch,** comédienne, vedette de spots de publicité, **Just Jaeckin,** réalisateur d'« Emmanuelle », des publiphiles, des publiphobes et des mannequins.

0. Journal et fin

2 LUNDI

12. Flash d'information et météo

12.5 L'académie des 9
Jeu de J.-C. Buchez. Présentation : J.-P. Foucault.
Invité de la semaine : **Adamo.**

12.45 Journal

13.35 La ligne de conduite
Feuilleton en dix épisodes. Réalisation : J.-P. Desagnat.
Dernier épisode. Pour éviter le scandale, David a quitté la région. A bout d'inquiétude et de désespoir, Claire demande des explications à son mari qui lui fait de graves révélations.

13.50 Aujourd'hui la vie
Émission préparée par Dominique Verdeilhan et Marc Legras.
Chansons témoins, chansons miroirs. Les vacances approchent, et avec elles, le temps du farniente, chanté par Gilles Langoureau, René Dabache, Henri Salvador et Yves Montand. Emotion, avec Pierre Saka et Patrick Burgel qui improviseront sur les récits des téléspectateurs. Evocation du quartier de La Villette, à Paris, avec Pierre Reggiani. Actualité enfin, avec Louis Chédid qui interprète « Hold up », et Gérard Vincent, ancien taulard reconverti dans la chanson qui parle des difficultés de réinsertion sociale des détenus libérés, avec une chanson extraite d'un album intitulé, « On ne refait pas sa vie comme on recoud un bouton de veste » ; un titre explicite que Gérard Vincent a donné aussi à son autobiographie (parue aux Editions France-Empire).

14.55 Le voyage de Charles Darwin
Feuilleton britannique en sept épisodes. Rediffusion.
Malcolm Stoddard (Charles Darwin), **Andrew Burt** (le capitaine Fitzroy), **David Ashton** (le lieutenant Wickham), **Peter Settelen** (le lieutenant Sulivan), **Cherith Melior** (Emma Darwin), **Iain Cuthbertson** (le docteur Darwin).
Premier épisode : Un enfant quelconque. Pour beaucoup d'entre nous, l'image de Darwin se confond avec celle d'un vénérable gentleman victorien, dont le livre « De l'origine des espèces » a soulevé la fureur des institutions chrétiennes de l'époque et complètement bouleversé l'étude scientifique de la vie. En fait, Charles Darwin n'a que vingt-deux ans, en 1831, lorsqu'il embarqua, à bord du « Beagle », un navire qui partait pour une expédition scientifique en Amérique Latine. Le voyage, qui devait durer cinq ans sera capital pour le jeune savant et d'une importance décisive pour la science.

C'est encore loin, l'Amérique ?

Rigoureusement fidèle à la vérité historique, ce feuilleton-documentaire a été tourné à partir des notes prises au jour le jour par Darwin et filmé sur les lieux mêmes de l'action. Une diffusion à ne pas manquer si vous avez raté les deux premières. Pour une fois, on ne se plaindra pas d'une redite...

15.55 Cette semaine sur A2

16.10 Apostrophes
Rediffusion de l'émission de vendredi dernier.
De la maladie considérée comme un des beaux-arts. Ferdinando Camon : « La maladie humaine » (Gallimard) ; Lucette Desvignes : « Clair de nuit » (Fayard) ; Claudine Herzlich et Jeanine Pierret : « Malades d'hier, malades d'aujourd'hui » (Payot) ; François-Bernard Michel : « Le souffle coupé » Françoise Ducout présente « Jackie, la souffrance et la gloire », d'Irving Mansfield (Belfond).

17.20 La télévision des téléspectateurs
Émission préparée par Armand Ventre. Présentation Isabel Montesinos.
Alerte route, reportage de Paul Kindt. La lutte des pompiers et des pilotes de canadairs contre les incendies de forêts. — **Pollution**, animation de Bernard Thomazeau. Une caricature humoristique de notre environnement.

Aujourd'hui chez nos voisins

Monte-Carlo
U.H.F. Canal 30
V.H.F. Canal 20
18. Super-champions. 18.30 Colargol. 18.40 Amis des hommes. 19. Journal. 19.10 Les carnets de la Côte. 19.20 Satanix. 19.35 Dallas. 20.40 ALOISE (1974), film de Liliane de Kermadec, avec Delphine Seyrig, Isabelle Huppert, Roger Blin. *La vie, l'internement d'Aloïse Porraz, peintre schizophrène morte en 1964. Rigoureux et bouleversant.* 22.40 Vidéo solo. 23.10 Impact du plein Evangile. 23.25 Fin.

Luxembourg
13. Clip connection. 17.30 Coffre-fort. 17.35 Chewing-rock. 18.45 Mégaventure. 19.15 Journal. 20. L'île fantastique. 21. LE CLAN DES SICILIENS (1968), film d'Henri Verneuil, avec Gabin, Delon, Ventura. *Un patriarche du gangstérisme et son complice, un jeune loup, décident de s'emparer d'un Boeing transportant une fabuleuse collection de bijoux. Policier à l'américaine. Pour revoir Gabin.* 22.55 La joie de lire. 23.10 Clip connection. 1. Fin.

Suisse
12. Midi-public. 13.25 La couronne du diable (10). 14.20 Grüezi ! Musik und Gäste. 15.5 Dynastie. 15.55 Mélomanies : Symphonie n° 2 de Schumann. 16.40 Flashjazz. 17.20 Regards. 17.55 Babibouchettes. 18.10 Belle et Sébastien. 18.35 Journal romand. 18.55 Dodu Dodo. 19.10 De A jusqu'à Z. 19.30 Journal. 20. Sport. 20.15 A bon entendeur. 20.20 Spécial cinéma : YOL (1982), film de Yilmaz Güney, réal. Serif Foren,

avec Tarik Akan, Serif Sezer. Palme d'or à Cannes. *Des détenus en permission allant visiter leurs familles se heurtent à l'arbitraire, à l'obscurantisme. Bouleversant.* 22.10 Festival de Cannes 1984. 23. Journal. 23.15 Franc-parler. 23.20 Fin.

Belgique 1
17.20 Plein jeu. 18.15 Micro-défi. 18.50 Allô, Plein Jeu ? 19.5 Ce soir. 19.30 Journal. 20. Tribune, élections européennes. 20.10 Ecran-témoin : non communiqué.

Belgique 2
18.30 Image. In. 19. Lundi sports. 19.30 Journal. 20. Seniorama : finale du jeu opéra-opérette. 20.35 Le wallon à l'école : Moûse às oùy d'Efants. 21.35 Indépendants à votre service (5). 22.5 Fin.

Allemagne 1
16.10 Le marché du lundi. 17.20 En auto-stop à travers la galaxie (5). 18. Prog. régionaux. 20. Journal. 20.15 Avant la tempête (5). 21.15 Voisins britanniques. 21.45 Magazine de divertissement. 22.30 Thèmes du jour. 23. LE MOMENT DE LA VÉRITÉ, film de Francesco Rosi, avec Miguel Mateo Miguelin, José Gomez Sevillano. *Rosi analyse et dénonce une fois de plus l'implacable réseau des contraintes sociales qui aliènent l'individu.*

Allemagne 2
16.5 Apprendre est humain (8). Ecole élémentaire (8). 16.35 Les aventures de Lassie 17. Inf. des Länder. 17.15 L'illustré de la télé. 17.50 Un coin pour tous les cas. 19. Journal. 19.30 Le reportage du lundi. 20.15 DOCTEUR MABUSE VON SCOTLAND YARD GEJAGT, film de Paul May, avec Peter van Eyck, Sabine Bethmann. 22.5 Helnwein, un film sur et avec Gottfried Helnwein. 22.50 Entraînement de survie, téléfilm.

28 mai

LUNDI 2

17.40 Récré A2

Présentation : Véronique. Réalisation : Maurice Tanant.
Plc, plc, plc : Les Inuit. — **Le petit écho de la forêt :** La plume d'Adèle. — **Latulu et Lireli,** sur le thème « Le bébé ». — **Les Schtroumpfs :** Sur les planches. — **Kum Kum :** Azor est un lâche.

18.30 C'est la vie ❓

Emission préparée et présentée par Jean-Claude Allanic.
Les bêtes de concours, enquête de Laurent Massardier (toute la semaine).

18.50 Des chiffres et des lettres

19.10 D'accord, pas d'accord
    Spécial tribunaux administratifs.

19.15 Actualités régionales

19.40 Le théâtre de Bouvard

20.Journal

20.35 LE GRAND ÉCHIQUIER

Soirée proposée par Jacques Chancel. Collaboration : Liliane Bordoni, Josette Kominek et Bruno Fourcade. Réalisation : André Flédérick.

Les apprentis virtuoses de Philadelphie, les Quilapayun du Chili et la pianiste Brigitte Engerer.

LE CURTIS DE PHILADELPHIE

L'Institut Curtis, c'est tout d'abord et essentiellement un établissement privé fondé en 1924 à Philadelphie par Marie-Louise Curtis-Bok, une Américaine qui se voulait mécène ; cet Institut n'accepte aucun subside extérieur et dispense un enseignement gratuit à des jeunes musiciens sélectionnés au final de différents concours très difficiles.

Grâce à des bourses, près de trois mille garçons et filles du monde entier ont été formés en une soixantaine d'années : trente-quatre des grands orchestres symphoniques des U.S.A. accueillent actuellement plus de trois cents diplômés du Curtis. La plupart tiennent les premiers pupitres.

La promotion 83-84 comprend cent soixante-six étudiants qui sont, ce soir, les invités de Jacques Chancel. Ils ont entre quinze et vingt-quatre ans. Leur directeur, **John de Lancle,** d'origine française, sera la voix parlée de la soirée.

Mais l'Institut Curtis n'est pas qu'une école. C'est aussi un orchestre symphonique qui, lorsqu'il se réunit pour la première fois, dès l'ouverture de l'Institut en 1924, fut dirigé par Léopold Stokowski. Depuis, l'orchestre dirigé par les plus grands (Paray, Mehta, Ormandy, Bernstein, Célibidache...) se produit régulièrement à travers tous les États-Unis, à la radio et la télévision.

Dirigé par **Serge Zehnacker** (le fondateur, à Evian, du festival « Jeunes musiciens sans frontières ») et deux Américains : **Bob Fitzpatrick** et **Arnold Steinhardt,** l'orchestre du Curtis de Philadelphie interprète (extraits) : « Billy the Kid » d'**Aaron Kopland ;** « Marche », de **Samuel Barber ;** « Suite scythe-Ala et Loli » et « Symphonie n° 5 » de **Prokofiev ;** « Symphonie n° 2 » de **Brahms ;** « Shéhérazade » de **Rimski-Korsakov ;** les ouvertures de « Benvenuto Cellini » de **Berlioz,** et de « La pie voleuse » de **Rossini ;** « L'Horloge de Flore », pour hautbois et orchestre de **Jean Françaix** (hautbois : Betsy Starr, vingt et un ans) ; le « Rondo pour violoncelle et orchestre », d'Anton Dvorak, (violoncelle : Keith Robinson vingt et un ans) ; le 3e mouvement d'« Iberia », de **Debussy.** Enfin, une jeune pianiste coréenne de seize ans **Ju-Hee Suh** jouera la « Danse macabre » de Liszt.

Participent à l'émission : **Pierre Petit,** directeur de l'École Nationale de Musique de Paris ; le groupe chilien, **Quilapayun ;** le violoniste **Gidon Kremer** accompagné au piano par **Valery Afanassiev ;** les pianistes **Brigitte Engerer** et **Erik Berchot ;** le chanteur **Romain Didier ;** les danseurs du **Ballet National de Marseille Roland Petit** dans le final de « Notre-Dame de Paris » (musique de Maurice Jarre, chorégraphie de Roland Petit).

23.15 Journal

23.35 Bonsoir les clips
0.15 Fin

D1g Les systèmes d'examens européens

Vous faites partie de la délégation britannique à un congrès organisé par un sous-comité de la Commission Européenne, auquel participent les diverses organisations estudiantines européennes, et qui va avoir lieu à Strasbourg. La question des systèmes d'examens dans les différents pays d'Europe (baccalauréat en France, *A-level* et *Highers* en Grande-Bretagne, etc.) sera à l'ordre du jour. Les mouvements d'étudiants veulent attirer l'attention des autorités sur certaines injustices dans la façon dont ces examens sont organisés. Préparez une courte intervention (de 4 à 5 minutes au maximum), dans laquelle vous expliquerez, et dénoncerez, des anomalies du système britannique. Vous utiliserez les arguments, et surtout les chiffres, présentés dans les lettres au *Guardian* reproduites ici.

Vous ne serez pas le seul membre de la délégation; vous êtes chargé(e) de ne parler que de cet aspect. Il y aura lieu toutefois d'expliquer brièvement le système anglais des *Examination Boards* (*JMB*, *AEB*, *Oxford and Cambridge*, etc) qui organisent chacun des examens, en principe de valeur strictement équivalente. Ceci est à comparer avec le système français, très centralisé, qui sans doute aussi a ses défauts, et que les camarades français se chargeront de dénoncer.

Vous allez parler devant une séance plénière de quelques 150 délégués, et devrez donc respecter les formalités d'usage, avoir un débit lent, parler d'une voix forte, dans un style soutenu. Le travail de préparation consistera surtout à dégager les faits les plus significatifs des documents anglais.

Enregistrez votre intervention sur cassette.

Référez-vous aux extraits des *Tableaux de l'Economie Française* (section *Ecrire*, exercice B2d), qui montrent la façon dont on peut tirer, de tables statistiques, les leçons les plus importantes.

A level grades: facts . . . . . . figures, and . . .

THE defects of the A level grading system are even more serious than John Guy suggests (Education Guardian, August 14). Dr Guy implies that, although the guidelines "laid down" by the Government lead to weird distributions of grades, at least the GCE boards apply the guidelines consistently. Regrettably this is not so.

The 1960 guidelines specify that the top 10 per cent of students in each examination should be awarded grade A, the next 15 per cent grade B, and so on, with the consequence that 70 per cent of candidates should pass with grades A - E. But, as the Ministry of Education made clear at the time, "these percentages are to be regarded as no more than rough indications." GCE boards are free to depart from the norms and often do so.

The tables below show results in the major A level examinations set in summer 1983 by the three largest GCE boards. Owing to limits of space, Table 1 gives the percentages of all candidates awarded grade A only and Table 2 gives the total percentage of school-based candidates awarded grades A - E.

It is possible that the quality of candidates may vary between boards, but it is widely felt by teachers that the candidatures of London and JMB are broadly similar in size and ability-range. It is notable that JMB adheres more closely than London to the government guideline for the percentage of candidates awarded grade A and this is true of the other grades also.

It follows that candidates of comparable ability are more likely to achieve a grade A with JMB than with London. The numbers involved are necessarily small — in 1983 236 students would have gained an A in physics and 265 an A in biology if they had been entered for JMB rather than London — but one wonders how many of these had applied to become doctors, dentists, or vets, for which courses A grades are always required.

Similar or greater variations occur at grades B, C, D and E, and this leads to the sobering realisation that, each year, many students fail to enter the higher education course of their choice, or any course, because their school entered them for a "harder" board. There is certainly something very amiss when, as in English, one board passes over 17 per cent more candidates than another.

The surprising truth is that there is no mechanism for comparing the standards of the nine GCE boards. The Secondary Examinations Council (formerly the Schools Council) monitors the individual boards' performances, but does not compare these performances. And, by the boards' own account, Comparability in GCE (1978), comparability exercises are occasional, voluntary, and almost never involve all nine boards.

Clearly, swift and radical reform is needed if A level is not to become discredited.

L. C. Smith,
23 Pine Walk,
Carshalton,
Surrey.

AS A CAREERS officer advising A-level students I am often asked to explain how the grading system works, particularly at this time of year.

Three years ago, when I looked at the statistics published in the annual reports of the examination boards, I came to the conclusion that there was no common criterion. After reading John Guy's article I extracted from the latest reports the percentage of entrants awarded each grade, including O and F for six of the most popular A level subjects. Equivalent figures were available for only five of the boards, the ones not included were the Welsh, Southern and Oxford boards.

The figures are for students who sat A levels in summer 1983 and do not include overseas students. Where a board offered more than one syllabus for a subject I have quoted the percentages for the syllabus with most candidates.

It seems to me (without a statistical analysis of the figures) that only the JMB and perhaps the University of London board do to some extent apply the procedures described by John Guy and there are different procedure used by the other boards. There is a very striking difference between the results of the Oxford and Cambridge Board and those of the AEB. For example 22.2 per cent of Oxford and Cambridge Board candidates for mathematics got grade A in contrast to 5.3 per cent of the AEB candidates.

John Guy was making the point that the narrow range of marks covered by grade C seems rather to cut university entrants, when grades play such an important part in the selection procedure. Exactly the same points could be made about inter-board variation. Are some boards really "easier" than others as is often believed? Is the AEB candidates grade A at maths A level of equivalent standard to the candidate of the Oxford and Cambridge Board? How do the chief examiners assess this?

Mary Munro,
41 Rock Road,
Cambridge.

Mary Munro is co-author of Your Choice of A-levels, a guide to A-level subjects, published by CRAC.

JOINT MATRICULATION BOARD

	A	B	C	D	E	O	F
MATHS	12.7	14.1	8.7	16.1	18.3	20.3	9.8
ENGLISH	11.2	18.3	10.7	12.5	18.8	18.8	9.7
PHYSICS	10.6	13.2	11.3	15.6	18.4	21.0	9.9
CHEMISTRY	13.0	15.1	10.2	15.2	19.8	17.2	9.3
ECONOMICS	10.3	10.1	15.5	14.5	21.9	17.1	10.6
HISTORY	9.5	10.1	10.4	17.9	18.9	23.0	10.2

ASSOCIATED EXAMINATION BOARD

	A	B	C	D	E	O	F
MATHS	5.3	8.9	9.2	9.4	22.5	18.0	27.6
ENGLISH	5.2	9.8	17.9	24.3	21.0	14.4	7.3
PHYSICS	7.5	11.3	9.3	10.1	22.1	25.3	14.4
CHEMISTRY	7.2	18.0	11.5	13.7	27.5	20.4	1.6
ECONOMICS	1.3	6.6	7.6	9.7	22.2	39.5	13.1
HISTORY	3.8	7.4	10.0	16.6	17.5	20.1	24.5

LONDON BOARD

	A	B	C	D	E	O	F
MATHS (D)	11.8	17.2	9.4	14.8	15.3	7.9	23.6
ENGLISH	6.7	15.4	15.3	13.1	13.1	11.2	25.2
PHYSICS	8.6	16.4	11.8	14.1	19.4	14.1	15.6
CHEMISTRY	9.6	14.8	12.9	14.4	18.4	14.5	15.4
ECONOMICS	6.7	10.1	13.0	15.1	21.4	12.5	21.2
HISTORY (A)	7.7	14.2	12.7	15.4	21.5	11.5	17.0

OXFORD AND CAMBRIDGE BOARD

	A	B	C	D	E	O	F
MATHS	22.2	19.3	15.9	12.9	19.4	6.9	6.1
ENGLISH	12.2	25.6	24.6	20.0	10.4	5.5	1.7
PHYSICS	17.7	16.0	15.6	15.0	12.3	19.3	4.1
CHEMISTRY	18.3	13.3	15.2	18.1	17.8	12.8	5.0
ECONOMICS	14.6	20.3	14.2	17.1	16.0	11.1	6.7
HISTORY	14.5	23.5	20.5	17.0	16.2	5.6	2.7

CAMBRIDGE BOARD

	A	B	C	D	E	O	F
MATHS (A)	17.6	17.7	8.5	9.0	16.9	19.9	10.4
ENGLISH	9.5	11.7	9.6	12.9	28.8	18.7	8.8
PHYSICS	15.0	16.1	9.5	9.9	21.4	23.1	5.0
CHEMISTRY	15.6	18.6	10.7	10.7	21.2	20.4	2.8
ECONOMICS	8.2	12.8	11.9	12.6	25.6	22.1	6.8
HISTORY	12.0	17.5	10.6	9.7	21.4	19.1	9.4

Table 1 — Percentage of A Grades

	London	JMB	AEB
Art	6.4	5.2	2.0
Biology	8.9	11.3*	2.4
Chemistry	11.4*	13.1*	6.3*
Economics	6.7	10.3	1.8
English	6.7	11.2	10.3
French	8.1*	10.8	4.4
Geography	9.4	9.9*	1.9
German	13.4	13.9	9.2
History	6.8*	9.1*	3.8
Mathematics	12.3*	12.8*	9.2*
Physics	8.6	10.6*	7.5

Table 2 — Percentage Grade A-E

	London	JMB	AEB
Art	77.8	71.4*	75.8
Biology	71.3	72.3*	60.4
Chemistry	75.3*	75.3*	71.9*
Economics	71.2	74.4	55.1
English	66.8	73.8	84.6
French	70.0*	72.8	73.3
Geography	73.8	71.5*	71.6
German	79.3	76.8	87.5
History	74.6*	67.9*	60.9
Mathematics	74.7*	70.0*	62.3*
Physics	73.9	70.5*	64.1

*indicates average of two or more syllabuses

. . . the search for a better system

THE Secondary Examinations Council has a working party looking into grading at A level. This working party has members from all the GCE boards, SCUE, CNAA, and UCCA, and met first on May 4. We expect them to report to the council early in 1985. It will then be up to the council what advice it offers to the Secretary of State.

There is a cause for concern that the present system has, for historical reasons, the smallest spread of marks covering the grade C, and therefore that some people will get Ds who should have got Bs and vice-versa. No doubt the working party will propose a more logical system with a greater measure of criterion-referencing and it should, apparently, be fairer. However, it cannot mean any more candidates going to university, merely that different candidates will obtain one of the coveted places. In that sense entry to a university course is something of a lottery.

Admissions tutors this year are in an extremely onerous position and it must be true that, at the end of the day, many candidates who would have gone to university in years past will not do so this year. — Yours faithfully,

Peter Dines,
Deputy Chief Executive,
Secondary Examinations Council.

The Guardian, 28 août 1984

D2 Conversation téléphonique

D2a Un auto-stoppeur

Conversation (a)

PERSONNAGE A Un de vos amis anglais est parti faire de l'auto-stop en Bretagne. Son frère ayant eu un accident de voiture, sa mère vous demande de téléphoner d'urgence au Consulat Britannique à Dinard, pour qu'il prévienne l'auto-stoppeur. Elle sait que son fils avait l'intention de passer le weekend à Saint-Malo. Il vous faudra donc expliquer ce qui s'est passé, décrire cet ami, faire tout le nécessaire afin que le message lui soit transmis.

PERSONNAGE B Vous êtes la secrétaire du Consulat qui répond à ce coup de téléphone. Ecoutez, demandez des précisions, donnez des conseils. Vous rassurerez la mère, par l'intermédiaire du personnage A, peut-être en promettant de vous mettre en contact avec la police, et de rappeler le personnage A le lendemain. Prenez donc ses coordonnées et fixez une heure.

Conversation (b)

PERSONNAGE B On a retrouvé le fils dans un terrain de camping. Il est parti visiter les ramparts de Saint-Malo, mais reviendra au camping dans la soirée. Vous avez laissé un message pour lui au camping. Communiquez ceci à votre interlocuteur/interlocutrice.

PERSONNAGE A Exprimez votre réaction, les remerciements de la part de la mère, et ses inquiétudes au cas où son fils ne recevrait pas le message.

D2b Des billets d'avion

PERSONNAGE A Vous êtes en France, et vous avez réservé des billets d'avion pour Londres. Le jour du départ approche, et vous n'avez encore rien reçu. Vous êtes inquiet/inquiète et en colère. Téléphonez à l'agence de voyages qui vous a vendu les billets. Vous voulez avoir des explications et en même temps exprimer votre mécontentement.

PERSONNAGE B Vous êtes l'employé(e) de l'agence de voyages. Excusez-vous du délai, faites patienter le personnage A. Vous lui promettrez d'aller vérifier vos dossiers, et vous lui offrirez une solution, peut-être en lui proposant de lui remettre les billets à l'aéroport.

D2c Un accident de voiture

PERSONNAGE A Pendant un stage commercial que vous faisiez en France, vous avez eu un accident de voiture. Vous craignez d'être condamné(e) pour conduite négligente. Un collègue vous a passé le numéro de téléphone de son avocat. Vous téléphonez à cet avocat pour lui expliquer ce qui s'est passé. Vous lui donnez donc vos coordonnées, vous lui décrivez les détails de l'accident, vous lui indiquez le nom, l'adresse, le numéro de téléphone, la compagnie d'assurances, et le numéro de la police d'assurance de l'autre automobiliste. Prenez rendez-vous avec cet avocat, demandez-lui de vous rappeler. Vous devez communiquer tout ceci, non pas à l'avocat lui-même, mais à son répondeur.

RÉPONDEUR «42.51.13.18. Etude de maître Jobert, avocat à la cour. Nous regrettons de ne pouvoir vous répondre directement. Nous vous prions de bien vouloir enregistrer votre communication après la tonalité qui suit. Merci.»

D2d Le faire-part de mariage

Conversation (a)

PERSONNAGE A Une amie française vous a envoyé un faire-part de mariage, qui vous parvient trop tard pour vous permettre de répondre par lettre. Vous téléphonez à ses parents, que vous ne connaissez pas. Il vous faut donc expliquer qui vous êtes, et quel est le sujet de votre appel: vous acceptez l'invitation et demandez également tous les détails que vous jugez utiles.

PERSONNAGE B Vous êtes la mère de la future épouse. Répondez en déclarant, par des formules de politesse, votre plaisir de pouvoir enfin connaître l'ami(e) de votre fille. Donnez des détails plus amples que ceux qui figurent sur le faire-part quant à la cérémonie de mariage (église, mairie) et quant à la réception, et répondez aux questions qu'on vous pose.

Conversation (b)

PERSONNAGE A Vous avez le même rôle que dans la conversation (a), mais cette fois vous téléphonez pour décliner, avec regret, l'invitation.

PERSONNAGE B Vous avez le même rôle que dans la conversation (a), mais vous devez réagir, selon les règles de convenance, à la nouvelle réponse.

Madame Pierre Roussel,

Madame Emmanuel Petit,

Monsieur et Madame Georges Roussel

ont l'honneur de vous faire part du mariage

de Mademoiselle Françoise-Marie Roussel,

leur petite-fille et fille, avec Monsieur

Jean-Marie Massillon.

Et vous prient d'assister ou de vous unir d'intention

à la messe de mariage, qui sera célébrée le Vendredi

23 Juillet 1982, à 16 h. 30 en l'Église St-Pierre,

15, Avenue du Vouvray, (37) Tours.

24, Rue Victor-Hugo (37) Tours.

D2e L'Assistant d'anglais

PERSONNAGE A Vous avez été nommé(e) Assistant(e) dans le collège d'enseignement secondaire d'une ville de province. Vous avez écrit au directeur du collège, mais vous n'avez reçu aucune réponse. Vous téléphonez au collège, et la standardiste vient de vous mettre en contact avec la secrétaire du directeur. Vous vous présentez, vous expliquez que vous avez écrit, vous posez des questions, vous demandez des renseignements.

PERSONNAGE B Vous êtes la secrétaire. Répondez à cet appel téléphonique. Expliquez pourquoi la lettre est restée sans réponse. Donnez des renseignements, des conseils, peut-être en communiquant le nom et l'adresse de l'Assistant précédent.

D2f Une demande d'emploi

PERSONNAGE A Vous téléphonez à l'agence de travail temporaire *Euro-job*, pour poser votre candidature à un poste de secrétaire bilingue dans une maison d'exportation et d'importation à Paris. Vous venez de parler à la standardiste, et on vous a passé la secrétaire du directeur. Il vous faut maintenant détailler votre demande, dresser votre *curriculum vitae* (voyez ci-dessous), et prendre un rendez-vous.

PERSONNAGE B Vous êtes la secrétaire du directeur de l'agence. Soyez, selon votre goût, serviable ou peu obligeante. Il vous faut poser les questions qui semblent nécessaires, et organiser le rendez-vous.

Le *curriculum vitae* comprendra des renseignements sur votre identité, sur votre état civil (date et lieu de naissance, nationalité), sur votre situation de famille (célibataire, marié, veuf, etc.), sur les études que vous avez suivies, sur les diplômes que vous avez obtenus (lieux et dates), et sur les emplois précédemment occupés, etc.

D2g Une campagne écologiste

PERSONNAGE A Vous avez été engagé(e) par un groupe écologiste du genre *Greenpeace* en raison de vos connaissances en français. (Vous êtes professeur de français dans un lycée à Londres.) Ce groupe mène une campagne pour alerter l'opinion publique dans les villes côtières de la Manche, en France et en Angleterre, du danger que présente le transport maritime des substances radioactives. Dans ce but vous devez téléphoner aux personnalités locales de l'une de ces villes, Dieppe par exemple, pour leur expliquer les buts de la campagne et pour obtenir leur participation à une réunion publique où cette campagne sera lancée. Voici la liste des personnes à contacter:
- M. Berthelot (directeur de l'école normale)
- Monseigneur Péguy
- le docteur Pasteur
- Mme Farigoule (conseillère municipale RPR)
- Mme Normand (directrice du lycée)
- M Fougeron (conseiller municipal communiste)

Il vous faudra d'abord inventer les détails de la campagne et ensuite préparer des arguments susceptibles de convaincre l'interlocuteur ou l'interlocutrice à qui vous vous adressez.

PERSONNAGE B Vous êtes une des personnalités de la liste ci-dessus. Vous allez, selon votre goût, résister aux arguments du représentant de l'organisation écologiste en justifiant votre réaction, ou bien exprimer votre accord, tout en restant sceptique à l'égard de cette campagne et en demandant des précisions sur les solutions de rechange proposées par le groupe écologiste.

D3 Groupe de travail ▬▬▬
D3a Les nouveaux villages

Vous allez participer à un débat radiodiffusé sur les 'nouveaux villages', sujet de l'article de Gérard Petitjean, *Un certain bonheur*, tiré du *Nouvel Observateur*. Dans ce débat, vous jouerez un des rôles suivants:

1: animateur/animatrice du débat
2: habitant(e) d'un de ces villages, qui partage plus ou moins le point de vue de l'auteur de l'article
3: habitant(e) d'un de ces villages, qui adore y résider, et qui proteste contre les prises de position extrêmes exprimées dans l'article de M. Petitjean
4: habitant(e) d'une HLM, qui voudrait bien avoir la possibilité d'habiter dans un 'nouveau village'
5: représentant de la compagnie *Kaufman and Broad*, qui veut répondre aux critiques faites dans l'article.

Lisez attentivement l'article de M. Petitjean, et préparez un exposé oral de trois minutes maximum pour exprimer votre point de vue, selon le rôle qui vous a été assigné.

Après l'audition des quatre exposés, le débat se déroulera sous la direction de l'animateur/ animatrice, qui sera chargé(e) de faire en sorte que la discussion soit intéressante et cohérente. Les quatre participant(e)s qui représentent les différents points de vue devront être prêt(e)s à développer leurs thèses, à répondre aux questions et aux observations qui leur seront adressées, et à poser des questions aux autres interlocuteurs et interlocutrices.

Pour vous faire une idée de la variété de français oral qui convient à cet exercice, vous trouverez utiles les documents tirés du procès-verbal des délibérations du Conseil Général du Puy-de-Dôme (voir section *Lire*, texte 6, *L'administration départementale*).

Un certain bonheur

Haies basses, pelouses, portiques pour les enfants, architecture 'spacieuse et raffinée', voisins sympathiques . . . Les promoteurs des 'nouveaux villages' qui prolifèrent autour de Paris ont su attirer les familles. Pour un 'nouvel' art de vivre?

Si vous n'y êtes jamais allé, il faut fermer les yeux et imaginer: une haie basse, un gazon ras, un portique pour les enfants, une tondeuse à gazon, un barbecue en brique, un chien, une porte bleue. Et on recommence: haie basse, gazon ras, portique, tondeuse, barbecue, chien, porte noire. Et rebelote avec porte bleue et . . . Ouvrez les yeux: vous allez vous endormir.

Vous auriez tort: vous visitez l'un des rêves des années 80, le 'nouveau village', le fin du fin en matière de promotion immobilière depuis quinze ans. Là, vous étiez rue des Semailles, ou rue des Moissons, ou rue de l'Orangerie, ou rue des Labours; enfin, peu importe . . . Tous les noms de rue évoquent la campagne dans les nouveaux villages. Les rues du Général-de-Gaulle, les rues Gabriel-Péri, les avenues Jean-Jaurès, c'est bon pour les villes qui ont une histoire. Quand vous avez fermé les yeux, vous étiez à Mennecy, à quarante-cinq kilomètres au sud de Paris, entre Corbeil et La Ferté-Alais. C'est facile à trouver. Au vieux bourg, vous prenez à gauche, au premier feu rouge, vous laissez passer un bon kilomètre de champs de betteraves et vous trouvez le nouveau village de chaque côté de la route.

C'est un gros village: beaucoup plus de mille maisons. On n'en fait plus, dès villages comme ça, aujourd'hui: le gigantisme, c'est terminé. Ce sont des Américains qui ont construit Mennecy: la société Levitt, les pionniers du nouveau village en France vers 1966. Ceux qui connaissent un nouveau village vont dire: j'ai déjà vu ce que vous décrivez, ce n'est pas Mennecy, c'est le 'Parc de X', la 'Clairière de Y', la 'Résidence de Z', les 'Vergers de . . .', les 'Allées . . .' le 'Bois . . .' et j'en passe: les promoteurs ont toujours eu l'imagination bucolique. Ceux-là ont raison. Rien ne ressemble à un nouveau village qu'un autre nouveau village. La tondeuse à gazon fournit la date plus sûrement que le carbone 14: nous sommes le samedi après-midi. Le dimanche, les règlements de copropriété interdisent le passage de la tondeuse à gazon. Reste le samedi. Le matin, on va en famille et en voiture au supermarché le moins éloigné: il faut bourrer le congélateur. C'est donc le samedi après-midi que l'on tond la pelouse et que l'on taille les haies.

Il ne faut pas ricaner trop vite. En France, sur dix logements neufs, six sont des maisons individuelles. Et, depuis cinq ou six ans, un bon tiers des maisons individuelles que l'on construit autour des grandes villes le sont dans des 'nouveaux villages'. L'acheteur moyen est bien connu du statisticien: trente-cinq ans, marié, deux enfants, cadre moyen . . . C'est vous, c'est moi.

M. Bruce Karatz est un Américain. Il a un costume trois-pièces, un bureau aux Champs-Elysées et un métier lucratif: il conçoit, construit et vend des 'nouveaux villages' aux Français pour le compte d'une grosse société cotée à la Bourse de New York: Kaufman and Broad. Il a commencé en 1969, à Voisins-le-Bretonneux, près de Trappes, quatre ans après Levitt. Trois cent soixante-deux maisons vendues en six mois. En dix ans, il en a vendu sept mille. Bruce Karatz a constaté qu'en matière de logement c'est généralement la femme qui a le plus pensé le problème et qui décide.

Jean-Louis Siran est ethnologue. Pendant des années, il a observé comme pas mal de ses confrères ce qui se passait dans les villages de la brousse camerounaise. Rentré en France, il a gardé sa manie d'observer. Mais il a eu l'idée curieuse d'appliquer sa manie à ces nouveaux villages qui prolifèrent autour des grandes métropoles, histoire de voir comment on vit réellement 'dans des maisons conformes à vos aspirations familiales et sociales', comme dit la publicité des promoteurs. Afin de savoir quels modes de vie inspirent ces terrains 'spacieux' où s'élèvent des maisons d'une architecture 'traditionnelle', où la distribution des espaces est naturellement 'à la fois spacieuse et raffinée'. De voir, en un mot, comment des Français s'adaptaient à un mode de vie directement transplanté des Etats-Unis—à Mareil-sur-Mauldre, il y a des habitants qui en sont tellement conscients que, refusant les boîtes aux lettres classiques, ils se sont procuré de belles boîtes style US Mail.

Jean-Louis Siran décrit avec une férocité légère(?) les mœurs de ces Bamilékés de l'Ile-de-France, dont la vie sociale ne s'exerce que l'été: on se reçoit dans les jardins, on ne pénètre pas dans les maisons. «L'hiver, disent les 'néo-villageois', on ne voit personne». Il parle des femmes qui tentent d'oublier, dans un déploiement forcé d'activité ménagère, le temps du shopping le long des boulevards; des hommes qui se mettent en short en rentrant du travail parce que, arrivés chez eux, ils sont à la campagne. On ne sort plus de chez soi—pour aller où? Pas à la campagne, tout de même: on y est.

Seuls les nouveaux arrivés se révoltent encore, faiblement: «C'est tout de même bête de passer tout son samedi sur une tondeuse à gazon quand la forêt est à dix minutes . . .». Il décrit les exclusions sociales, beaucoup plus féroces qu'en ville, les jardins qui sont des signes extérieurs de richesse et de bon goût, les voisins dont il faut absolument se faire des amis parce qu'il serait 'invivable' de se fâcher avec eux: le règlement de copropriété interdit les clôtures.

Ce fameux règlement de copropriété qui brise les rêves secrets de tous les néo-villageois en leur interdisant toute culture de persil ou de salade—ça se fait quand même clandestinement, le potager bien caché derrière une haie—qui leur impose de repeindre éternellement leur porte en bleu, de tondre la pelouse tous les quinze jours, de planter des arbres, de ne faire sécher de linge le dimanche, etc. Ça brime tout le monde; mais personne ne remet le règlement de copropriété en question: le voisin pourrait se fâcher . . . Rien ne doit menacer l'harmonie, le statut social du village. Selon Jean-Louis Siran, pour 70 % des habitants, le nouveau village, c'est le lieu où l'on 'accède' à la propriété. Le conformisme vient en prime. C'est le promoteur qui en fixe les règles, pour son plus grand profit: si l'on contraint les néo-villageois à recrépir leurs maisons plus souvent qu'il ne serait nécessaire, c'est qu'un nouveau village sert toujours de maquette grandeur nature pour les futurs acheteurs . . .

Mais, officiellement, c'est le bonheur vert, celui qu'on décrit sur les brochures luxueusement illustrées: les enfants jouent dans le jardin sous le regard attendri des parents. La porte du garage est ouverte: on entrevoit la voiture. Bien sûr, le ciel est bleu et les voisins ont disparu.

«Sur la publicité, on voyait des balançoires et des chiens. Alors tout le monde a acheté des balançoires et des chiens, me raconte la dame en survêtement qui m'a fait entrer dans l'espèce de hall de gare meublé à l'ancienne qui lui sert de salle de séjour. Dans son jardin, il n'y a pas, comme partout ailleurs, de balançoire rouge, jaune et vert. Son fils a dix-huit ans: il préfère la moto. «Il paraît qu'il s'ennuie un peu ici, dit la maman en survêtement, quand il n'écoute pas de disques avec les copains!». Mais son père, qui est mécanicien navigant à Air France, n'en fait pas un drame: «L'ennui, dit-il, ça fait partie de la jeunesse». La mère en survêtement et qui fait beaucoup de sport s'ennuie aussi, parfois. «Dans ce cas-là, dit-elle, je prends ma voiture et je vais à Paris».

Gérard Petitjean, *Le Nouvel Observateur*, 21 avril 1980

D3b Parents et professeurs

Vous faites partie d'un groupe qui se réunit pour organiser des vacances de sports d'hiver pour 15 écoliers et 15 écolières (16 à 17 ans) d'un lycée du Pas-de-Calais. Ils iront à Val d'Isère pendant les vacances de Pâques de l'année prochaine. Après avoir étudié les documents ci-joints, vous participerez à une discussion entre la directrice du lycée, les deux professeurs qui accompagneront les élèves, et les délégué(e)s des parents. Vous jouerez un des rôles suivants:

1: la directrice du lycée (Mlle Guerlac)
2: le professeur de gymnastique (M. Lefèvre)
3: le professeur de philosophie (Mlle Lebrun)
4: ⎫
5: délégué(e)s, parents des élèves ⎬ (M. Morrier)
6: ⎭ (Mme Denis)
(Mlle Argent)

Il vous faudra, selon votre rôle, être patient(e), conciliateur/conciliatrice, anxieux/anxieuse, agressif/agressive, au cours de cette discussion.

1. La directrice du lycée

Son rôle est de diriger le débat. Dans ce but, elle devra prendre la parole au début de la réunion, faire les présentations et introduire chacune des questions qui figurent à l'ordre du jour. Il lui faudra également veiller à ce que les décisions nécessaires soient prises avant la fin de la réunion, et qu'un plan d'action soit élaboré. En tant que présidente de ce groupe, elle doit essayer de rester objective, mais elle aura aussi ses vues personnelles: elle se méfie un peu de la compétence administrative du professeur de gymnastique, mais est obligée d'apporter son soutien au projet de vacances de sports d'hiver. La réputation du lycée la préoccupe, et elle ne veut surtout pas offenser les délégué(e)s des parents.

2. Le professeur de gymnastique

Il est l'un des deux professeurs chargés de l'organisation des vacances, responsable de l'aspect financier (le coût des vacances, la possibilité d'obtenir des subventions, les assurances), aussi bien que du programme des activités à Val d'Isère. Il lui revient donc de préparer à l'avance des propositions détaillées dans ces domaines, et de pouvoir répondre aux questions que lui poseront les autres membres du groupe.

3. Le professeur de philosophie

Elle est responsable des questions de transport et d'hébergement; elle s'occupera aussi de la discipline des élèves. Son travail sera donc semblable à celui du professeur de gymnastique.

4–6. Les délégué(e)s

Un père, deux mères, dont l'une est mère céli-bataire. Tous membres de l'Association des parents d'élèves du lycée en question. Leurs préoccup-ations sont, d'un côté, financières (le coût des vacances, la question d'argent de poche, etc.), et, de l'autre côté, personnelles et morales (les me-sures à prendre en cas de maladie, d'accident, etc., la conduite des élèves—et des professeurs?). Ils ont tendance à croire que tous les renseignements concernant ces vacances ne leur ont pas été donnés. Ils auront des questions à poser, et peut-être aussi des objections à faire, sur chacun des aspects de l'organisation des vacances.

L'ordre du jour

1: but des vacances
2: coût des vacances
3: assurances
4: transport
5: hébergement
6: programme des activités
7: plan d'action.

Référez-vous au texte 6 de la section *Lire* (*L'administration départementale*), et les extraits du procès-verbal des délibérations du Conseil Général du Puy-de-Dôme, pour vous faire une idée de la variété de français oral qui convient à cet exercice.

Documents

1. Extrait du *Guide des Hôtels de France*, 1984, *Alpes de Savoie*

HOTELS		Téléphone	Ouverture	Nombre/ch	Ch./S. de B.	Ch./C. de T.	Informations générales	Prix tout compris Chambre Single Mini-Maxi	Prix tout compris Chambre Double Mini-Maxi	Prix pension par personne Mini	Prix pension par personne Maxi
VAL-D'ISERE 73150 (Savoie) ☎ (79) ⚐ 1840											
SAVOYARDE (la) ✆980342	***	06.01.55	De/Mi	45	45						
SQUAW VALLEY	***	06.02.72	Hiver	24	19				209/289		
TSANTELEINA	***	06.12.13	Et/Hiv	60	60			150/300	175/325	225/340	
AVANCHER (l')	**	06.02.00	Et/Hi	17	14	3		92/141	132/242		
BELLEVUE B.P. 47	**	06.00.03	Dé/Av	23	9	14				185/235	
CHAMOIS D'OR	**	06.00.44	Hiver	21	16	5				157/230	
CHAMPS AVALLINS	**	06.09.04	Et/Hi	42	42			160/180	135/205 190/290		
CHATELARD (pavillons)	**	06.04.31	..	59	59						
GALISE (de la)	**	06.05.04	Dé/Av	38	37	1		100/166	145/202	162/219	
GENTIANES	**	06.00.30	Et/Hi	14	11	3		190/230			
GLACIERS (les)	**	06.00.01	Hiver	25	20	5			200/250	205/230	
KANDAHAR (le)	**	06.02.39	Et/Hi	16	12	4					
KERN (le)	**	06.06.06	De/Mi	19	17	2		156/271	156/271		
LAUZES (les)	**	06.04.20	Et/Hi	12	12			152/246			
MORIS (LE)	**	06.02.53	Dé/Mi	46	12	11		96/180	130/247		
RESIDENCE CANADIENNE	**	06.01.54	Et/Hi	9	9			225/390			
RUITOR	**	06.06.52	T.A.	26	20	3			180/228		
SAINT HUBERT (le)	**	06.06.45	Hiver	28	23	5		80/120	180/255	185/255	
SAVOIE (le)	**	06.15.07	Et/Hi	34	33	1		160/180	290/290		
TOVIERE (la Daille)	**	06.06.57	..	26	24	2		208/280		164/206	
VIEUX VILLAGE	**	06.03.79		23	23			120/180	165/225		
BIVOUAC	*	06.05.48	De/Av	7	7			105/187			
DOLOMITES	*	06.06.55	Et/Hi	14							
FORET (LA)	*	06.00.40	Ete/Hi	40	14	22		70/90	100/140	160/175	
LE FOYER DU SKI	*	06.02.06	T.A.	26		26		50/65	100/110	145/160	
TAPIA (la) Vieux Village	*	06.01.96	No/Mi	10	8				120/180		

LÉGENDE DES ABRÉVIATIONS

T.A. = Toute l'année.
☎ = Téléphone dans les chambres.
= Ascenseur.
= Bord de mer ou de lac.
P = Parking.
= Piscine.
X = Restaurant.
= Air conditionné

= Chiens admis.
= Travail avec agences de voyages.
0 = Salon pour séminaires.
= Chambre avec télévision.
= Cartes de crédit.
= Logis de France.
✆ = Télex.
⚐ = Altitude.

LES PRIX SONT INDIQUÉS EN FRANCS FRANÇAIS

OBSERVATIONS IMPORTANTES

■ Attention! Tous les prix indiqués sont des « Prix nets » incluant le service et les taxes d'État. Seule la taxe de séjour est fac-turée en sus pendant les 28 premiers jours dans certaines stations.
■ *Ces prix indiqués par les hôteliers eux-mêmes ont été établis le 1er octobre 1983. Une augmentation de ces prix peut intervenir en 1984 les touristes sont donc invités à prendre leurs précautions, avant toute réservation, en s'adressant directement à l'hôtel intéressé.*
■ Le classement des hôtels désigné par des étoiles (homologation officielle de la Direction du Tourisme) est déterminé d'après leur confort et leur tenue à la date de mise sous presse, certains établissements ont pu obtenir un nouveau classement de-puis lors.

★★★★ L : Hôtel hors classe, Palace.
★★★★ : Hôtel très grand confort.
★★★ : Hôtel de grand tourisme, grand confort.
★★ : Hôtel de tourisme, bon confort.
★ et HRT : Hôtel de moyen tourisme, confort moyen.

RÉDUCTION HORS SAISON : Tous les hôtels consentent des réductions appréciables. Écrivez-leur.
CHAUFFAGE CENTRAL : Dans tous les hôtels.
AGENCES DE VOYAGES : Tous les hôtels travaillent avec les agences à l'ex-ception de quelques établissements de faible capacité.

2. Extraits de la brochure *Val d'Isère: le village de Killy*

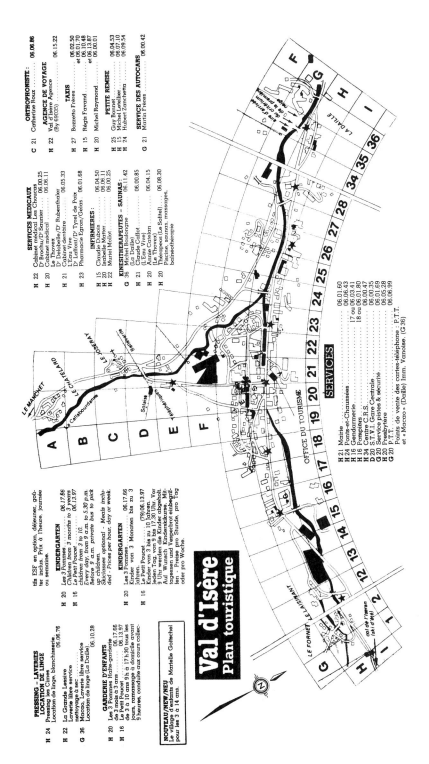

Val d'Isère
Plan touristique

SERVICES

PRESSING – LAVERIES
LOCATION DE LINGE
H 24 Pressing les Cimes
Location de linge, blanchisserie

H 22 La Grande Lessive
Laverie libre service
nettoyage à sec 06.06.76

G 36 Macao, Laverie libre service
Location de linge (La Daille) 06.10.28

GARDERIE D'ENFANTS
H 20 Les 3 Pommes Halte-garderie
de 3 mois à 3 ans 06.17.66
H 16 Le Petit Poucet 06.13.97
de 3 à 10 ans 9 h à 17 h 30 tous les
jours, ramassage à domicile avant
9 heures, conduite aux cours collec-

NOUVEAU/NEW/NEU
Le village d'enfants de Marielle Goitschel
pour les 3 à 14 ans.

tifs ESF en option, déjeuner, goû-
ter inclus. Prix à l'heure, journée
ou semaine.

KINDERGARTEN
H 20 Les 3 Pommes 06.17.66
Children from 3 months to 3 years
H 16 Le Petit Poucet 06.13.97
children from 3 to 10.
Every day, from 9 a.m. to 5.30 p.m.
Before 9 a.m. private bus to pick
up children.
Ski-classes optional - Meals inclu-
ded - Prices per hour, day or week.

KINDERGARTEN
H 20 Les 3 Pommes 06.17.66
Kinder von 3 Monaten bis zu 3
Jahren.
H 16 Le Petit Poucet .... (79)06.13.97
Kinder von 3 bis zu 10 Jahren.
jeden Tag, von 9 bis 17.30 Uhr. Vor
9 Uhr werden die Kinder abgeholt.
Auf Wunsch Kinderskikurse. Mit-
tagessen und Vesperbrot einbegrif-
fen - Preise pro Stunde, pro Tag
oder pro Woche.

SERVICES MÉDICAUX
H 22 Cabinet médical Les Choucas . 06.00.25
Dr Brochu/Dr Seunier 06.06.11
H 20 Cabinet médical 06.06.11
Le Thovex
Dr Deloboelle/Dr Rubenthaler
H 21 Cabinet dentaire 06.05.33
L'Eau Vive
Dr Laffont/Dr Tyrel de Poix
H 23 Pharmacie Egron/Gelcis 06.01.68

INFIRMIÈRES
H 15 Claudie Dubois 06.04.50
H 20 Isabelle Matter 06.06.11
H 22 Muriel Mollot 06.00.25

KINÉSITHÉRAPEUTES – SAUNAS
G 36 Michel Boulangne 06.11.42
(La Daille)
H 21 Claude Catllot 06.00.85
(L'Eau Vive)
H 20 Annie Catelan 06.04.15
(Le Thovex)
H 20 Thérapeos (Le Solitel),
Piscine, saunas, massages,
balnéothérapie

SERVICES

H 21 Mairie 06.01.60
H 24 Ponts-et-Chaussées 06.06.43
H 16 Gendarmerie .... 17 ou 06.03.41
H 16 Pompiers .... 18 ou 06.01.80
H 34 Centre C.R.S. 06.00.47
D 20 S.T.V.I. Gare Centrale 06.00.35
G 20 Service pistes & sécurité 06.01.69
G 20 P.T.T. 06.05.28
G 20 Presbytère 06.06.99
Points de vente des cartes-téléphone : P.T.T.
et « Macao » (Daille) Imm. Vanoise. (G 36)

ORTHOPHONISTE :
C 21 Catherine Roux 06.06.86

AGENCE DE VOYAGE
H 22 Val d'Isère Agence
(By 69035) 06.15.22

TAXIS
H 27 Bozzetto Frères .... et 06.02.50
06.01.70
H 15 Régis Favrand .... et 06.10.48
06.13.87

H 20 Michel Raymond 06.00.01

PETITE REMISE
H 25 Guy Bonnet 06.04.53
H 15 Michel Letellier 06.07.10
H 24 Hubert Zanchetta 06.09.54

SERVICE DES AUTOCARS
G 21 Martin Frères 06.00.42

Val d'Isère
Plan touristique

COIFFEURS-ESTHÉTIQ.-PARFUMERIE
H 22 La Coupe coif. Manatts - est. coif/murs 06.04.92
H 22 Jolfo coiff.-esthétique 06.03.21
H 20 Paul coiff.-parfumerie 06.00.37
H 19 Colette Beauté-esthét-pédic. 06.09.63

FLEURISTE
H 22 Val Fleurs 06.07.12

PHOTOGRAPHES
H 21 Denn photos 06.18.42 06.15.12/
H 23 Hervé photos 06.18.09
I 26 Photoscoop (Porfilio) ....
H 23 - Soivet la Vedette - film.-ciné 06.14.69

ARTISANS
D 21 Alix peint.-revêt. revêt. sols/murs 06.05.59
H 28 Clarey sanitaire-chauffage 06.04.61
G 19 Jarre plomb.-sanit.-chauff. 06.00.07
E 21 Leconmandeur électricien 06.03.66
H 16 Piquet B.Menuis./Charpent. 06.18.08
H 20 S.A.R.L. Selma Ducarrouge 06.05.64
H 16 Thermalp plomb.chauff. 06.03.20
H 23 Widmann peinture-Moquet 06.01.76
                                et 06.10.07

ALIMENTATION
H 22 Bouch.-charcut. Devesa 06.02.11
H 22 La Boule de Neige - Pâtis. 06.01.61
H 23 Les Cîmes - Pâtisserie 06.07.39
G 20 Les Cannes - Boul./Pâtis. 06.02.42
H 21 Coopérative Laitière 06.02.14
H 23 Drugstore Faupère 06.01.98
H 20 La Maison du Gourmet 06.05.13
H 21 Pâtisserie-Confiserie Morts 06.14.07
H 21 Poivre Mimi - Jamb./Saucis. 06.11.35
H 16 Supermarché Banco 06.12.24
G 36 Supermar. Hameaux/Daille 06.06.22
H 22 Timy Hyperval 06.02.66

TABACS - JOURNAUX - CADEAUX
ÉLECTROMÉNAGER - DÉCORATION
G 36 Antiquaires 06.19.68
G 36 Boîte à rideaux/Daille 06.07.41
H 19 Marcel Bonnevie/cadeaux 06.03.84
H 21 La Gadotière/cad.-déco. bij. 06.00.20
H 22 Le Chaputo/cad.-tabac 06.06.54
H 22 La Coupe - cadeaux 06.04.92
H 21 Delicado - cadeaux 06.13.08
H 22 Gauter - cadeaux 06.04.94
H 22 Jarre - droguerie - cadeaux 06.06.28
G 36 Jolfo - cadeaux 06.03.21
G 36 Maison de la Presse - cad. 06.02.13
G 36 Macao/Daille - tabac/jour. 06.10.28
G 36 Le Névé/Daille - cad.Cortils. 06.15.13
H 20 SARL Selma Ducarrouge. dis. 06.05.64
H 23 Shopping déco. - disques 06.01.76
       bijoux - cadeaux ...... et 06.10.07
H 20 Skivel - tabac - journaux 06.04.38

Appendice

Evaluation de l'exposé oral

1. Présentation
contextualisation et jeu de rôles; ouverture et
 clôture de l'exposé
articulation
– débit
– intonation
– orthophonie

2. Contenu
matière—suffisamment riche?
structure et cohérence interne
techniques rhétoriques
enchaînement des idées

3. Langue
phrases (longueur et complexité)
correction grammaticale
lexique
– variété lexicale
– niveau de langue—approprié à la situation
 linguistique?

2

Appendice

Téléphoner en français ▅▅▅▅

1. Le vocabulaire du téléphone: expressions utiles

annuaire
appel avec préavis
appel en PCV (à PerCeVoir)
nous avons été coupés
décrocher
je vous passe M. X.
passez-moi le poste 204
ne quittez pas!
raccrocher
les renseignements
répondeur
standard/standardiste
tonalité

Messages type diffusés par les PTT (Postes, Télécommunications et Télédiffusion)

encombrement: par suite d'encombrement, votre demande ne peut aboutir
veuillez rappeler ultérieurement

faux numéro: le numéro que vous avez demandé n'est pas en service actuellement
nous regrettons de ne pouvoir donner suite à votre appel

changement de numéro: le numéro de votre correspondant est changé. Veuillez composer le 20.7.0.8.4.0.1.

2. Extraits de l'annuaire officiel des abonnés au téléphone

conseils pratiques

**pour bien utiliser
votre téléphone**

Si vous avez
un poste à cadran : laissez celui-ci revenir au repos
après chaque chiffre;
un poste à clavier : enfoncez la touche à fond, composez chaque
chiffre l'un après l'autre.

Si vous obtenez la sonnerie, laissez à votre correspondant le temps
de répondre.
En cas de non-réponse, différez votre appel.
Annoncez-vous dès que votre correspondant a décroché.
Si la communication est rompue ou de mauvaise qualité raccrochez.
C'est à la personne qui a appelé de renouveler l'appel.
Veillez toujours à bien raccrocher le combiné.
Sinon vos correspondants obtiendraient la tonalité « occupé »
et vous risqueriez de provoquer des perturbations au central
téléphonique qui vous feraient classer en dérangement.
Si vous vous absentez ou si vous souhaitez ne pas être dérangé,
vous pouvez brancher un répondeur téléphonique qui
renseignera vos correspondants et enregistrera les appels (voir page 26).
Si vous débranchez la prise, vos correspondants obtiendront la sonnerie.

**service annuaire
électronique**

Composez le 11 (dans les zones où ce service est ouvert).
Quels que soient les renseignements demandés et le département
concerné, les trois premières minutes de recherche sont gratuites.
Au-delà, vous ne payez que 0,77 F* toutes les deux minutes
Composez le 36 19 91 11 dans les zones où le service
n'est pas ouvert (dans ce cas, vous ne bénéficiez pas
des trois minutes gratuites).
(tarifs réduits aux mêmes heures que le téléphone).

**renseignements
téléphoniques**

Si vous n'êtes pas sûr du numéro de votre
correspondant, consultez l'annuaire.
Si vous n'avez pas trouvé le numéro que vous cherchez,
si votre correspondant réside hors du département,
si vous ne savez pas comment appeler votre correspondant
ou si vous souhaitez connaître le prix d'une communication téléphonique,
et que vous n'avez pas trouvé ces renseignements dans les pages bleues :

**Pour la métropole, les DOM, Andorre et Monaco,
composez le 12.**

Frais d'accès au service*	3,08 F
Suppléments :	
Recherche d'un numéro, recherche d'adresse	Néant
Recherche d'identité ou recherche multiple	13,75 F
Recherche de longue durée (par demi-heure)	50,00 F

**Pour l'étranger et les TOM,
composez le 19 33 + indicatif du pays** (voir page 20)

Toutes demandes de renseignements*	7,70 F

**dérangements
et réclamations**

Si votre poste fonctionne mal ou « reste muet »
composez le 13 à partir d'une cabine ou du poste d'abonné le
plus proche (appel gratuit).

**renseignements
commerciaux**

Si vous souhaitez des **renseignements sur votre abonnement,**
sur les possibilités de **faire modifier votre installation,**
sur la **facturation,** sur les **produits et services** que vous offrent
les Télécommunications,
**adressez-vous à votre agence commerciale
des Télécommunications**
composez le **14** (appel gratuit) - **reportez-vous pages 4 et 5.**

**accès
à votre domicile**

Les agents des Télécommunications possèdent une carte d'identité
professionnelle. Vous pouvez demander cette carte à tout agent
des Télécommunications qui se présente à votre domicile.

**le téléphone
et votre sécurité**

Votre téléphone est un outil très sûr. Il doit cependant être utilisé
avec précaution dans certaines situations.

Près de l'eau. Ne téléphonez pas sous la douche, dans une baignoire
ou une piscine; l'immersion du poste ou du combiné peut provoquer
une décharge électrique.

Par temps d'orage. Si vous vous trouvez dans une zone d'orage
violent, téléphonez seulement en cas d'urgence, et soyez bref;
quelles que soient les précautions prises par les Télécommunications,
la ligne peut être touchée par la foudre.

Pour signaler une fuite de gaz. Ne téléphonez pas dans le local
où vous avez détecté cette fuite, tant qu'elle n'est pas réparée.

* Les tarifs indiqués sont ceux en vigueur à la date du 21 octobre 1985.

métropole, dom et tom

comment obtenir votre correspondant

pour obtenir un abonné de Paris, Seine-et-Marne, Yvelines, Essonne, Hauts-de-Seine, Seine-Saint-Denis, Val-de-Marne, Val-d'Oise*

exemples : pour obtenir l'abonné 42 50 23 45 à Paris, composez 42 50 23 45
pour obtenir l'abonné 39 50 10 00 à Versailles, composez 39 50 10 00
pour obtenir l'abonné 60 78 41 20 à Évry, composez 60 78 41 20

pour obtenir les autres départements de métropole (sauf Paris/Île-de-France)

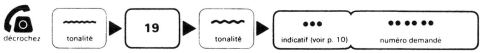

exemples : pour obtenir l'abonné 74 23 08 00 à Bourg-en-Bresse, composez 16 puis 74 23 08 00
pour obtenir l'abonné 78 32 84 31 à Lyon, composez 16 puis 78 32 84 31
pour obtenir l'abonné 67 63 90 00 à Montpellier, composez 16 puis 67 63 90 00

pour obtenir les dom et les tom

exemples : pour obtenir l'abonné 262 20 01 12 de la Réunion, composez le 19 puis 262 20 01 12
pour obtenir l'abonné 596 70 12 70 de la Martinique, composez le 19 puis 596 70 12 70
pour obtenir l'abonné 590 81 24 15 de la Guadeloupe, composez le 19 puis 590 81 24 15

réclamations   13

par l'intermédiaire d'un agent des Télécommunications

pour la métropole

cartes télécommunications

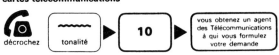

pour les dom et les tom ainsi que pour Mayotte

- **cartes télécommunications**
- **communications à destination des réseaux non encore automatisés**

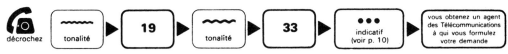

* et les abonnés de Chambly dans l'Oise.

télécommunications grand public

renseignez-vous auprès de votre agence commerciale des Télécommunications

produits et services

L'installation de base comprend : un appareil téléphonique et deux prises téléphoniques

prises supplémentaires

Pour brancher votre appareil à l'endroit de votre choix,
vous pouvez avoir autant de *prises téléphoniques* que vous le souhaitez.

Elles peuvent être installées :

Par les PTT, *les deux premières prises dans le même local sont posées gratuitement.*

Déplacement du technicien et pose de la 3ᵉ prise : 160,00 F ;
80,00 F par unité pour les suivantes*.

Par un installateur de votre choix qui peut réaliser l'encastrement des câbles et des prises.

Par vous-même, en respectant les règles de câblage et en utilisant du matériel « agréé PTT ».

postes supplémentaires

Pour donner ou recevoir des appels sans avoir à vous déplacer,
vous pouvez brancher sur vos prises d'autres postes
téléphoniques : trois appareils au maximum en même temps
(deux si votre installation comporte une sonnerie extérieure
à votre poste).

Les PTT proposent dans les agences commerciales
un choix de postes de couleurs et de formes et fonctions variées
en *location-entretien* (postes à clavier simples, Digitel 2000, Fidelio,
Chorus) ou en vente (Modulophone).

Vous pouvez acheter des postes téléphoniques dans
le commerce. Vérifiez qu'ils sont « agréés PTT » et compatibles
avec votre central téléphonique : ainsi, vous assurerez
le bon fonctionnement de votre installation.

L'agrément s'identifie par une étiquette verte apposée sur l'appareil.

l'horloge parlante

Vivez à l'heure exacte en appelant le 36 99

L'appel est taxé comme une communication téléphonique
destinée à un abonné.

réveil par téléphone

Si vous êtes raccordé à un central électronique
vous pouvez bénéficier du service du réveil automatique.
Il vous suffit de disposer d'un poste à fréquence vocale et de composer :

$$\ast \ 55 \ \ast \quad \substack{\text{heure souhaitée} \\ 07 \ 15} \quad \#$$

Votre appel sera enregistré.

Tarif par appel : 2,31 F*.

Vous pouvez, à tout moment, vérifier ou annuler votre appel.

Dans les autres cas, vous pouvez obtenir le service du réveil
en composant le **36 88**.

Tarif du réveil par l'intermédiaire d'un agent
des télécommunications : 6,16 F*.

télégrammes téléphonés

Vous pouvez dicter par téléphone les télégrammes que
vous désirez expédier en appelant :

- métropole et secteurs postaux 36 55
- étranger et dom-tom :
  - énoncé en anglais . . . . (1) 42 33 21 11
  - en français et en toutes autres langues sauf
    anglais . . . . (1) 42 33 44 11
- radiotélégrammes à destination des navires en
  mer et renseignements radiomaritimes 05 19 20 21

répondeurs téléphoniques

Partez tranquille, ils répondent pour vous.

Trois types de répondeurs :

le répondeur simple permet de répondre aux appels en diffusant
des informations que vous avez préenregistrées ;

le répondeur enregistreur vous retransmet en plus
les messages de vos correspondants ;

le répondeur à interrogation à distance permet
de consulter et d'effacer à distance les messages
de vos correspondants.

Pour acheter un répondeur aux PTT, adressez-vous
à votre agence commerciale. Vous pouvez également louer
ou acheter un répondeur dans le commerce
(dans ce cas, assurez-vous qu'il est « agréé PTT »).

L'agrément s'identifie par une étiquette verte apposée sur l'appareil.

---

* Les tarifs indiqués sont ceux en vigueur à la date du 21 octobre 1985.

3

Appendice

Programme d'études

L'étudiant qui suit le cours *Travaux Pratiques* acquerra des compétences linguistiques différentes de celles qui sont enseignées par un cours de français traditionnel (thème, version, dissertation). Mais les buts de ces deux cours sont complémentaires. La correction grammaticale et le perfectionnement du maniement de la langue auxquels tendent les exercices traditionnels seront indispensables au cours *Travaux Pratiques*. De même, les activités linguistiques de ce dernier ayant pour objets principaux de sensibiliser l'étudiant aux différentes variétés du français, et de l'encourager à manier cette langue selon les exigences de situations précises, elles ne peuvent que lui être utiles pour la rédaction de thèmes, de versions et de dissertations. Le programme d'études proposé ci-dessous a donc un double but: montrer comment des exercices pris aux quatre groupes d'*activités linguistiques* (lire, écrire, écouter, parler) peuvent être réunis selon des *thèmes* généraux, et indiquer une manière d'associer un programme d'études *Travaux Pratiques* à un cours traditionnel. Un rythme de travail pourrait être établi qui permettrait, par exemple, de corriger un exercice de la section *Ecrire* ou de la section *Parler* lors de la semaine où l'étudiant préparera oralement son thème ou sa version.

Semaine	Cours traditonnel	Travaux pratiques
		L'environnement
1	thème	Lire: texte 1, *Nucléaire: purquoi Plogoff se bat*
2	dissertation	Ecouter: exercice 1d, *L'enfant dans la cité*
3	version (orale)	Ecrire: exercice 2h, *Pour ou contre l'énergie nucléaire* **ou** Parler: exercice 1d, *Francois de Closets et la crise de l'énergie*
		L'éducation
4	version	Ecouter: exercice 1c, *L'école libre*
5	dissertation	Ecouter: exercice 3c, *Le cursus universitaire français et le recrutement des enseignants*

| 6 | thème (oral) | Ecrire: exercice 2d, *Les débouché professionnels des diplômés universitaires* **ou** |
| | | Parler: exercice 1g, *Les systèmes d'examens européens* |

La vie en société

7	thème	Lire: texte 2, *Les fœtus sont-ils sacrés?*
8	dissertation	Ecouter: exercice 2c, *Rachid Boudjedra, écrivain contre le racisme*
9	version (orale)	Ecrire: exercice 1c, *Protester* **ou**
		Parler: exercice 1f, *Une soirée de télévision britannique*

4

Appendice

Liste des enregistrements

E1: Extrait d'une interview de François Moureau, professeur de littérature française à l'Université de Haute-Alsace (Laboratoire de langues, Université d'Aberdeen) (12 minutes)

E2: Extraits d'une interview de Jean-François de Canchy, Conseiller Spécialisé des Relations Internationales au Centre Georges Pompidou (Laboratoire de langues, Université d'Aberdeen) (6 minutes+12 minutes)

E3: Extrait d'une interview de maître Emile Pollak (Radio Suisse Romande, série *En question*, avec Jacques Bofford) (13 minutes)

E4: *Journal* de 7 h, du 13 février 1985, sur France Inter (Radio France) (11 minutes)

E5: Extrait d'une interview d'une bergère française (Coopérative de l'Enseignement Laïc) (4 minutes)

E6: Extrait d'une conversation entre des jeunes gens parisiens, sur le sujet de l'école libre (Laboratoire de langues, Université d'Aberdeen) (6 minutes)

E7: Extrait d'une conversation entre des enfants de la région parisienne, sur les conditions de vie dans une HLM (Coopérative de l'Enseignement Laïc) (7 minutes)

E8: Extrait d'une interview de Mme Jacqueline Razgonnikoff, archiviste à la Comédie Française (Laboratoire de langues, Université d'Aberdeen) (7 minutes)

E9: Extrait d'une interview de Rachid Boudjedra (Radio Suisse Romande, série *En question*, avec Jacques Bofford) (12 minutes)

E10: Extrait d'un commentaire donné par M. Roger Elbaz (Geoff Hare, *Parlons Sciences-Po*, Paris, Institut Britannique de Paris, 1982) (10 minutes)

E11: Extrait d'une conférence donnée par M. René Rémond (Geoff Hare, *Parlons Sciences-Po*, Paris, Institut Britannique de Paris, 1982) (11 minutes)

E12: Conversation entre Alison M. Saunders et Bernard de Vecchy (Laboratoire de langues, Université d'Aberdeen) (10 minutes)

E13: Conversation entre Isabelle Leduc et David Hartley (Laboratoire de langues, Université d'Aberdeen) (9 minutes)

E14: Extrait d'une interview de Georges Brassens (BBC) (13 minutes)

E15: Extrait d'une interview de Claude Neuschwander (Radio Suisse Romande, série *En question*, avec Jacques Bofford) (13 minutes)

E16: Extrait d'une interview de François de Closets (Radio Suisse Romande, série *En question*, avec Jacques Bofford) (10 minutes)

≡ Bibliographie ≡

Adamson, R. *et al. Le français en faculté: cours de base*, Scottish Universities French Language Research Project, 2nd edition, London, Hodder and Stoughton, 1986

Baril, D. & Guillet, J. *Techniques de l'expression écrite et orale*, t. 1 et II, 5ᵉ édition, Paris, Sirey, 1980

Batchelor, R. E. & Offord, M. H. *A Guide to Contemporary French Usage*, Cambridge, Cambridge University Press, 1982

Brumfit, C. *Communicative Methodology in Language Teaching: The Roles of Fluency and Accuracy*, Cambridge, Cambridge University Press, 1984

Brumfit, C. & Johnson, K. (eds) *The Communicative Approach to Language Teaching*, Oxford, Oxford University Press, 1979

Colignon, J. P. *Savoir écrire, savoir téléphoner: guide pratique de la correspondance et du téléphone*, 2ᵉ édition, Paris, Duculot, 1983

Cornish, F. Teaching reading comprehension as textual competence, *Association for French Language Studies Newsletter*, **8** (Summer 1984), pp. 23–6

Coste, D. *et al. Un niveau seuil*, Strasbourg, Le Conseil de l'Europe, 1976

Grabner, C. & Hague, M. *Ecrire pour quoi faire? Lettres, comptes rendus, résumés de textes*, Paris, Didier, 1981

Halliday, M. A. K. *Explorations in the Functions of Language*, London, Arnold, 1973

Hawkins, E. M. *Modern Languages in the Curriculum*, Cambridge, Cambridge University Press, 1981

Hymes, D. *On Communicative Competence*, University of Pennsylvania Press, Philadelphia, 1971

Krashen, S. D. *Principles and Practice in Second Language Acquisition*, Oxford, Pergamon, 1982

Lichet, R. *Ecrire à tout le monde*, coll. *Outils*, Paris, Hachette, 1979

Lire en français langue étrangère, coll. *Le français dans le monde*, **141**, Paris, Hachette-Larousse

Littlewood, W. *Communicative Language Teaching: An Introduction*, Cambridge, Cambridge University Press, 1981

Lodge, R. A. What are we doing in Modern Languages today?, *Bradford Occasional Papers: Essays in Language, Literature and Area Studies*, Special Issue in Honour of Frank M. Willis, 5 (Spring 1984), pp. 3–25

Moirand, S. *Enseigner à communiquer en langue étrangère*, Paris, Hachette, 1982

Moirand, S. *Situations d'écrit (compréhension, production en langue étrangère)*, Paris, CLE, 1979

Nique, C. *Structurer sa pensée, structurer sa phrase: techniques d'expression orale et écrite*, **II**, Paris, Hachette, 1978

Portine, H. *L'argumentation écrite: expression et communication*, coll. *Le français dans le monde*/BELC, Paris, Hachette-Larousse, 1983

Pratique de la communication, coll. *Le français dans le monde*, **153**, Paris, Hachette-Larousse

Rivers, W. M. *Communicating Naturally in a Second Language: Theory and Practice in Language Teaching*. Cambridge, Cambridge University Press, 1983

Rivers, W. M. *A Practical Guide to the Teaching of French*, New York, Oxford University Press, 1975

Sanders, C. (ed.) *Beyond A-level in the Teaching of French*, London, CILT, 1981

Taylor, S. S. B. Communicative skills and the modern language degree, *Bradford Occasional Papers*, **5**, pp. 26–42

Timbal-Duclaux, L. *L'expression écrite: écrire pour communiquer (connaissance du problème, applications pratiques)*, Paris, ESF, 1981

Vigner, G. *Ecrire et convaincre*, coll. *Outils*, Paris, Hachette, 1981

Vigner, G. *Ecrire: éléments pour une pédagogie de la production écrite*, coll. *Didactique des langues étrangères*, Paris, CLE, 1982

Vigner, G. *Lire, du texte au sens: éléments pour un apprentissage et un enseignement de la lecture*, Paris, CLE, 1979

Vigner, G. *Parler et convaincre*, coll. *Outils*, Paris, Hachette, 1981

Vigner, G. *Savoir-vivre en France*, coll. *Outils*, Paris, Hachette, 1978

Walker, A. L. (ed.) *Working Papers of the SUFLRA 'Lyon à la Une' Project, 1980–1983: Communicative Competence in French at Intermediate University Level*, University of Stirling/Scottish Universities French Language Research Association, 1983

Widdowson, H. G. *Teaching Language as Communication*, Oxford, Oxford University Press, 1978

Wilkins, D. A. *Notional Syllabuses: A Taxonomy and its Relevance to Foreign Language Curriculum Development*, Oxford, Oxford University Press, 1976

≡Remerciements≡

Nous tenons à remercier, tout d'abord, les étudiants qui, au cours des cinq dernières années, ont suivi les cours de *Travaux Pratiques* à l'Université d'Aberdeen. Les observations et les critiques faites par ceux qui ont ainsi accepté de jouer le rôle de 'cobayes' ont été d'une grande utilité dans l'élaboration de notre projet.

Nous souhaitons remercier les individus et les organismes suivants des autorisations de publication qu'ils nous ont accordées: Aberdeen University Careers and Appointments Service (tables sur l'emploi des licenciés, 1984); Association pour la Diffusion de la Pensée Française (extrait de *Nouvelles de France* **14**); BBC (interview de Georges Brassens); Agence de presse photographique Bernand (photographie du *Barbier de Séville* à la Comédie Française); Caisse Nationale des Monuments Historiques et des Sites (extrait du dépliant *Gabriel Davioud, architecte du Paris d'Haussmann*); *Le Canard Enchaîné* (article *Le théâtre: Le barbier de Séville* (*Tonic shaving*)); Mme Simone Cazzani (interview avec Georges Brassens); Centre Georges Pompidou (extrait du *Rapport d'activité* 1982, photographie du Centre); *La Charente Libre* (article *Théâtre: un certain Barbier*); Armand Colin éditeur (carte *La pratique religieuse dans la France rurale*); La Comédie-Française (photographie du *Barbier de Séville* à la Comédie Française; dessin humoristique 'Il y a un critique ce soir' paru dans la *Revue de la Comédie-Française*, 57; affiche du répertoire de la Comédie Française); Comité régional de Tourisme Savoie (extrait du *Guide des hôtels de France, Alpes de Savoie* 1984); Conservateur en chef des Archives pour la Région d'Auvergne (extrait du *Procès-verbal des délibérations du Conseil Général de la Préfecture du Puy-de-Dôme*); Coopérative de l'Enseignement Laïc (extraits des enregistrements *L'enfant dans la cité* et *Sur un chalutier*); *La Croix* (article *Spectacles: Le Barbier de Séville*); *Le Dauphiné Libéré* (article *La Scène: la critique de Réjane Tronel, 'Le Barbier de Séville'*); Electricité de France (photographie de la centrale nucléaire de Paluel, extrait du dépliant *Une dimension internationale*); M. Roger Elbaz (extrait de son commentaire sur *Les Premiers Ministres de la Ve République*); *Le Figaro* (article *Le mort du Larzac*); *France-Soir* (article *L'ingénieur nu s'est laissé mourir de froid sur le Larzac*; table sur la popularité des Premiers Ministres de la Ve République; carte électorale du second tour des élections présidentielles de 1981); French Government Tourist Board (photographies de l'autoroute et de la station de Métro); Godet – A.P.P.G. (Julien dans sa bulle); Guardian Newspapers Limited (extrait du *Guardian*), Geoff Hare et l'Institut Britannique de Paris (commentaire de M. Elbaz sur la popularité des Premiers Ministres de la Ve République; conférence de M. Rémond sur la politique et la religion en France, parus dans *Parlons Sciences-Po*, 1982); 'Haro' (dessin humoristique 'Il y a un critique ce soir' paru dans la *Revue de la Comédie-Française*, 57); Institut Français d'Opinion Publique et d'Etudes de Marchés (table sur la popularité des Premiers Ministres de la Ve République, sondage sur les Catholiques et le vote); Institut National de la Statistique et des Etudes Economiques (extraits des *Tableaux de l'Economie Française* 1983 et des *Données Sociales* 1984); Intersong (paroles de la chanson de Georges Brassens, *Le Testament*); M. André Lebon ('Phil') (dessin illustrant la critique dramatique sur *Le Barbier de Séville*, parue dans *La Croix*); *Libération* (article *Une nuit comme les autres*); Manufacture Française des Pneumatiques Michelin (extrait du *Guide Vert du Pneu Michelin, Châteaux de la Loire*); *Le Matin* (article *Larzac: l'étrange mort d'un 'scientologue'*); Ministère des PTT (extraits de l'annuaire officiel des abonnés au téléphone); *Le Monde* (articles *Le secret périmé*; *Le sexe du cerveau*; *Théâtre: 'Le Barbier de Séville' à la Comédie-Française*; *Bercy fait ses comptes*); *La Montagne* (article *Lip: un tournant dans l'histoire syndicale*); Trustees of the National Library of Scotland (extraits du *Guide to the National Library of Scotland* 1976, photographie de cette bibliothèque); The New York Times Syndication Sales Corporation (articles de *L'Express, Famille, je ne vous hais pas*; *Les foetus sont-ils sacrés?*; extraits du *Débat des lecteurs*); *Le Nouvel Observateur* (articles *Nucléaire: pourquoi Plogoff se bat*; *Un certain bonheur*);

Office du Tourisme de Val d'Isère (extraits du dépliant *Le village de Killy*); *Le Point* (table sur la popularité des Premiers Ministres de la Ve République); Presses Universitaires de France (extrait de *Pouvoirs*); *Le Progrès* (article *Théâtre à Paris: 'Le Barbier de Séville' à la Comédie Française*); *Le Quotidien de Paris* (article *Mort de froid au Larzac*); Radio France (extrait du *Journal* de 7 h, du 13 février 1985, sur France Inter); Radio Suisse Romande (extraits d'interviews avec Emile Pollak, Rachid Boudjedra, Claude Neuschwander et François de Closets, dans la série *En Question*, réalisées par Jacques Bofford); *Radio Times* (extrait de *Radio Times*); Agence Rapho (photographie d'un 'nouveau village'); M. René Rémond (extrait de sa conférence sur la politique et la religion en France); *Télérama* (extraits de *Télérama*); *Télé 7 Jours* (article *Le Barbier de Séville*); *Témoignage Chrétien* (sondage sur les Catholiques et le vote); *TV Times* (extrait de *TV Times*); *Vie Ouvrière* (article *V.O. Scope: 'Le Barbier de Séville'*); *L'Yonne Républicain* (article *Un fade barbier*).

Nous tenons particulièrement à exprimer notre reconnaissance à M. Geoff Hare et à l'Institut Britannique de Paris, qui nous ont permis d'utiliser les entretiens de MM. René Rémond et Roger Elbaz, parus dans l'ouvrage *Parlons Sciences-Po*.

Nous sommes très redevables à tous ceux qui ont accepté de nous accorder des interviews: M. Jean-François de Canchy, Mme Jacqueline Razgonnikoff et sa famille, M. François Moureau, Mlle Isabelle Leduc et M. Bernard de Vecchy. La plupart de ces enregistrements ont été réalisés à Paris en mai 1984, grâce à l'aide financière de l'*University Fund for Travelling Allowances* de l'Université d'Aberdeen.

Les conseils et les encouragements de M. Jean-Jacques Pauleau, Attaché Linguistique du Service Culturel de l'Ambassade de France, et de Professor Sam Taylor de l'Université de St Andrews nous ont été très précieux dans la préparation de ce projet: qu'ils en soient également remerciés.

Enfin, nous exprimons toute notre gratitude envers le personnel du Laboratoire de Langues de l'Université d'Aberdeen, surtout Paul Bohan et Thomas Wratten, le personnel du Département de Français, notamment Wendy Adam, Margaret Benzahia, Doris Forsyth et Faye O'Neill, et nos collaborateurs extérieurs, Penny Hartley et Alison McGillivray, sans le travail desquels ce cours n'aurait jamais pu paraître sous sa forme actuelle.

La maison d'édition Hodder et Stoughton n'a ménagé aucun effort pour contacter les individus et les institutions chargés des droits d'auteur pour les documents écrits et sonores de ce livre. Par conséquent, elle vous serait reconnaissante de lui faire part de toute omission.